Matemática para o Ensino Médio

Caderno de Atividades
2º ano
volume 4

2ª Edição

Manoel Benedito Rodrigues
Álvaro Zimmermann Aranha

Editora Policarpo

São Paulo
2025

Digitação, Diagramação : Sueli Cardoso dos Santos - suly.santos@gmail.com
Elizabeth Miranda da Silva - elizabeth.ms2015@gmail.com

Dados Internacionais de Catalogação, na Publicação (CIP)

(Câmara Brasileira do Livro, SP, Brasil)

Aranha, Álvaro Zimmermann.

Rodrigues, Manoel Benedito.

Matemática / Álvaro Zimmermann Aranha.

Manoel Benedito Rodrigues - São Paulo: Editora Policarpo, **2ª Ed. - 2025**

ISBN: 978-65-88667-42-2

1. Matemática 2. Ensino Médio

I. Aranha, Álvaro Zimmermann

II. Rodrigues, Manoel Benedito III. Título.

Índices para catálogo sistemático:

site: http://editorapolicarpo.com.br

EDITORA POLICARPO LTDA

Loja pavimento térreo do Edifício Maria Antonieta

Rua: Dr. Rafael de Barros, 252

São Paulo – SP – CEP: 04003 – 041

Tels.: (11) 3284 – 8916 / (11) 4306 – 4903

e – mail: contato@editorapolicarpo.com.br

Índice

I SISTEMAS LINEARES

1 – Introdução

Abordaremos, neste capítulo, alguns métodos para resolver ou discutir sistemas de **m** equações lineares a **n** incógnitas.

1) Equação linear

Definição: " Chama-se **equação linear com n incógnitas** a toda equação redutível à forma

$a_1x_1 + a_2x_2 + a_3x_3 + ... + a_nx_n = b$ onde $x_1, x_2, ..., x_n$ são as incógnitas, $a_1, a_2, ..., a_n$ são os coeficientes das incógnitas e **b** é o termo independente (ou termo contante) das equação"

Exemplos:

a) $2x_1 - x_2 + 4x_3 = 6$ b) $x + 2y = -3$ c) $0x + 0y + 4z = 0$

d) $0x_1 + 0x_2 + 0x_3 + 0x_4 = 0$ e) $0x + 0y + 0z = 10$

Observações:

1ª) Note que, numa equação linear reduzida, as incógnitas são todas do 1ª grau, isto é, têm expoente um e, portanto, o seu primeiro membro é uma expressão algébrica racional inteira do 1ª grau ou um polinômio nulo quando, neste caso, todos os coeficientes das incógnitas forem nulos.

2ª) Neste caderno, como já foi dito, trabalharemos apenas com incógnitas, coeficientes e termo independente pertencentes ao conjuntos dos números reais.

3ª) É importante observar que os coefientes das incógnitas e o termo independente são constantes reais quaisquer: nulas ou não.

4ª) Como exemplo, podemos citar equações que não são lineares:

a) $x^2 - 5x + 4 = 0$ (equação do 2ª grau) b) $x + 2xy^2 = 3$ (equação do 3ª grau)

c) $\frac{1}{x_1} + x_2 + x_3 = -1$ (equação fracionária) d) $2x + \sqrt{y} = 3$ (equação irracional)

5ª) Muitas vezes, ao invés de chamarmos as incógnitas de x, y, z, w, etc., usamos escrever $x_1, x_2, x_3, ..., x_n$ porque esta notação facilita a generalização das definições e propriedades.

2) Solução de uma equação linear

Definição: " Dizemos que a sequência de números reais $(\alpha_1, \alpha_2, \alpha_3, \ldots, \alpha_n)$ é uma solução da equação linear $a_1x_1 + a_2x_2 + a_3x_3 + ... + a_nx_n = b$ se a sentença

$a_1\alpha_1, + a_2\alpha_2, + a_3\alpha_3 + \ldots + a_n\alpha_n = b$ for verdadeira."

Exemplo:

Verifiquemos se os trios ordenados (x, y, z) = (1, 3, 8) e (x, y, z) = (– 1, 1, 2) são soluções da equação linear $2x - 3y + z = 1$

Para (x, y, z) = (1, 3, 8), teremos:

$2x - 3y + z = 1$

$2 \cdot (1) - 3 \cdot (3) + (8) = 1$

$2 - 9 + 8 = 1$

$1 = 1$ (verdadeira) e, portanto, (1, 3, 8) é solução da equação.

Para (x, y, z) = (– 1, 1, 2):

$2 \cdot (-1) - 3 \cdot (1) + (2) = 1$

$-2 - 3 + 2 = 1$

$-3 = 1$ (falsa) então (– 1, 1, 2) não é solução dessa equação.

Para obtemos outras soluções dessa equação (há infinitas soluções), procedemos do seguinte modo:

1ª) Isolamos uma incógnita qualquer em função das outras:

$$z = 1 - 2x + 3y$$

2ª) Atribuímos valores arbitrário às incógnitas do 2º membro.

3ª) Calculamos o valor de z para os valores atribuídos a x e y.

Observe o quadro abaixo colocamos alguns exemplos de solução da equação dada:

x	**y**	**z = 1 – 2x + 3y**	**z**	**(x, y, z)**
– 1	1	z = 1 – 2(– 1) + 3(1)	6	(– 1, 1, 6)
0	– 2	z = 1 – 2(0) + 3(– 2)	– 5	(0, – 2, – 5)
– 5	0	z = 1 – 2(– 5) + 3(0)	11	(– 5, 0, 11)
6	– 9	z = 1 – 2(6) + 3(– 9)	– 38	(6, –9, – 38)
0	0	z = 1 – 2(0) + 3(0)	1	(0,0, 1)
a	b	z = 1 – 2a + 3b		(a, b, 1 – 2a + 3b)

Observações:

1ª) O último trio ordenado do quadro generaliza as soluções dessa equação, pois são números reais quaisquer. Nessas condições, o conjunto solução (S) ou conjunto verdade (V) da equação, será:

$$S = \{(x, y, z) = (a, b, 1 - 2a + 3b), \forall a, b \in R\}$$

2ª) Note que, apesar dessa equação ter infinitas soluções (trios ordenados), nem toda sequencia de três números reais é uma solução.

3ª) De um modo geral, para obtemos soluções de uma equação linear com n incógnitas, isolamos uma delas em função das (n – 1) incógnitas restantes, atribuímos valores a estas e, finalmente, calculamos o valor da incógnita que foi isolada.

3) Equação ax = b

Para a equação ax = b, de acordo com os valores dos parâmetros a e b, temos três casos. No conjunto universo $\cup = \mathbb{R}$, temos:

1º caso: $a \neq 0$

$ax = b, a \neq 0 \Rightarrow x = \frac{b}{a} \Rightarrow \vee = \left\{\frac{b}{a}\right\}$. Existe um único valor de x que torna a sentença ax = b verdadeira.

2º caso: a = 0 e b = 0

$ax = b, a = 0$ e $b = 0 \Rightarrow 0x = 0 \Rightarrow \vee = \mathbb{R}$. Para qualquer valor de x a sentença 0x = 0 é verdadeira.

3º caso: a = 0 e $b \neq 0$

$ax = b,\ a = 0$ e $b \neq 0 \Rightarrow 0x = b \neq 0 \Rightarrow \vee = \varnothing$. Como 0x é igual a zero para todo x real, **não existe** x tal que $0x = b \neq 0$.

Exemplo 1: Determinar a de modo que a sequência

(x, y, z) = (1, – 2, 4) seja solução da equação

$2x + 3(a-1)y - (a+1)z = 24$.

Resolução: $2(1) + 3(a-1)(-2) - (a+1)\cdot 4 = 24 \Rightarrow$

$$2 - 6a + 6 - 4a - 4 = 24 \Rightarrow -10a = 20 \Rightarrow \boxed{a = -2}$$

Exemplo 2: Dada a equação literal na incógnita x, discutir e resolver a equação em $\mathbb{R}$, em função dos parâmetros, nos casos:

a) $(a-2)x = 7$

1) $a - 2 \neq 0 \Rightarrow a \neq 2 \Rightarrow x = \dfrac{7}{a-2} \Rightarrow V = \left\{\dfrac{7}{a-2}\right\}$

2) $a - 2 = 0 \Rightarrow a = 2 \Rightarrow 0x = 7 \Rightarrow$ não existe $x \Rightarrow V = \varnothing$

b) $(a-1)x = a^2 - 1$
$a - 1 = 0 \Rightarrow \boxed{a = 1}$ e $a^2 - 1 = 0 \Rightarrow \boxed{a = \pm 1}$

1) $a \neq 1 \Rightarrow x = \dfrac{a^2-1}{a-1} = \dfrac{(a+1)(a-1)}{(a-1)} \Rightarrow x = a + 1 \Rightarrow V = \{a+1\}$

2) $a = 1 \Rightarrow 0x = 0 \Rightarrow V = \mathbb{R}$

c) $(a^2 - 1)x = a - 1$
$a^2 - 1 = 0 \Rightarrow \boxed{a = \pm 1}$ e $a - 1 = 0 \Rightarrow \boxed{a = 1}$

1) $a \neq -1$ e $a \neq 1 \Rightarrow x = \dfrac{a-1}{a^2-1} = \dfrac{a-1}{(a+1)(a-1)} \Rightarrow x = \dfrac{1}{a+1} \Rightarrow V = \left\{\dfrac{1}{a+1}\right\}$

2) $a = -1 \Rightarrow (1-1)x = -1-1 \Rightarrow 0x = -2 \Rightarrow$ Não existe $\Rightarrow V = \varnothing$

3) $a = 1 \Rightarrow (1-1)x = 1-1 \Rightarrow 0x = 0 \Rightarrow V = \mathbb{R}$

d) $(a-b)x = a + b$

1) $a - b \neq 0 \Rightarrow a \neq b \Rightarrow x = \dfrac{a+b}{a-b} \Rightarrow S = \left\{\dfrac{a+b}{a-b}\right\}$

2) $a - b = 0$ e $a + b = 0 \Rightarrow a = b$ e $a = -b \Rightarrow b = -b \Rightarrow 2b = 0 \Rightarrow b = 0 \Rightarrow a = 0$
$\Rightarrow a = 0$ e $b = 0 \Rightarrow 0x = 0 \Rightarrow S = \mathbb{R}$

3) $a - b = 0$ e $a + b \neq 0 \Rightarrow a = b$ e $a \neq -b \Rightarrow b \neq -b \Rightarrow 2b \neq 0 \Rightarrow b \neq 0 \Rightarrow$
$a = b \neq 0 \Rightarrow 0x = 2b \neq 0 \Rightarrow S = \varnothing$

Exemplo 3: Resolver na variável x em $\mathbb{R}$ a equação:

$a^2(x-1)-(x-5)a=6(x+1)$

Resolução: $a^2x-a^2-ax+5a=6x+6 \Rightarrow$

$a^2x-ax-6x=a^2-5a+6 \Rightarrow (a^2-a-6)x=a^2-5a+6 \Rightarrow$

$(a-3)(a+2)\,x=(a-3(a-2)$

1) $a-3\neq 0$ e $a+2\neq 0 \Rightarrow a\neq 3$ e $a\neq -2 \Rightarrow x=\dfrac{(a-3)(a-2)}{(a-3)(a+2)} \Rightarrow$

$x=\dfrac{a-2}{a+2} \Rightarrow S=\left\{\dfrac{a-2}{a+2}\right\}$

2) $a=3 \Rightarrow 0x=0 \Rightarrow S=\mathbb{R}$

3) $a=-2 \Rightarrow 0x=(-2-3)(-2-2) \Rightarrow 0x=20 \Rightarrow S=\varnothing$

1 Diga, em cada caso, se a equação é linear ou não:

a) $x-2y+z=0$ b) $2x+3y-x^2y=1$ c) $x^2+y^2=9$

d) $5x_1+0x_2-3x_3+4x_4+0x_5=12$ e) $\sqrt{x}+\sqrt[3]{y}=1$ f) $x^3+3x^2y-xy^2-y^3=2$

g) $\dfrac{1}{x_1}+\dfrac{2}{x_2}+\dfrac{3}{x_3}+\dfrac{4}{x_4}=10$ h) $2xy+3xz+yz+w=7$ i) $-x_1+2x_2=3$ j) $5x=8$

2 Verifique, em cada caso, se a sequência $(\alpha_1, \alpha_2, \alpha_3)$ dada é ou não, solução da equação linear: $x_1+x_2+x_3=5$

a) (1, 2, 2) b) (2, 1, 2) c) (2, 2, 1)

d) (0, 0, 5) e) (1, 2, 3) f) (0, 7, – 3)

g) (– 11, 2, 4) h) $\left(\dfrac{17}{6}, \dfrac{5}{4}, \dfrac{11}{12}\right)$ i) $(2-\sqrt{3}, 4, \sqrt{3}-1)$

3 Verifique se as sequências (x, y, z, w), dadas são soluções da equação $0x+0y+0z+0w=0$.

a) (1, 2, 3, 4) b) (– 1, 5, – 3, 2) c) $\left(\dfrac{1}{2}, \sqrt{2}, \pi, -1\right)$

d) determinar um quarteto ordenado (x, y, z, w) que não seja solução dessa equação.

4 Verifique se os trios $(\alpha_1, \alpha_2, \alpha_3)$ dadas são soluções da equação $0x_1+0x_2+0x_3=4$

a) (4, 0, 0) b) $\left(-\dfrac{1}{3}, 4, \dfrac{1}{3}\right)$

c) dê um exemplo de trio ordenado (a_1, a_2, a_3) que solução dessa equação.

5 Resolver as seguintes equações:

a) $7x = 35$	b) $5x = 0$	c) $0x = 0$
d) $0x = 5$	e) $(2 - 2)\,x = 2 + 2$	f) $(2 + 2)x = 2 - 2$
g) $7x = 0$	h) $0x = 7$	i) $-7 = 0x$

6 Resolver a equação na variável x, com $U = \mathbb{R}$, para os particulares valores dados para os parâmentos, nos casos:

a) $(a - 1)x = a + 3$

(I) $a = 5$	(II) $a = -1$	(III) $a = 1$

b) $(a - 2)x = (a + 2)$

(I) $a = 4$	(II) $a = 2$	(III) $a = -2$

c) $(a - 3)x = (a - 3)(a - 2)$

(I) $a = 5$	(II) $a = 3$	(III) $a = 2$

d) $(a - 1)(a + 2)\,x = a + 2$

(I) $a = 1$	(II) $a = -2$	(III) $a = 0$

7 Resolver as seguintes equações na incógnita x, nos casos:

a) $(a - 3)(a + 3)x = a + 3$

(I) $a = -3$

(II) $a = 3$

(III) $a \neq -3$ e $a \neq 3$

---

b) $(a^2 - 4)x = a - 2$

(I) $a = 2$

(II) $a = -2$

(III) $a \neq -2$ e $a \neq 2$

---

c) $(a + b)x = a - b$

(I) $a = b = 0$

(II) $a = -b \neq 0$

(III) $a \neq -b$

---

d) $(a + b)(a - b)x = a - b$

(I) $a \neq b$ e $a \neq -b$

(II) $a = b$

(III) $a = -b \neq 0$

---

e) $(a - b)(a + b)x = (a - b)(a + b)$

(I) $a = b$ ou $a \neq -b$

(II) $a \neq b$ e $a \neq -b$

---

f) $(a - m)(a - n)x = a - m$

(I) $a = m$

(II) $a = n \neq m$

(III) $a \neq m$ e $a \neq n$

8 Resolver em $\mathbb{R}$, discutindo, as seguintes equações na variável x.

a) $mx = n$

b) $(a - 2)\,x = b$

c) $(a - 2)\,x = a - 2$

d) $(a - 5)x = (a - 3)$

e) $(a - 2)x = (a - 2)(a + 2)$

f) $(a - 2)(a + 2)\,x = a - 2$

g) $(a^2 - 9)x = a^2 + 3a$

Resp:

1 a) Sim b) Não c) Não d) Sim e) Não f) Não g) Não h) Não i) Sim

2 a) Sim b) Sim c) Sim d) Sim e) Não f) Não g) Não h) Sim i) Sim

3 a) Sim b) Sim c) Impossível pois qualquer sequência (x, y, z, w) é solução dessa equação.

4 a) Não b) Não c) Não existe pois essa equação é impossível ($S = \varnothing$)

5 a) $\{5\}$ b) $\{0\}$ c) $S = \mathbb{R}$ d) $S = \varnothing$ e) $S = \varnothing$ f) $\{0\}$ g) $\{0\}$ h) $S = \varnothing$ i) $S = \varnothing$

6 a) (I) $\{2\}$, (II) $\{-1\}$, (III) $S = \varnothing$ b) (I) $\{3\}$, (II) $S = \varnothing$, (III) $\{0\}$ c) (I) $\{2\}$, (II) $S = \mathbb{R}$, (III) $\{0\}$

d) (I) $S = \varnothing$, (II) $S = \mathbb{R}$, (III) $\{-1\}$

9 Resolver em $\mathbb{R}$, discutindo, as seguintes equações:

a) $(m - n)\,x = m + n$

---

b) $(n^2 + 4n - 12)x = n^2 - 6n + 8$

---

c) $(x - 1)a^2 + a(5x - 9) = 14(x + 1)$

---

d) $n^2(nx - 5) + 3n(nx + 15) = 18(nx + 5)$

---

e) $n^3(2x - 3) = 6n(2x + 3) - n^2(10x + 21)$

10 Complete os pares ordenados (x, y) dados a seguir, de modo que sejam soluções da equação linear $2x - 3y = 4$

a) (5, y) b) (x, – 6) c) (x, 0) d) (0, y)

e) $(x, a),\ a \in \mathbb{R}$

f) usando o resultado do item (e), escreva o conjunto solução dessa equação

11 Complete os trios ordenados $(\alpha_1, \alpha_2, \alpha_3)$ dados de modo que sejam solução da equação linear $2x_1 - x_2 - 5x_3 = -1$.

a) $(-3, \alpha_2, -1)$ b) $(4, -11, \alpha_3)$ c) $(\alpha_1, 2, -1)$

d) $\left(\frac{1}{2}, 3, \alpha_3\right)$ e) $(a, \alpha_2, b),\ a, b \in \mathbb{R}$ f) escreva o conjunto solução dessa equação.

12 Complete as sequências (x, y, z, w) de modo que sejam soluções da equação $x - y - 2z + w = 0$

a) (1, y, 3, 7) b) (x, 3, – 2, – 1) c) $(a, b, c, w),\ a, b, c \in \mathbb{R}$.

d) Dê o conjunto solução dessa equação.

Resp: **7** a) (I) $S = \mathbb{R}$, (II) $S = \varnothing$, (III) $S = \left\{\frac{1}{a-3}\right\}$ b) (I) $S = \mathbb{R}$, (II) $S = \varnothing$, (III) $S = \left\{\frac{1}{a+2}\right\}$ c) (I) $S = \mathbb{R}$, (II) $S = \varnothing$, (III) $S = \left\{\frac{a-b}{a+b}\right\}$

d) (I) $S = \left\{\frac{1}{a+b}\right\}$, (II) $S = \mathbb{R}$, (III) $S = \varnothing$ e) (I) $S = \mathbb{R}$, (II) $= S\{1\}$ f) (I) $S = \mathbb{R}$, (II) $S = \varnothing$, (III) $S = \left\{\frac{1}{a-n}\right\}$

8 a) $m \neq 0 \Rightarrow S = \left\{\frac{n}{m}\right\}$; $m = 0$ e $n = 0 \Rightarrow S = \mathbb{R}$; $m = 0$ e $n \neq 0 \Rightarrow S = \varnothing$

b) $a \neq 2 \Rightarrow S = \left\{\frac{b}{a-2}\right\}$; $a = 2$ e $b = 0 \Rightarrow S = \mathbb{R}$; $a = 2$ e $b \neq 0 \Rightarrow S = \varnothing$

c) $a \neq 2 \Rightarrow S = \{1\}$; $a = 2 \Rightarrow S = \mathbb{R}$ d) $a \neq 5 \Rightarrow S = \left\{\frac{a-3}{a-5}\right\}$; $a = 5 \Rightarrow S = \varnothing$

e) $a \neq 2$ e $S = \{a+2\}$; $a = 2 \Rightarrow S = \mathbb{R}$ f) $a \neq 2$ e $a \neq -2 \Rightarrow S = \left\{\frac{1}{a+2}\right\}$; $a = 2 \Rightarrow S = \mathbb{R}$; $a = -2 \Rightarrow S = \varnothing$

g) $a \neq 3$ e $a \neq -3 \Rightarrow x = \left\{\frac{1}{a-3}\right\}$; $a = -3 \Rightarrow S = \mathbb{R}$; $a = 3 \Rightarrow S = \varnothing$

2 – Sistemas lineares

Definição:

"Chamamos sistema linear a qualquer sistema de **m** equações lineares a **n** incógnitas $(m, n \in N^*)$."

Genericamente, indicamos:

$$SL \begin{cases} a_{11}x_1 + a_{12}x_2 + \ldots + a_{1n}x_n = b_1 \\ a_{21}x_1 + a_{22}x_2 + \ldots + a_{2n}x_n = b_2 \\ a_{31}x_1 + a_{32}x_2 + \ldots + a_{3n}x_n = b_3 \\ \ldots\ldots\ldots\ldots\ldots\ldots\ldots\ldots\ldots\ldots \\ a_{m1}x_1 + a_{m2}x_2 + \ldots + a_{mn}x_n = b_m \end{cases}$$

Observe que a notação acima é totalmente análoga à usada para matrizes e determinantes.

Verificamos que esse sistema tem **m** equações (m "linhas"), **n** incógnitas mais a coluna dos termos independentes, totalizando (n + 1) "colunas".

1) Solução de um sistema linear

Definição: "Dizemos que a sequência $(\alpha_1, \alpha_2, \alpha_3, \ldots, \alpha_n)$ é uma solução do sistema linear dado se for solução de **todas** as equações desse sistema"

Observação: $(\alpha_1, \alpha_2, \ldots, \alpha_n)$ =ênupla ordenada = conjunto ordenado com n elementos

2) Número de soluções de um sistema linear

Se um sistema linear tiver pelo menos uma solução(ênupla ordenada, ele será chamado de **Sistema Possível** (ou **Sistema Compatível**).

Quando o sistema tiver uma única solução, será chamado de **Sistema Possível e Determindo** (ou **Sistema Compatível e Determinado**).

Se o sistema tiver infinitas soluções, chamar-se-á **Sistema Possível e Indeterminado** (ou **Sistema Compatível e Indeterminado**).

Finalmente, se o sistema não tiver solução alguma, então será chamado de
Sistema Impossível (ou **Sistema Incompatível**)

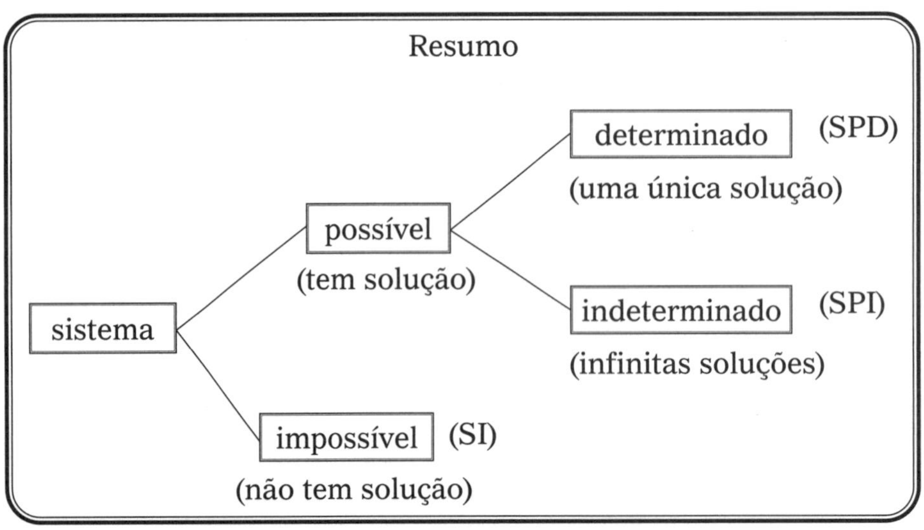

3 – Conjunto Solução de um Sistema Linear

Conjunto Solução (S) ou conjunto verdade (V) de um sistema linear é o conjunto de todas as soluções desse sistema.

Resolver um sistema linear significa determinar o seu conjunto solução.

4 – Forma matricial de um sistema linear

O sistema linear de **m** equações a **n** incógnitas pode, também, ser expresso através da seguinte igualdade de matrizes:

$$SL\begin{cases} a_{11}x_1 + a_{12}x_2 + \ldots + a_{1n}x_n = b_1 \\ a_{21}x_1 + a_{22}x_2 + \ldots + a_{2n}x_n = b_2 \\ a_{31}x_1 + a_{32}x_2 + \ldots + a_{3n}x_n = b_3 \\ \ldots\ldots\ldots\ldots\ldots\ldots\ldots\ldots \\ a_{m1}x_1 + a_{m2}x_2 + \ldots + a_{mn}x_n = b_m \end{cases} \qquad \begin{bmatrix} a_{11} & a_{12} & \cdots & a_{1n} \\ a_{21} & a_{23} & \cdots & a_{2n} \\ a_{31} & a_{32} & \cdots & a_{3n} \\ \cdots & \cdots & \cdots & \cdots \\ a_{m1} & a_{m2} & \cdots & a_{mn} \end{bmatrix} \begin{bmatrix} x_1 \\ x_2 \\ x_3 \\ \cdot \\ \cdot \\ \cdot \\ x_n \end{bmatrix} = \begin{bmatrix} b_1 \\ b_2 \\ b_3 \\ \cdot \\ \cdot \\ \cdot \\ b_m \end{bmatrix}$$

ou seja $A_{m\times n} \cdot X_{n\times 1} = B_{m\times 1}$ onde

A= matriz dos coeficientes $(m \times n)$

X = matriz das incógnitas $(n \times 1)$

B = matriz dos termos independentes $(m \times 1)$

Exemplos: 1º) $A = \begin{bmatrix} 2 & 3 \\ 4 & -1 \end{bmatrix}, x = \begin{bmatrix} x \\ y \end{bmatrix}$ e $B = \begin{bmatrix} 1 \\ 7 \end{bmatrix}$

Forma matricial

$$AX = B \Rightarrow \begin{bmatrix} 2 & 3 \\ 4 & -1 \end{bmatrix} \begin{bmatrix} x \\ y \end{bmatrix} = \begin{bmatrix} 1 \\ 7 \end{bmatrix}$$

$\Rightarrow$ Escrevendo as equações

$$\begin{bmatrix} 2x + 3y \\ 4x - y \end{bmatrix} = \begin{bmatrix} 1 \\ 7 \end{bmatrix} \Rightarrow \begin{cases} 2x + 3y = 1 \\ 4x - y = 7 \end{cases}$$

2º) $A = \begin{bmatrix} 2 & -3 & 1 \\ 3 & 1 & -2 \\ 4 & 5 & 1 \end{bmatrix}, x = \begin{bmatrix} x \\ y \\ z \end{bmatrix}$ e $B = \begin{bmatrix} -9 \\ -4 \\ 13 \end{bmatrix}$

$$AX = B \Rightarrow \begin{bmatrix} 2 & -3 & 1 \\ 3 & 1 & -2 \\ 4 & 5 & 1 \end{bmatrix} \begin{bmatrix} x \\ y \\ z \end{bmatrix} = \begin{bmatrix} -9 \\ -4 \\ 13 \end{bmatrix} \quad \Rightarrow \quad \begin{bmatrix} 2x - 3y + z \\ 3x + y - 2z \\ 4x + 5y + z \end{bmatrix} = \begin{bmatrix} -9 \\ -4 \\ 13 \end{bmatrix} \Rightarrow \begin{cases} 2x - 3y + z = -9 \\ 3x + y - 2z = -4 \\ 4x + 5y + z = 13 \end{cases}$$

$\begin{bmatrix} 2 & -3 & 1 \\ 3 & 1 & -2 \\ 4 & 5 & 1 \end{bmatrix}$ e $\begin{bmatrix} 2 & -3 & 1 & -9 \\ 3 & 1 & -2 & -4 \\ 4 & 5 & 1 & 13 \end{bmatrix}$ são chamadas, respectivamente, de **matriz incompleta** e **matriz completa** deste sistema.

Resp: **9** a) $m \neq n \Rightarrow S = \left\{\frac{m+n}{m-n}\right\}$, $m = n = 0 \Rightarrow S = \mathbb{R}$. $m = n \neq 0 \Rightarrow S = \varnothing$

b) $m \neq -6$ e $n \neq 2 \Rightarrow S = \left\{\frac{n-4}{n+6}\right\}$, $m = 2 \Rightarrow S = \mathbb{R}$, $m = -6 \Rightarrow S = \varnothing$

c) $a \neq -7$ e $a \neq 2 \Rightarrow S = \left\{\frac{a+2}{a-2}\right\}, a = -7 \Rightarrow S = \mathbb{R}, a = 2 \Rightarrow S = \varnothing$

d) $n \neq 0, n \neq -6, n \neq 3 \Rightarrow S = \left\{\frac{5(n-6)}{n(n+6)}\right\}$; $n = 3 \Rightarrow S = \mathbb{R}$, $n = 0$ ou $n = -6 \Rightarrow S = \varnothing$

e) $n \neq 0, n = 1, n \neq -6 \Rightarrow S = \left\{\frac{3(n-6)}{2(n+6)}\right\}$, $n = 0$ ou $n = 1 \Rightarrow S = \mathbb{R}, n = -6 \Rightarrow S = \varnothing$

10 a) (5, 2) b) (– 7, – 6) c) (2, 0) d) $\left(0, -\frac{4}{3}\right)$ e) $\left(\frac{4+3a}{2}, a\right)$ f) $S = \left\{(x, y) \in R^2 \mid (x, y) = \left(\frac{4+3a}{2}, a\right), \vee a \in \mathbb{R}\right\}$

11 a) (– 3, 0, – 1) b) (4, – 11, 4) c) (–2 , 2, – 1) d) $\left(\frac{1}{2}, 3, -\frac{1}{5}\right)$ e) (a, 2a – 5b + 1, b)

f) $S = \{(\alpha_1, \alpha_2, \alpha_3) \in R^3 \mid (\alpha_1, \alpha_2, \alpha_3) = (a, 2a - 5b + 1, b), \forall a, b \in R\}$ Obs.: R^3 é o produto cartesiano R×R×R

12 a) (1, 2, 3, 7) b) (0, 3, – 2, 1) c) (a, b, c, – a + b + 2c)

d) $\{S = (x, y, z, w) \in R^4\ (x, y, z, w) = (a, 2, b, c, -a + b + 2c), \forall a,b,c, \in \mathbb{R}\}$ Obs.: R^4 = R×R×R×R

3) $A=\begin{bmatrix}2 & 1 & 1\\ 3 & -1 & -2\end{bmatrix}, x=\begin{bmatrix}x\\ y\\ z\end{bmatrix}$ e $B=\begin{bmatrix}4\\ 8\end{bmatrix}$

Forma matricial

$$AX=B \Rightarrow \begin{bmatrix}2 & 1 & 1\\ 3 & -1 & -2\end{bmatrix}\begin{bmatrix}x\\ y\\ z\end{bmatrix}=\begin{bmatrix}4\\ 8\end{bmatrix}$$

Escrevendo as equações

$$\Rightarrow \begin{bmatrix}2x+y+z\\ 3x-y-2z\end{bmatrix}=\begin{bmatrix}4\\ 8\end{bmatrix} \Rightarrow \begin{cases}2x+y+z=4\\ 3x-y-2z=8\end{cases}$$

4º) $A=\begin{bmatrix}2 & -3\\ 1 & 1\\ 2 & -1\end{bmatrix}, x=\begin{bmatrix}x\\ y\end{bmatrix}$ e $B=\begin{bmatrix}3\\ 4\\ 5\end{bmatrix}$

$$AX=B \Rightarrow \begin{bmatrix}2 & -3\\ 1 & 1\\ 2 & -1\end{bmatrix}\begin{bmatrix}x\\ y\end{bmatrix}=\begin{bmatrix}3\\ 4\\ 5\end{bmatrix} \Rightarrow \begin{bmatrix}2x-3y\\ x+y\\ 2x-y\end{bmatrix}=\begin{bmatrix}3\\ 4\\ 5\end{bmatrix} \Rightarrow \begin{cases}2x-3y=3\\ x+y=4\\ 2x-y=5\end{cases}$$

5 – Sistemas Normais

Quando, num sistema linear, o número de equações for igual ao número de incógnitas (m=n), a matriz incompleta A será quadrada de ordem n e, portanto, poderemos calcular o determinante de A: chamaremos det A = D de **determinante do sistema**.

Definição:

" Um sistema linear é chamado de normal se tiver n e equações, n incógnitas e o determinante do sistema for diferente de zero ($D \neq 0$)"

$$\boxed{\text{sistema normal}} \Leftrightarrow \boxed{m = n \text{ e } D \neq 0}$$

Exemplos: $\begin{cases}2x-3y=7\\ 3x+4y=19\end{cases}, \begin{cases}3x+y+z=8\\ x-y+z=2\\ 2x+y-z=1\end{cases}$ com $\begin{vmatrix}2 & -3\\ 3 & 4\end{vmatrix} \neq 0$ e $\begin{vmatrix}3 & 1 & 1\\ 1 & -1 & 1\\ 2 & 1 & -1\end{vmatrix} \neq 0$

6 – Regra de Cramer

a) **Teorema:**

" Um sistema linear normal é sempre possível e determinado (SPD)."

Demonstração: Se SL é um sistema normal então m= n, A é matriz quadrada e detA = D $\neq$ 0, portanto, A é inversível e sua inversa A^{-1} é única.

O sistema, escrito na sua forma matricial, será:

$$AX=B \Rightarrow A^{-1}\cdot(AX)=A^{-1}B \Rightarrow$$
$$\Rightarrow (A^{-1}\cdot A)X=A^{-1}B \Rightarrow I_nX=A^{-1}\cdot B \Rightarrow$$
$$\Rightarrow X=A^{-1}\cdot B$$

e esta é a única solução do sistema (a matriz $A^{-1}\cdot B$ existe e é única)

Está, portanto, demonstrado que todo sistema normal é possível e determinado.

b) Resolução de um sistema normal

Dado o sistema normal

$$SL\begin{cases} a_{11}x_1 + a_{12}x_2 + ... + a_{1n}x_n = b_1 \\ a_{21}x_1 + a_{22}x_2 + ... + a_{2n}x_n = b_2 \\ a_{31}x_1 + a_{32}x_2 + ... + a_{3n}x_n = b_3 \\ .... \\ a_{m1}x_1 + a_{m2}x_2 + ... + a_{mn}x_n = b_m \end{cases}$$

o determinante do sistema será:

$$\det A = D\begin{vmatrix} a_{11} & a_{12} & \cdots & a_{1n} \\ a_{21} & a_{22} & \cdots & a_{2n} \\ \cdots & . & . & . \\ a_{n1} & a_{n2} & \cdots & a_{nn} \end{vmatrix} \neq 0$$

Chamaremos de Dj o determinante da matriz que se obtém de A substituindo sua coluna j pela coluna dos termos independentes do sistema: Assim sendo, teremos:

$$D_1 = \begin{vmatrix} b_1 & a_{12} & \cdots & a_{1n} \\ b_2 & a_{22} & \cdots & a_{2n} \\ . & .. & .. & .. \\ b_n & a_{n2} & \cdots & a_{nn} \end{vmatrix}, \quad D_2 = \begin{vmatrix} a_{11} & b_1 & \cdots & a_{1n} \\ a_{21} & b_2 & \cdots & a_{2n} \\ . & .. & .. & .. \\ a_{n1} & b_n & \cdots & a_{nn} \end{vmatrix}, \; ... \; D_n = \begin{vmatrix} a_{11} & a_{12} & \cdots & b_1 \\ a_{21} & a_{22} & \cdots & b_2 \\ . & . & .. & . \\ a_{n1} & a_{n2} & \cdots & b_n \end{vmatrix}$$

Após estas explicações iniciais, podemos enunciar a seguinte regra prática:

Regra de Cramer

"A solução do sistema normal SL dado é a ênupla ordenada $(\alpha_1, \alpha_2, \alpha_3, ..., \alpha_n)$.

onde $\alpha_j = \frac{D_j}{D}$, ou seja, $\alpha_1 = \frac{D_1}{D}, \alpha_2 = \frac{D_2}{D}, \alpha_3 = \frac{D_3}{D} ..., \alpha_n = \frac{D_n}{D}$

Observações: 1ª) Como já foi dito, se o sistema for normal, então a solução $(\alpha_1, \alpha_2, ..., \alpha_n)$ sempre existirá e será única (SPD).

2ª) Para resolver um sistema normal de ordem **n** usando a regra de Cramer, precisamos calcular o valor de **(n + 1)** determinantes de ordem n, portanto, quando tivemos $n \geqslant 4$, a aplicação desse método será muito trabalhosa.

Exemplo: Resolver, usando a regra de Cramer, o sistema normal $SL\begin{cases} x_1 - 2x_2 + 3x_3 = 1 \\ 3x_1 - x_2 - 4x_3 = -8 \\ 5x_2 - 6x_3 = 3 \end{cases}$

O determinante do sistema é $D = \begin{vmatrix} 1 & -2 & 3 \\ 3 & -1 & -4 \\ 0 & 5 & -6 \end{vmatrix} = 35$

e os demais determinantes (DJ) são:

$$D_1 = \begin{vmatrix} 1 & -2 & 3 \\ -8 & -1 & -4 \\ 3 & 5 & -6 \end{vmatrix} = 35 \quad D_2 = \begin{vmatrix} 1 & 1 & 3 \\ 3 & -8 & -4 \\ 0 & 3 & -6 \end{vmatrix} = 105 \quad D_3 = \begin{vmatrix} 1 & -2 & 1 \\ 3 & -1 & -8 \\ 0 & 5 & 3 \end{vmatrix} = 70$$

Podemos, então, calcular os valores das incógnitas:

$$x_1 = \frac{D_1}{D} = \frac{35}{35} = 1 \qquad x_2 = \frac{D_2}{D} = \frac{105}{35} = 3 \qquad x_3 = \frac{D_3}{D} = \frac{70}{35} = 2$$

e o conjunto solução do sistema é S $\{(1, 3, 2)\}$

Observação: A regra de Cramer é aplicada apenas em sistemas normais, isto é, em sistemas com número de incógnitas igual ao número de equações e determinante D do sitema, diferente de zero. Como para $n \geqslant 4$ este método é muito trabalhoso, vamos adiante estudar um novo método, o do escalonamento, para a resolução de sistemas.

Exemplo 1: Determinar **a** para que o par dado seja solução do sistema dado, nos casos:

a) $(5, 2)$, $\begin{cases} 2x - y = 8 \\ x + (2a-5)y = 7 \end{cases}$

1) $2(5) - 2 = 8$ é verdade $\Rightarrow (5, 2)$ é solução da 1ª equação

2) $5 + (2a-5)\cdot 2 = 7 \Rightarrow 5 + 4a - 10 = 7 \Rightarrow 4a = 12 \Rightarrow \boxed{a = 3}$
$a = 3 \Rightarrow (5, 2)$ é solução de $x + (2a-5)y = 7 \Rightarrow \boxed{a = 3}$

b) $(3, -1)$, $\begin{cases} (2a-2)x + (a-1)y = 5 \\ (a-4)x - (a-2)y = 6 \end{cases}$

1) $(2a-2)3 + (a-1)(-1) = 5 \Rightarrow 6a - 6 - a + 1 = 5 \Rightarrow 5a = 10 \Rightarrow a = 2$

2) $(a-4)3 - (a-2)(-1) = 6 \Rightarrow 3a - 12 + a - 2 = 6 \Rightarrow 4a = 20 \Rightarrow a = 5$

a = 2 para que (3, – 1) seja solução da 1ª equação e a = 5 para que (3, – 1) seja solução da 2ª equação

$\Rightarrow$ Não existe a para que (3, – 1) seja solução do sistema.

c) $(2, -3)$, $\begin{cases} (a^2+1)x + (2a-1)y = 1 \\ (a+2)x - 2a^2y = 12 \end{cases}$

1) $(a^2+1)(2) + (2a-1)(-3) = 1 \Rightarrow 2a^2 + 2 - 6a + 3 - 1 = 0 \Rightarrow$
$2a^2 - 6a + 4 = 0 \Rightarrow a^2 - 3a + 2 = 0 \Rightarrow (a-1)(a-2) = 0 \Rightarrow$
$\boxed{a = 1 \text{ ou } a = 2}$

2) $(a+2)(2) - 2a^2(-3) = 12 \Rightarrow 6a^2 + 2a + 4 - 12 = 0 \Rightarrow 6a^2 + 2a - 8 = 0 \Rightarrow$
$3a^2 + a - 4 = 0 \Rightarrow \Delta = 1 + 48 = 49 \Rightarrow a = \frac{-1 \pm 7}{6} \Rightarrow \boxed{a = 1 \text{ ou } a = \frac{-4}{3}}$

Para que (2, – 3) seja solução das duas equações, devemos ter $\boxed{a = 1}$

Exemplo 2: Deteminar a e b para que (4, 3) seja solução do

sistema $\begin{cases} (3a-4)x + (b+4)y = 17 \\ (a+1)x - (b+3)y = 3a \end{cases}$

$S = \{(4,3)\} \Rightarrow \begin{cases} (3a-4)(4) + (b+4)(3) = 17 \\ (a+1)(4) - (b+3)(3) = 3a \end{cases} \Rightarrow \begin{cases} 12a - 16 + 3b + 12 = 17 \\ 4a + 4 - 3b - 9 = 3a \end{cases} \Rightarrow$

$\Rightarrow \begin{cases} 12a + 3b = 21 \\ a - 3b = 5 \end{cases} \Rightarrow 13a = 26 \Rightarrow \boxed{a = 2} \Rightarrow 2 - 3b = 5 \Rightarrow \boxed{b = -1}$

Para que (4, 3) seja solução do sistema devemos ter a = 2 e b = – 1

Exemplo 3: Deteminar **a** para que o sistema $\begin{cases} 2ax - 3y = 5 \\ a^2x - 6y = 1 \end{cases}$ seja normal.

Para que ele seja normal, o determinante do sistema tem que ser diferente de zero. Então:

$$D = \begin{vmatrix} 2a & -3 \\ a^2 & -6 \end{vmatrix} \neq 0 \Rightarrow -12a + 3a^2 \neq 0 \Rightarrow a^2 - 4a \neq 0 \Rightarrow a(a-4) \neq 0 \Rightarrow$$

$$\Rightarrow a \neq 0 \text{ e } a \neq 4.$$

Exemplo 4: Deteminar m para que o sistema dado seja possível determinado.

$$\begin{cases} (m-2)x + y - 2mz = 18 \\ 2x - 2y + z = 3 \\ mx - 3y + (m-5)z = 11 \end{cases}$$

Para que ele seja possível determinado, o determinante tem que ser diferente de zero. Então:

$$D = \begin{vmatrix} m-2 & 1 & -2m \\ 2 & -2 & 1 \\ m & -3 & m-5 \end{vmatrix} \neq 0 \Rightarrow -2(m-2)(m-5) + m + 12m - 4m^2 + 3(m-2) - 2(m-5) \neq 0 \Rightarrow$$

$$-2(m^2 - 7m + 10) + 13m - 4m^2 + 3m - 6 - 2m + 10 \neq 0 \Rightarrow$$

$$-6m^2 + 28m - 16 \neq 0 \Rightarrow 3m^2 - 14m + 8 \neq 0$$

$$\Delta = 196 - 96 = 100 \Rightarrow m \neq \frac{14 \pm 10}{6} \Rightarrow m \neq 4 \text{ e } m \neq \frac{2}{3}$$

13 Verificar se a sequência dada é solução do sistema dado, nos casos:

a) $(5, 2)$
$\begin{cases} 2x + y = 12 \\ x - 2y = 1 \end{cases}$

b) $(-3, 2)$
$\begin{cases} x + y = -1 \\ 2x + y = 8 \end{cases}$

c) $(3, -2)$
$\begin{cases} x - y = 5 \\ 2x - 2y = 10 \end{cases}$

d) $(6, 1)$
$\begin{cases} x - y = 5 \\ 2x - 2y = 10 \end{cases}$

e) $(4, 1)$
$\begin{cases} x + y = 5 \\ 2x - y = 7 \\ x + 3y = 7 \end{cases}$

f) $(-3, 1)$
$\begin{cases} 2x - y = -7 \\ x + 5y = 2 \\ x + y = 4 \end{cases}$

g) $(3, -1, 4)$
$\begin{cases} x + y + z = 6 \\ 2x - y + 2z = 15 \\ x - 3y - 2z = -2 \end{cases}$

14 Determinar **a** de modo que o par (2, a) seja solução do sistema dado, nos casos:

a) $\begin{cases} 2x + 3y = 13 \\ 3x - y = 3 \end{cases}$

b) $\begin{cases} 2x - 3y = 7 \\ 3x \quad\quad = 6 \end{cases}$

c) $\begin{cases} x + y = 10 \\ x - y = 6 \end{cases}$

15 Resolver o sistema possível determinado dado, pela método que achar mais conveniente, nos casos:

a) $\begin{cases} 2x + y = 5 \\ 3x - y = 10 \end{cases}$

b) $\begin{cases} 3x - 2y = -16 \\ y = 3 - x \end{cases}$

c) $\begin{cases} y = -2x + 2 \\ y = x + 8 \end{cases}$

d) $\begin{cases} x + y = 1 \\ x + z = 8 \\ y + z = 3 \end{cases}$

e) $\begin{cases} x + y + z = 0 \\ 2x - y + z = -7 \\ x - 2y - z = -5 \end{cases}$

f) $\begin{cases} 2x + y = 2a + b \\ 3x - y = a - 2b \end{cases}$

16 Determinar a e b, de modo que (– 2, 4) seja solução do sistema $\begin{cases}(b-a)x - by = -16\\ ax + (5a-b)y = 6\end{cases}$

---

17 Determinar **m**, de modo que (– 6, 2) seja solução do sistema $\begin{cases}(m^2-2)x + (2m+1)y = -2\\ (m-1)x + m^2y = m\end{cases}$

---

18 Escreva os sistema lineares seguintes na forma matricial:

a) $\begin{cases}x + 2y = 3\\ 4x + 5y = 6\end{cases}$

b) $\begin{cases}2x_1 + x_2 = 6\\ -x_1 + 3x_2 = -2\\ 3x_1 - x_2 = 0\\ x_1 - 4x_2 = -5\end{cases}$

c) $\begin{cases}x - y + z = -4\\ 2x + 3z = 1\\ -x - 2y = 3\end{cases}$

Resp: **13** a) Sim b) Não c) Sim d) Sim e) Sim f) Não g) Sim

19 Escrever as equações do sistema linear dado na forma matricial, nos casos:

a) $\begin{bmatrix} -2 & 3 \\ 5 & 7 \end{bmatrix} \begin{bmatrix} x \\ y \end{bmatrix} = \begin{bmatrix} 8 \\ -1 \end{bmatrix}$

---

b) $\begin{bmatrix} 3 & -2 & 1 \\ 4 & 0 & 2 \end{bmatrix} \begin{bmatrix} x \\ y \\ z \end{bmatrix} = \begin{bmatrix} 0 \\ 5 \end{bmatrix}$

---

c) $\begin{bmatrix} -2 & 1 & 1 \\ 3 & 0 & 2 \\ -1 & -2 & 5 \end{bmatrix} \begin{bmatrix} x \\ y \\ z \end{bmatrix} = \begin{bmatrix} 1 \\ 3 \\ 6 \end{bmatrix}$

---

d) $\begin{bmatrix} 2 & 0 & 0 \\ 0 & 5 & 0 \\ 0 & 0 & -1 \end{bmatrix} \begin{bmatrix} x \\ y \\ z \end{bmatrix} = \begin{bmatrix} 8 \\ -10 \\ 5 \end{bmatrix}$

---

20 Utilizando o fato de que $A^{-1} = \begin{bmatrix} 3 & 1 \\ 5 & 2 \end{bmatrix}$ é a matriz inversa de A (matriz incompleta), resolva o seguinte sistema linear normal:

$$\begin{cases} 2x - y = -1 \\ -5x + 3y = 4 \end{cases} \Rightarrow \begin{bmatrix} 2 & -1 \\ -5 & 3 \end{bmatrix} \cdot \begin{bmatrix} x \\ y \end{bmatrix} = \begin{bmatrix} -1 \\ 4 \end{bmatrix}$$

Lembre-se: $AX = B \Rightarrow A^{-1} \cdot (AX) = A^{-1} \cdot B \Rightarrow X = A^{-1} \cdot B \Rightarrow \begin{bmatrix} x \\ y \end{bmatrix} = A^{-1} \cdot B$

---

21 Operando com o sistema na sua forma matricial e sabendo que $A^{-1} = \begin{bmatrix} 2 & -6 & -7 \\ 0 & 1 & 1 \\ -1 & 4 & 5 \end{bmatrix}$ é a inversa da matriz incompleta (A) do sistema dado, resolver

$$\begin{cases} x_1 + 2x_2 + 1x_3 = 1 \\ -x_1 + 3x_2 - 2x_3 = 2 \\ x_1 - 2x_2 + 2x_3 = -2 \end{cases}$$

22 Completar a resolução pela regra de Cramer

$$\begin{cases} 2x - 3y = 6 \\ x + 4y = 14 \end{cases} \qquad D = \begin{vmatrix} 2 & -3 \\ 1 & 4 \end{vmatrix} =$$

$$D_x = \begin{vmatrix} \quad & -3 \\ \quad & 4 \end{vmatrix} = \qquad D_y = \begin{vmatrix} 2 & \quad \\ 1 & \quad \end{vmatrix} =$$

$$x = \frac{D_x}{D} = \qquad y = \frac{D_y}{D} =$$

---

23 Resolver por Cramer os seguintes sistemas:

a) $\begin{cases} 3x - \ \ y = -11 \\ 2x - 3y = -12 \end{cases}$

---

b) $\begin{cases} x + y + z = 2 \\ 2x - y + 2z = -2 \\ x - 3y - 4z = -11 \end{cases}$

Resp: **14** a) a = 3 b) a = – 1 c) Não existe e) {(– 1, 3, – 2)} f) $\left\{\left(\frac{3a-b}{5}, \frac{4a+7b}{5}\right)\right\}$ **15** {(3, – 1)} b) {(– 2, 5)} c) {(– 2, 6)} d) {(3, – 2, 5)} **16** a) a = 1 e b = 3 **17** m = 2

18 a) $\begin{bmatrix} 1 & 2 \\ 4 & 5 \end{bmatrix}\begin{bmatrix} x \\ y \end{bmatrix} = \begin{bmatrix} 3 \\ 6 \end{bmatrix}$ b) $\begin{bmatrix} 2 & 1 \\ -1 & 3 \\ 3 & -1 \\ 1 & -4 \end{bmatrix}\begin{bmatrix} x_1 \\ x_2 \end{bmatrix} = \begin{bmatrix} 6 \\ -2 \\ 0 \\ -5 \end{bmatrix}$ c) $\begin{bmatrix} 1 & -1 & 1 \\ 2 & 0 & 3 \\ -1 & -2 & 0 \end{bmatrix}\begin{bmatrix} x \\ y \\ z \end{bmatrix} = \begin{bmatrix} -4 \\ 1 \\ 3 \end{bmatrix}$

24 Usando a regra de Cramer, resolva os seguintes sistemas lineares normais:

a) $\begin{cases} x + 2y + z = 0 \\ -x + 3y + 4z = -5 \\ x - 2y + 5z = 4 \end{cases}$

---

b) $\begin{cases} x - y + 0z + 2w = -1 \\ 4y + z + w = 5 \\ -x - 5y + 2z = -3 \\ 2x - z + 4w = -3 \end{cases}$

25 Determinar m par aque o sistema seja normal, nos casos:

a) $\begin{cases}(m+1)x-(2m+5)y=12\\(2m-2)-3my=8\end{cases}$

---

b) $\begin{cases}(m-1)x-y+(m-5)z=0\\(m-2)x+my+(m+1)z=5\\3x-5y-8z=-5\end{cases}$

Resp: **19** a) $\begin{cases}-2x+3y=8\\5x+7y=-1\end{cases}$ b) $\begin{cases}3x-2y+z=0\\4x+2z=5\end{cases}$ c) $\begin{cases}-2x+y+z=1\\3x+2z=3\\-x-2y+5z=6\end{cases}$ d) $\begin{cases}2x=8\\5y=-10\\-z=5\end{cases}$

20 $\begin{bmatrix}x\\y\end{bmatrix}=A^{-1}\cdot B=\begin{bmatrix}3&1\\5&2\end{bmatrix}\cdot\begin{bmatrix}-1\\4\end{bmatrix}=\begin{bmatrix}1\\3\end{bmatrix}$ portanto, S = (x, y) = (1, 3)

21 $X=\begin{bmatrix}x_1\\x_2\\x_3\end{bmatrix}=A^{-1}\cdot B=\begin{bmatrix}2&-6&-7\\0&1&1\\-1&4&5\end{bmatrix}\cdot\begin{bmatrix}1\\2\\-2\end{bmatrix}=\begin{bmatrix}4\\0\\-3\end{bmatrix}$

$(x_1, x_2, x_3) = (4, 0 - 3)$

22 {(6, 2)}

23 a{(– 3, 2)} b){(– 1, 2, 1)}

7 – Discussão de sistemas

No caderno de atividades volume 4 vamos estudar o método de escalonamento de um sistema e vamos rever resoluções e discussão de sistemas lineares. Mas vejamos através de exemplos, a discussão de alguns tipos. Vamos deixar para o próximo capítulo a discussão de sistemas com número de equações maior que o de incógnitas.

(I) sistema possível determinado (SPD)

Ao resolver um sistema linear, se existir uma única sequência de números que satisfaz todas as equações, dizemos que o sistema é possível determinado

Exemplo: $\begin{cases} 2x - y = 7 \\ x + y = 8 \end{cases} \Rightarrow 3x = 15 \Rightarrow \boxed{x = 5} \Rightarrow 5 + y = 8 \Rightarrow \boxed{y = 3}$

(5, 3) é o único par que satisfaz as equações dadas. Se um sistema for normal, isto é, o número de incógnitas e equações são iguais e o determinante do sistema (determinante da matriz incompleta) for diferente de zero, então este sistema é SPD.

No exemplo anterior: $\begin{cases} 2x - y = 7 \\ x + y = 8 \end{cases} \Rightarrow \begin{vmatrix} 2 & -1 \\ 1 & 1 \end{vmatrix} = 2 + 1 = 3 \neq 0 \Rightarrow \text{SPD}$

outro exemplo:

$$\begin{cases} x + y + z = 6 \\ x - y - 3z = 8 \\ 2x + y - 2z = 3 \end{cases} \Rightarrow \begin{vmatrix} 1 & 1 & 1 \\ 1 & -1 & -3 \\ 2 & 1 & -2 \end{vmatrix} = 2 - 6 + 1 + 2 + 2 + 3 = 4 \neq 0 \Rightarrow \text{SPD}$$

(II) sistema possível indeterminado (SPI)

Ao resolver um sistema linear podemos cair em um sistema com o número de equações menor que o número de incógnitas e com nenhuma equação impossível. Neste caso o sistema é possível indeterminado. Há infinitas sequências que satisfazem todas as suas equações. Infinitas e não todas, como veremos.

Exemplo: $\begin{cases} x + y + z = 7 \\ 2x - 3y - 4z = -12 \\ 2x - 3y - 5z = -19 \end{cases}$ $\boxed{z = 7 - x - y} \Rightarrow$ $\begin{cases} 3x - 2y - 4(7 - x - y) = -12 \\ 2x - 3y - 5(7 - x - y) = -19 \end{cases} \Rightarrow$

$$\begin{cases} 3x - 2y - 28 + 4x + 4y = -12 \\ 2x - 3y - 35 + 5x + 5y = -19 \end{cases} \Rightarrow \begin{cases} 7x + 2y = 16 \\ 7x + 2y = 16 \end{cases} \Rightarrow$$

$7x + 2y = 16 \Rightarrow \boxed{y = \dfrac{16 - 7x}{2}}$. Determinando z em função de x:

$$z = 7 - x - y \Rightarrow z = 7 - x - \frac{16 - 7x}{2} \Rightarrow z = \frac{14 - 2x - 16 + 7x}{2} \Rightarrow \boxed{z = \frac{5x - 2}{2}}$$

Fazendo $x = \alpha$, obtemos $y = \frac{16 - 7\alpha}{2}$ e $z = \frac{5\alpha - 2}{2} \Rightarrow$

$\left(\alpha, \frac{16 - 7\alpha}{2}, \frac{5\alpha - 2}{2}\right)$ com $\alpha \in \mathbb{R}$ é solução do sistema

Exemplos: $\alpha = 0 \Rightarrow (0, 8, -1)$ é solução do sistema

$\alpha = 2 \Rightarrow (2, 1, 4)$ é solução do sistema

$\alpha = 1 \Rightarrow \left(1, \frac{9}{2}, \frac{3}{2}\right)$ é solução do sistema

Note que (2, 3, 5) não é solução deste sistema.

(III) Sistema impossível (SI)

Ao resolver um sistema linear podemos obter uma equação que não é satisfeita para nenhuma sequência de números.

Neste caso dizemos que o sistema é impossível.

Exemplo: $\begin{cases} x + y - 2z = 2 \\ 2x - y + z = 3 \\ 5x - 4y + 5z = 5 \end{cases} \begin{cases} y = -x + 2z + 2 \\ y = 2x + z - 3 \end{cases} \Rightarrow -x + 2z + 2 = 2x + z - 3 \Rightarrow$

$\Rightarrow \boxed{z = 3x - 5} \Rightarrow \begin{cases} y = 2x + z - 3 \\ 5x - 4y + 5z = 5 \end{cases} \Rightarrow \begin{cases} y = 2x + (3x - 5) - 3 \\ 5x - 4y + 5(3x - 5) = 5 \end{cases} \Rightarrow$

$\begin{cases} y = 5x - 8 \\ 20x - 4y = 30 \end{cases} \Rightarrow 20x - 4(5x - 8) = 30 \Rightarrow 20x - 20x + 32 = 30 \Rightarrow$

$\boxed{0x = -2}$ Não é satisfeita para nenhuma x $\Rightarrow$

Não existe (x, y, z) que satisfaz todas as equações deste sistema $\Rightarrow$

$\Rightarrow$ Sistema impossível (SI)

Exemplo 1: Discutir o sistema $\begin{cases} ax - 4y = 12 \\ 3x - 6 = 15 \end{cases}$ nas variáveis x e y.

$D = \begin{vmatrix} a & -4 \\ 3 & -6 \end{vmatrix} \Rightarrow D = -6a + 12 \Rightarrow D = 0 \Rightarrow -6a + 12 = 0 \Rightarrow \boxed{a = 2}$

1) $a \neq 2 \Rightarrow$ Sistema normal $\Rightarrow$ Sistema possível determinado $\Rightarrow$ SPD

2) $a = 2 \Rightarrow \begin{cases} 2x - 4y = 12 \\ 3x - 6y = 15 \end{cases} \Rightarrow \begin{cases} x - 2y = 6 \\ x - 2y = 5 \end{cases} \Rightarrow 6 = 5 \Rightarrow$ Sistema impossível

Ou subtraindo membro a membro:

$0x + 0y = 1 \Rightarrow$ Não existe (x, y) tal que $0x + 0y = 1 \Rightarrow$ Sistema impossível

Então: $\begin{cases} \text{(I) } a \neq 2 \Rightarrow \text{SPD} \\ \text{(II) } a = 2 \Rightarrow \text{SI} \end{cases}$

Resp: **24** a) $S = \{(x, y, z) = (2 - 1, 0)\}$ b) $S = \{(x, y, z, w) = (4, 1, 3, -2)\}$ **25** a) $m \neq -5$ e $m \neq 2$ b) $m \neq 3$ e $m \neq \frac{14}{11}$

Exemplo 2: Discutir o sistema $\begin{cases} 3x - ay = 9 \\ 4x + 8y = 12 \end{cases}$ nas variáveis x e y.

$$D = \begin{vmatrix} 3 & -a \\ 4 & 8 \end{vmatrix} \Rightarrow D = 24 + 4a \Rightarrow D = 0 \Rightarrow 24 + 4a = 0 \Rightarrow \boxed{a = -6}$$

1) $a \neq -6 \Rightarrow$ Sistema normal $\Rightarrow$ Sistema possível determinado $\Rightarrow$ SPD

2) $a = -6 \Rightarrow \begin{cases} 3x + 6y = 9 \\ 4x + 8y = 12 \end{cases} \Rightarrow \begin{cases} x + 2y = 3 \\ x + 2y = 3 \end{cases} \Rightarrow x + 2y = 3 \Rightarrow$

Há infinitos pares satisfazendo esta equação $\Rightarrow$ SPI

$y = \alpha \Rightarrow x = 3 - 2\alpha \Rightarrow (3 - 2\alpha, \alpha), \alpha \in \mathbb{R}$ são soluções do sistema:

I) $a \neq -6 \Rightarrow$ SPD

II) $a = -6 \Rightarrow$ SPI

Exemplo 3: Discutir o sistema $\begin{cases} ax - (a+1)y = 3 \\ 4x - (a+4)y = 2a + 2 \end{cases}$ nas variáveis x e y.

$$D = \begin{vmatrix} a & -(a+1) \\ 4 & -(a+4) \end{vmatrix} \Rightarrow D = -a(a+4) + 4(a+1) \Rightarrow D = a^2 + 4 \Rightarrow D = 0 \Rightarrow -a^2 + 4 = 0 \Rightarrow a = \pm 2$$

1) $a \neq -2$ e $a \neq 2 \Rightarrow$ Sistema normal $\Rightarrow$ SPD

2) $a = -2 \Rightarrow \begin{cases} -2x - (-2+1)y = 3 \\ 4x - (-2+4)y = 2(-2) + 2 \end{cases} \Rightarrow \begin{cases} -2x + y = 3 \\ 4x - 2y = -2 \end{cases} \Rightarrow \begin{cases} 2x - y = -3 \\ 2x - y = -1 \end{cases} \Rightarrow$ SI

Ou subtraindo membro a membro $\Rightarrow 0x + 0y = -2 \Rightarrow$ Sistema impossível

3) $a = 2 \Rightarrow \begin{cases} 2x - 3y = 3 \\ 4x - 6y = 6 \end{cases} \Rightarrow \begin{cases} 2x - 3y = 3 \\ 2x - 3y = 3 \end{cases} \Rightarrow 2x - 3y = 3 \Rightarrow$ SPI

Fazendo $y = \alpha$, temos $2x - 3\alpha = 3 \Rightarrow x = \frac{3\alpha + 3}{2} \Rightarrow \left(\frac{3\alpha + 3}{2}, \alpha\right)$ é solução do sistema, para todo α real.

$$\begin{cases} \text{(I) } a \neq -2 \text{ e } a \neq 2 \Rightarrow \text{SPD} \\ \text{(II) } a = -2 \Rightarrow \text{SI} \\ \text{(III) } a = 2 \Rightarrow \text{SPI} \end{cases}$$

Exemplo 4: Discutir o sistema $\begin{cases} x + y = 7 \\ (a-1)y = a + 1 \end{cases}$

$$D = \begin{vmatrix} 1 & 1 \\ 0 & a-1 \end{vmatrix} \Rightarrow D = a - 1 \Rightarrow D = 0 \Rightarrow a - 1 = 0 \Rightarrow \boxed{a = 1}$$

1) $a \neq 1 \Rightarrow D \neq 0 \Rightarrow$ Sistema possível determinado

2) $a = 1 \Rightarrow \begin{cases} x + y = 7 \\ (1-1)y = 1 + 1 \end{cases} \Rightarrow \begin{cases} x + y = 7 \\ 0y = 2 \end{cases} \Rightarrow$ Sistema impossível

I) $a \neq 1 \Rightarrow$ SPD e (II) $a = 1 \Rightarrow$ SI

Exemplo 5: Discutir o sistema $\begin{cases} mx + y + (m-3)z = -3 \\ (m+1)x + y + z = m+3 \\ x + 2y + (m-8)z = -13 \end{cases}$

1) $D = \begin{vmatrix} m & 1 & m-3 \\ m+1 & 1 & 1 \\ 1 & 2 & m-8 \end{vmatrix} = m(m-8) + 1 + 2(m+1)(m-3) - (m-3) - 2m - (m+1)(m-8)$

1) $D = m^2 - 8m + 1 + 2(m^2 - 2m - 3) - m + 3 - 2m - (m^2 - 7m - 8) \Rightarrow$

$D = 2m^2 - 8m + 6 \Rightarrow D = 0 \Rightarrow m^2 - 4m + 3 = 0 \Rightarrow (m-1)(m-3) = 0 \Rightarrow$

$m = 1$ ou $m = 3$

2) $m \neq 1$ e $m \neq 3 \Rightarrow D \neq 0 \Rightarrow$ Sistema normal $\Rightarrow$ SPD

3) $m = 1 \Rightarrow \begin{cases} x + y - 2z = -3 & (1) \\ 2x + y + z = 4 & (2) \\ x + 2y - 7z = -13 & (3) \end{cases}$

(1) e (2) $\Rightarrow y = -x + 2z - 3$ e $y = -2x - z + 4 \Rightarrow -x + 2z - 3 = -2x - z + 4 \Rightarrow$

$\boxed{x = -3z + 7} \Rightarrow y = -(-3z + 7) + 2z - 3 \Rightarrow \boxed{y = 5z - 10}$

(3) $\Rightarrow -3z + 7 + 2(5z - 10) - 7z = -13 \Rightarrow -3z + 10z - 7z = -7 + 20 - 13$

$0z = 0 \Rightarrow$ Sistema possível indeterminado (SPI)

$z = \alpha \Rightarrow y = 5\alpha - 10, x = -3\alpha + 7 \Rightarrow (-3\alpha + 7, 5\alpha - 10, \alpha), \alpha \in \mathbb{R}$ é solução do sistema.

4) $m = 3 \Rightarrow \begin{cases} 3x + y + 0z = -3 & (1) \\ 4x + y + z = 6 & (2) \\ x + 2y - 5z = -13 & (3) \end{cases}$

(1) e (2) $\Rightarrow y = -3x - 3$ e $y = -4x - z + 6 \Rightarrow -3x - 3 = -4x - z + 6 \Rightarrow \boxed{x = -z + 9} \Rightarrow$

$y = -3(-z + 9) - 3 \Rightarrow \boxed{y = 3z - 30}$

(3) $\Rightarrow -z + 9 + 2(3z - 30) - 5z = -13 \Rightarrow -z + 9 + 6z - 60 - 5z = -13 \Rightarrow$

$\Rightarrow 0z = 38 \Rightarrow$ Não existe z. $\Rightarrow$ Sistema impossível

$\begin{cases} \text{(I) } m \neq 1 \text{ e } m \neq 3 \Rightarrow \text{SPD} & \text{(Sistema possível determinado)} \\ \text{(II) } m = 1 \Rightarrow \text{SPI} & \text{(Sistema possível indeterminado)} \\ \text{(III) } m = 3 \Rightarrow \text{SI} & \text{(Sistema impossível)} \end{cases}$

26 Discutir o sistema linear nas variáveis x e y, nos casos:

a) $\begin{cases} mx - 8y = 10 \\ 6x - 12y = 15 \end{cases}$

---

b) $\begin{cases} mx + 9y = 6 \\ 8x - 12y = 16 \end{cases}$

---

c) $\begin{cases} mx - (m - 8)y = m \\ x + (m^2 - 1)y = 1 \end{cases}$

27 Discutir o sistema nas variáveis x e y, nos casos:

a) $\begin{cases} (a+3)\,x - 8y = 2a + 10 \\ (a+2)\,x - (a+5)\,y = 5a + 4 \end{cases}$

---

b) $\begin{cases} (a-2)\,x - (a+3)\,y = a \\ (a+1)\,x - 16y = 3a - 5 \end{cases}$

28 Discutir os seguintes sistemas:

a) $\begin{cases} (a-1)x - 2y = a - 1 \\ 5x - (a+2)y = 5 \end{cases}$

---

b) $\begin{cases} mx + 3y = 10 \\ 5x + (m-2)y = 2 \end{cases}$

29 Discutir os seguintes sistemas:

a) $\begin{cases} mx - 10y = a \\ x - 2y = 3 \end{cases}$

---

b) $\begin{cases} mx + 2y = 6 \\ 8x + my = b \end{cases}$

Resp: **26** a) (I) $m \neq 4 \Rightarrow SPD$, (II) $m = 4 \Rightarrow SPI$ b) (I) $m \neq = -6 \Rightarrow SPD$; (II) $m = 6 \Rightarrow SI$ c) (I) $m \neq 2 \Rightarrow SPD$; (II) $m = 2 \Rightarrow SPI$

27 a) (I) $a \neq -1$ e $a \neq 1 \Rightarrow SPD$; (II) $a = -1 \Rightarrow SI$; (III) $a = 1 \Rightarrow SPI$ b) (I) $a \neq 5$ e $a \neq 7 \Rightarrow SPD$; (II) $a = 5 \Rightarrow SPI$; (III) $a = 7 \Rightarrow SI$

30 Resolver os seguintes sistemas:

a) $\begin{cases} x+y-3z=2 \\ x-y+z=8 \end{cases}$

---

b) $\begin{cases} x+y+4z+w=8 \\ x-y-2z-3w=-6 \end{cases}$

---

c) $\begin{cases} mx+2y=12 \\ 2x+y=6 \end{cases}$

31 Discutir o sistema:

$$\begin{cases} mx + y - mz = -1 \\ x - y + mz = 3 \\ x + y - 3z = -2 \end{cases}$$

---

32 Resolver o sistema:

$$\begin{cases} mx - 8y = m^2 \\ 3x + 4y = -18 \end{cases}$$

Resp: **28** a) (I) $a \neq -4$ e $a \neq 3 \Rightarrow$ SPD; (II) $a = -4$ ou $a = 3 \Rightarrow$ SPI b) (I) $m \neq -3$ e $m \neq 5 \Rightarrow$ SPD; (II) $m = -3$ ou $m = 5 \Rightarrow$ SI

29 a) (I) $m \neq 5 \Rightarrow$ SPD; (II) $m = 5$ e $a = 15 \Rightarrow$ SPI; (III) $m = 5$ e $a \neq 15 \Rightarrow$ SI

b) $\begin{cases} m \neq -4 \text{ e } m \neq 4 \Rightarrow \text{SPD} \\ m = -4 \text{ e } b = -12 \Rightarrow \text{SPI} \\ m = -4 \text{ e } b \neq -12 \Rightarrow \text{SI} \\ m = 4 \text{ e } b = -12 \Rightarrow \text{SPI} \\ m = 4 \text{ e } b \neq -12 \Rightarrow \text{SI} \end{cases}$

33 (UNICAMP-2016) Considere o sistema linear nas variáveis reais x, y, z e w

$$\begin{cases} x - y = 1 \\ y + z = 2 \\ w - z = 3 \end{cases}$$

Logo, a soma x + y + z + w é igual a

a) – 2 b) 0 c) 6 d) 8

---

34 (UNICAMP-2018) Sabendo que k é um número real, considere o sistema linear nas variáveis reais x e y, $\begin{cases} x + ky = 1 \\ x + y = k \end{cases}$

É correto afirmar que esse sistema

a) tem solução para todo k
b) não tem solução única para nenhum k
c) não tem solução se k = 1
d) tem infinitas soluções se $k \neq 1$

---

35 (ESPCEX (AMAN)-2016) Para que o sistema linear $\begin{cases} x + y + az = 1 \\ x + 2y + z = 2 \\ 2x + 5y - 3z = b \end{cases}$

em que a e b são reais, seja possível e indeterminado, o valor de a + b é igual a

a) 10 b) 11 c) 12 d) 13 e) 14

36 (ESPCEX-(AMAN)-2017) Considere o sistema linear homogêneo $\begin{cases} x - 3y + kz = 0 \\ 3x + ky + z = 0 \\ kx + y = 0 \end{cases}$ onde k é um número real.

O único valor que torna o sistema, acima, possível e indeterminado, pertence ao intervalo

a) $(-4, -2]$ b) $(-2, 1]$ c) $(1, 2]$ d) $(2, 4]$ e) $(4, 6]$

---

37 (FGV-2017) Chama-se solução trivial de um sistema linear aquela em que todos os valores das incógnitas são nulos.

O sistema linear, nas incógnitas x, y e z: $\begin{cases} x - 2y + z = 0 \\ -x - y + 5z = 0 \\ -5x + z + mz = 0 \end{cases}$

a) é impossível para qualquer valor de m.

b) admite apenas a solução trivial para qualquer valor de m.

c) admite soluções diferentes da solução trivial para $m = 13$.

d) admite soluções diferentes da solução trivial para $m = 10$.

e) não admite a solução trivial para $m \neq 13$.

---

38 (FAC. ALBERT EINSTEIN - MEDICIN 2018)Um parque tem 3 pistas para caminhada, X, Y e Z. Ana deu 2 voltas na pista X, 3 voltas na pista Y e 1 volta na pista Z tendo caminhado um total de 8.420 metros. João deu 1 volta na pista X, 2 voltas na pista Y e 2 voltas na pista Z num total de 7.940 metros. Marcela deu 4 voltas na pista X e 3 voltas na pista Y num total de 8.110 metros. O comprimento da maior dessas pistas, excede o comprimento da menor pista em

a) 1.130 metros. b) 1.350 metros. c) 1.570 metros. d) 1.790 metros.

Resp: **30** a) $S = \{(\alpha + 5, 2\alpha - 3), \alpha \in \mathbb{R}\}$ b) $S = \{(-\alpha + \beta + 1, -3\alpha - 2\beta + 7, \alpha, \beta); \alpha, \beta \in \mathbb{R}\}$

c) $m \neq 4 \Rightarrow S = \{(0, 6)\}$ e $m = 4 \Rightarrow S = \{(\alpha, 12 - 2\alpha), \alpha \in \mathbb{R}\}$ **31** $m \neq -1$ e $m \neq 3 \Rightarrow SPD$; $m = -1 \Rightarrow SI$; $m = 3 \Rightarrow SPI$

32 $m \neq -6 \Rightarrow S = \left\{\left(m - 6, -\frac{3}{4}m\right)\right\}$ e para $m = -6 \Rightarrow S = \left\{\left(\frac{-4\alpha - 18}{3}, \alpha\right), \alpha \in \mathbb{R}\right\}$

39 (ITA-2016) Se o sistema de equações $\begin{cases} x + y + 4z = 2 \\ x + 2y + 7z = 3 \\ 3x + y + az = b \end{cases}$

É impossível, então os valores de a e b são tais que

a)$a = 6$ e $b \neq 4$.
b)$a \neq 6$ e $b \neq 4$.
c) $a \neq 6$ e $b = 4$.
d) $a = 6$ e $b = 4$.
e) a é arbitrário e $b \neq 4$.

---

40 (FAMEMA-2017) Uma pessoa comprou 2 pacotes de algodão, 5 rolos de gaze e 3 rolos de esparadrapo. Na farmácia onde realizou a compra, o preço de um pacote de algodão mais um rolo de gaze e mais um rolo de esparadrapo é R$ 16,00. Um rolo de esparadrapo custa R$ 2,00 a menos que um pacote de algodão e R$ 1,00 a mais que um rolo de gaze. Sabendo que essa pessoa pagou a compra com uma nota de R$ 50,00 o valor do troco recebido foi

a) R$ 0,50.
b) R$ 1,00.
c) R$ 1,50.
d) R$ 2,50.
e)R$ 2,00.

41 (UNICAMP-2017) Sabendo que m é um número real, considere o sistema linear nas variáveis x, y e z:

$$\begin{cases} mx + 2z = 4 \\ x - y + z = 3 \\ 2x + mz = 4 \end{cases}$$

a) Seja A a matriz dos coeficientes desse sistema. Determine os valores de m para os quais a soma dos quadrados dos elementos da matriz A é igual à soma dos elementos da matriz $A^2 = A \cdot A$.

b) Para $m = 2$ encontre a solução do sistema linear para a qual o produto xyz é mínimo.

---

42 (UNICAMP-2017) Sejam a e b números reais. Considere, então, os dois sistemas lineares abaixo, nas variáveis x, y e z:

$$\begin{cases} x - y = a \\ z - y = 1 \end{cases} \quad e \quad \begin{cases} x + y = 2 \\ y + z = b \end{cases}$$

Sabendo que esses dois sistemas possuem uma solução em comum, podemos afirmar corretamente que

a) $a - b = 0$ b) $a + b = 1$ c) $a - b = 2$ d) $a + b = 3$

---

43 (ESPCEX-(AMAN)-2020) A condição para que o sistema $\begin{cases} ax + y + z = 0 \\ x + 2y + z = 0 \\ x + y + z = 0 \end{cases}$,

$a \in \mathbb{R}$, tenha solução única é

a) $a \neq 1$. b) $a \neq -1$. c) $a \neq 2$. d) $a \neq -2$. e) $a \neq 0$.

Resp: **33** D **34** A **35** B **36** B **37** C **38** A

44 (FUVEST-2020) Uma agência de turismo vendeu um total de 78 passagens para os destinos: Lisboa, Paris e Roma. Sabe-se que o número de passagens vendidas para Paris foi o dobro do número de passagens vendidas para os outros dois destinos conjuntamente. Sabe-se também que, para Roma, foram vendidas duas passagens a mais que a metade das vendidas para Lisboa. Qual foi o total de passagens vendidas, conjuntamente, para Paris e Roma?

a) 26 b) 38 c) 42 d) 62 e) 68

---

45 (FAC. ALBERT EINSTEIN - MEDICIN-2016) Juntas, Clara e Josefina realizaram certo trabalho, pelo qual Clara recebeu, a cada hora, R$ 8,00 a mais do que Josefina. Se, pelas 55 horas que ambas trabalharam, receberam o total de R$ 1 760,00, a parte dessa quantia que coube a Clara foi

a) R$ 660,00 b) R$ 770,00 c) R$ 990,00 d) R$ 1 100,00

---

46 (ITA-2017) Determine todos os valores reais de a para os quais o seguinte sistema linear é impossível:

$$\begin{cases} x + ay + z = 2 \\ -x - 2y + 3z = -1 \\ 3x + az = 5 \end{cases}$$

---

47 Utilizando a regra de Cramer, determine a, b e c, sabendo que $f(x) = ax^2 + bx + c$ e que $f(1) = -10$, $f(-2) = 11$ e $f(3) = -4$.

---

48 Resolva pela regra de Cramer os sistemas:

a) $\begin{cases} \dfrac{2x - y + 7}{x + z} = \dfrac{y - 2z}{x - y} = 3 \\ z = x - 2y + 2 \end{cases}$

b) $\begin{cases} \dfrac{2x - y - 9}{2z - x} = 2 \\ \dfrac{3x + z + 7}{y - z} = 3 \\ \dfrac{y + 2z - 6}{x + y} = -1 \end{cases}$

c) $\begin{cases} \dfrac{2}{x} - \dfrac{3}{y} + \dfrac{1}{z} = \dfrac{7}{3} \\ \dfrac{4}{x} - \dfrac{1}{y} - \dfrac{3}{z} = \dfrac{4}{3} \\ \dfrac{3}{x} + \dfrac{2}{y} - \dfrac{2}{z} = -\dfrac{1}{3} \end{cases}$

---

49 Determine a para que o sistema

$$\begin{cases} x - y + 2z = \dfrac{a - 2}{a + 1} \\ 2x - y + 3z = \dfrac{a - 2}{a + 1} \\ x - 2y + (a^2 + 2)z = \dfrac{a^3 + a - 4}{a + 1} \end{cases}$$

seja normal e ache o seu conjuno solução

---

50 Determine a para que o sistema

$$\begin{cases} x + y + 3z = 0 \\ x + (a + 13)y + 7z = 0 \\ 3x - 2y + az = 0 \end{cases}$$

seja normal e ache o seu conjunto solução.

8 – Escalonamento de um sistema linear

A aplicação da regra de Cramer tem, como restrições, o fato de só poder ser aplicada a sistemas normais (m = n e D $\neq$ 0) e por ser muito trabalhoso aplicá-la quando o número de equações é maior que 3. Em vista disso, estudaremos a seguir um novo método, mais prático, aplicável para resolver qualquer tipo de sistemas lineares: o método do escalonamento.

1) Sistemas escalonados

Dizemos que o sistema

$$\begin{cases} a_{11}x_1 + x_{12}x_2 + \ldots + a_{1n}x_n = b_1 \Rightarrow E_1 \\ a_{21}x_1 + a_{22}x_2 + \ldots + a_{2n}x_n = b_2 \Rightarrow E_2 \\ \cdots\cdots\cdots\cdots\cdots \\ a_{m1}x_1 + a_{m2}x_2 + \ldots a_{mn}x_n = b_m \Rightarrow E_m \end{cases}$$

cujas equações são E_1, E_2, E_3,...E_m, está escalonado quando:

1º) Existe pelo menos um coeficiente de incógnita não nulo em cada equação.

2º) O número de coeficientes nulos consecutivos (da esquerda para a direita), a partir do 1º coeficiente (a_{i1} = coeficiente de x_1), cresce de uma equação qualquer para seguinte $(E_i \longrightarrow E_{i+1})$

a) $SL_1 \begin{cases} x_1 - x_2 + 3x_3 = -7 \text{ (nenhum "zero")} \\ 0x_1 + x_2 - x_3 = 5 \text{ (um "zero")} \\ 0x_1 + 0x_2 + 2x_3 = -6 \text{ (dois "zeros")} \end{cases}$

b) $SL_2 \begin{cases} x_1 - 2x_2 + 3x_3 + x_4 = -6 \\ 3x_2 + x_3 + 2x_4 = -1 \\ x_3 - 4x_4 = -7 \end{cases}$

c) $SL_3 \begin{cases} x - y - 2z + w = -4 \\ z - 2w = 7 \end{cases}$

d) $SL_4 \begin{cases} x + 2y + 3z - w = 20 \\ -y + 2z + w = 17 \\ 3z + 4w = 28 \\ 5w = 20 \end{cases}$

2) Resolução de sistema escalonados

Quando um sistema linear está escalonado, podem ocorrer dois casos:

1º) m = n (nº de equações = nº de incógnitas)

2º) m < n (nº de equações < nº de incógnitas)

(1º caso) m = n Neste caso, teremos: $SL \begin{cases} a_{11}x_1 + a_{12}x_2 + a_{13}x_3 + \ldots + a_{1n}x_n = b_1 \\ a_{22}x_2 + a_{23}x_3 + \ldots + a_{2n}x_n = b_2 \\ a_{33}x_3 + \ldots + a_{3n}x_n = b_3 \\ \cdots\cdots\cdots\cdots\cdots \\ a_{nn}x_n = b_n \end{cases}$

o determinante do sistema será:

$$\det A = \begin{vmatrix} a_{11} & a_{12} & a_{13} & \cdots & a_{1n} \\ 0 & a_{22} & a_{23} & \cdots & a_{2n} \\ 0 & 0 & a_{33} & \cdots & a_{3n} \\ \cdot & \cdot & \cdot & \cdots & \cdots \\ 0 & 0 & 0 & \cdots & a_{nn} \end{vmatrix} = a_{11} \cdot a_{22} \cdot a_{33} \cdot \ldots \cdot a_{nn} \neq 0$$

(matriz triangular)

Este sistema será normal e, portanto, um sistema possível e determinado (SPD).

Resp: **39** A **40** B **41** a) m = 0 b) (1, – 1, 1) **42** D **43** A

Como exemplo, vamos resolver o sistema escalonado seguinte, que tem m= n:

$$\begin{cases} x_1 - x_2 + 3x_3 = -7 & (E_1) \\ x_2 - x_3 = 5 & (E_2) \\ 2x_3 = -6 & (E_3) \end{cases}$$

Observando que, neste caso, só há um coeficiente de incógnita não nulo na última equação (E_3), dois coeficientes não nulos na penúltima (E_2), e assim por diante, começamos resolvendo a última equação:

$(E_3)\ 2x_3 = -6 \Rightarrow \boxed{x_3 = -3}$ A seguir, substituímos o valor de x_3 em (E_2):

$(E_2)\ x_2 - x_3 = 5 \Rightarrow x_2 - (-3) = 5 \Rightarrow x_2 + 3 = 5 \Rightarrow \boxed{x_2 = 2}$

E, finalmente, substituímos os valores de x_2 e x_3 em (E_1):

$(E_1) x_1 - x_2 + 3x_3 = -7 \Rightarrow x_1 - (2) + 3\cdot(-3) = -7 \Rightarrow \boxed{x_1 = 4}$

O sistema é, como já sabíamos, possível e determinado e seu conjunto-solução é

$S_1 = \{(4, 2, -3)\}$

Observação: Quando não há nada que cause dúvida, convenciona-se colocar as soluções (sequências) de um sistema com os valores na mesma ordem em que aparecem as incógnitas nas equações desse sistema.

No exemplo acima, temos:

$(x_1, x_2, x_3) = (\alpha_1, \alpha_2, \alpha_3) = (4, 2, -3)$

(2º caso) m < n

Quando o número de equações for menor que o número de incógnitas, a matriz incompleta A do sistema escalonado terá o número de linhas (m) menor que o número de coluna (n).

Observe:

$$\begin{cases} a_{11}x_1 + a_{12}x_2 + a_{13}x_3 + \ldots + a_{1n}x_n = b_1 \\ 0x_1 + a_{22}x_2 + a_{23}x_3 + \ldots + a_{2n}x_n = b_2 \\ 0x_1 + 0x_2 + a_{33}x_3 + \ldots + a_{3n}x_n = b_3 \\ \ldots\ldots\ldots\ldots\ldots\ldots \\ 0x_1 + 0x_2 + \ldots + a_{mk}x_k \ldots + a_{mn}x_n = b_m \end{cases}$$

Neste caso, na última equação haverá mais que uma incógnita e o sistema será possível e indeterminado (SPI).

1º exemplo:

Observe, como exemplo, o seguinte sistema escalonado (3×4):

$$\begin{cases} x_1 - 2x_2 + 3x_3 + x_4 = -6 \\ 3x_2 + x_3 + 2x_4 = -1 \\ x_3 - 4x_4 = -7 \end{cases}$$

Chamamos de **variáveis livres** do sistema a todas as incógnitas que não apareçam como 1ª incógnita (do lado esquerdo) de nenhuma equação: no nosso exemplo é apenas o x_4.

O número de variáveis livres de um sistema em que m < n é, sempre, (n – m) e é chamada de **grau de indeterminação (g. i.)** do sistema. No exemplo, temos:

g. i. = n – m = 4 – 3 = 1

portanto, o sistema tem apenas uma variável livre que é o x_4.

Para resolver este tipo de sistema, começamos passando para os 2ºs membros das equações, todas as variáveis livres que houver:

$$\begin{cases} x_1 - 2x_2 + 3x_3 = -6 - x_4 \\ \quad 3x_2 + x_3 = -1 - 2x_4 \\ \quad\quad x_3 = -7 + 4x_4 \end{cases}$$

A seguir. atribuímos valores genéricos às variáveis livres: seja $x_4 = a, \forall a \in R$

$$\begin{cases} x_1 - 2x_2 + 3x_3 = -6 - a \\ \quad 3x_2 + x_3 = -1 - 2a \\ \quad\quad x_3 = -7 + 4a \end{cases}$$

A partir daqui, recaímos nos exemplo anterior (SL_1):

$$(E_3)\ \boxed{x_3 = -7 + 4a},\ \forall a \in R.$$

Substituindo em (E_2):

$$3x_2 + x_3 = -1 - 2a \Rightarrow 3x_2 + (-7 + 4a) = -1 - 2a \Rightarrow 3x_2 = 6 - 6a \Rightarrow x_2 = \frac{6 - 6a}{3} \Rightarrow \boxed{x_2 = 2 - 2a}$$

Substituindo em (E_1):

$$x_1 - 2x_2 + 3x_3 = -6 - a \Rightarrow x_1 - 2(2 - 2a) + 3(-7 + 4a) = -6 - a \Rightarrow$$

$$x_1 - 4 + 4a - 21 + 12a = -6 - a \Rightarrow \boxed{x_1 = 19 - 17a}$$

O sistema será, então, possível indeterminado (infinitas soluções) e seu conjunto-solução será:

$$S_2 = \{(19 - 17a, 2 - 2a, -7 + 4a, a),\ \forall a \in R\}$$

Observe:

1ª) Se quisermos obter exemplos de soluções desses sistema, basta atribuir valores ao parâmetro

$a \in R$. Por exemplo:

$a = 1 \Rightarrow (19 - 17a, 2 - 2a, -7 + 4a, a) = (2, 0, -3, 1)$

$a = 0 \Rightarrow (19 - 17a, 2 - 2a, -7 + 4a, a) = (19, 2, -7, 0)$

e assim por diante.

2ª) Voltamos a salientar que, apesar desse sistema ter infinitas soluções, nem todo quarteto ordenado é solução dele: (1, 1, 1, 1), por exemplo, não é solução (verifique).

2º exemplo:

$$\begin{cases} x - y - 2z + w = -4 \\ \quad\quad z - 2w = 7 \end{cases}$$

Neste sistema, possível e indeterminado, o grau de indeterminação é g. i. = n – m = 4 – 2 = 2 e as variáveis livres são w e y.

Resp: **44** D **45** D **46** a = – 6 **47** a) 2 , b = – 5 , c = – 7 **48** a) {(4, 3, 0)} b) {(2, 3, – 1)} c) {(3, – 2, 6)}

49 $a \neq -1$ e $a \neq 1$ e $\left\{\left(\frac{-a}{a+1}, \frac{2}{a+1}, \frac{a}{a+1}\right)\right\}$ **50** $a \neq -11$ e $a \neq 8$ e {(0, 0, 0)}

Para resolver (SL_3), fazemos:

$\begin{cases} x - 2z = -4 + y - w \\ z = 7 + 2w \end{cases}$ Sejam $y = a$ e $w = b$ $\forall (a, b) \in R^2$

$\begin{cases} x - 2z = -4 + a - b \\ z = 7 + 2b \end{cases}$ Portanto: $z = 7 + 2b$

Substituindo em (E_1)

$x - 2 \cdot (7 + 2b) = -4 + a - b$

$x - 14 - 4b = -4 + a - b$

$\boxed{x = 10 + a + 3b}$

O conjunto solução será:

$S = \{(10 + a + 3b, a, 7 + 2b, b), \forall (a, b) \in R^2\}$

Podemos, também, obter exemplos de soluções desse sistema, só que, agora, atribuindo valores ao par de parâmetros $(a, b) \in R^2$. Por exemplo:

$(a, b,) = (0, 1) \Rightarrow (10 + a + 3b, a, 7 + 2b, b) = (13, 0, 9, 1)$

$(a, b,) = (4, -3) \Rightarrow (10 + a + 3b, a, 7 + 2b, b) = (5, 4, 1, -3)$ e assim por diante.

3) Sistemas equivalentes

Definição:

" Dizemos que dois sistemas lineares (SL_1) e (SL_2) são equivalentes quando seus conjuntos-soluções forem iguais ($S_1 = S_2$)". Indicamos:

$(SL_1) \sim (SL_2)$

Exemplos:

1º) $SL_1 \begin{cases} x + y = 4 \\ x - y = 2 \end{cases} \Rightarrow S_1 = \{(3,1)\}$ $SL_2 \begin{cases} 2x - 3y = 3 \\ x + 2y = 5 \end{cases} \Rightarrow S_2 = \{(3,1)\}$ $S_1 = S_2 \Leftrightarrow (SL_1) \sim (SL_2)$

2º) $SL_1 \begin{cases} x + y = 4 \\ 2x + 2y = 7 \end{cases} \Rightarrow S_1 = \varnothing$ (sistema impossível)

$SL_2 \begin{cases} 6x - 9y = 1 \\ 4x - 6y = 3 \end{cases} \Rightarrow S_2 = \varnothing \Rightarrow S_1 = S_2 \Leftrightarrow (SL_1) \sim (SL_2)$

3º) $SL_1 \begin{cases} x + y = 4 \\ 2x + 2y = 8 \end{cases} \Rightarrow S_1 = \{(4 - a, a), \forall a \in R\}$

(sistema possível e indeterminado) $SL_2 \begin{cases} 3x + 3y = 12 \\ 5x + 5y = 20 \end{cases} \Rightarrow S_2 = \{(4 - b, b), \forall b \in R\}$

$S_1 = S_2 \Leftrightarrow (SL_1) \sim (SL_2)$

4) Transformações elementares sobre um sistema linear

Veremos, neste item, algumas transformações sobre as equações do sistema (SL_1) que o transformem num sistema (SL_2) escalonado e tal que $(SL_1) \sim (SL_2)$, ou seja, são transformações que não alteram o conjunto-solução do sistema inicial e o tornam mais simples de resolver.

a) 1ª transformação elementar

" Multiplicar uma equação qualquer de (SL_1) por número $a \in R^*$". Indicaremos: $E_i \cdot (a)$.

Exemplo: $SL_1 \begin{cases} 2x + y - z = 1 \ (E_1) \\ 2y + z = 2 \ (E_2) \\ \frac{1}{3}x - \frac{1}{4}y + \frac{1}{6}z = \frac{1}{2} \ (E_3) \end{cases}$

Fazendo $E_3 \cdot (12)$ (3ª equação multiplicada por 12), obtemos o sistema:

$$SL_2 \begin{cases} 2x + y - z = 1 \\ 2y + z = 2 \\ 4x - 3y + 2z = 6 \end{cases}, \text{ tal que } (SL_1) \sim (SL_2)$$

Observações:

1ª) esta transformação será útil, por exemplo, quando quisermos tornar inteiros os coeficientes de uma equação.

2ª) Quando, na discussão de um sistema, multiplicarmos uma equação por um parâmetro $a \in R$, é necessário discutir dois casos: $a \neq 0$ e $a = 0$.

b) 2ª transformação elementar

"Permutar entre si duas equações do sistema SL_1". Indicaremos: $E_i \longleftrightarrow E_j$

Exemplo: $SL_1 \begin{cases} 2x + y - 3z = 0 \ (E_1) \\ 3x + 2y + 4z = 1 \ (E_2) \\ 1x - y - z = 2 \ (E_3) \end{cases}$

Fazendo $E_3 \longleftrightarrow E_1$ (permutar 1ª e 3ª equações), obtemos o sistema

$$SL_2 \begin{cases} 1x - y - z = 2 \\ 3x + 2y + 4z = 1 \\ 2x + y - 3z = 0 \end{cases}, \text{ tal que } (SL_1) \sim (SL_2)$$

Observações

1ª) Esta transformação será útil, por exemplo, quando pretendermos que o coeficiente a_{11} se torne igual a 1.

2ª) Numa ampliação desta transformação elementar, é permitido reescrever o sistema colocando as equações em qualquer ordem, isto é, fazendo uma permutação qualquer dessas equações.

c) 3ª transformação elementar

"Multiplicar uma equação por um número $a \in R^*$ e somá-la (membro a membro) a outra equação de (SL_1)". Indicaremos: $E_i \cdot (a) \xrightarrow{+} E_j$

Exemplo:

$$SL_1 \begin{cases} x - y + 2z = 1 \ (E_1) \\ 2x + y + z = 0 \ (E_2) \\ -3x - y + 4z = 2 \ (E_3) \end{cases}$$

Fazendo $E_1 \cdot (-2) \xrightarrow{+} E_2$ (1ª equação multiplicada por (– 2) e somada à 2ª equação), obtemos o sistema:

$$SL_2 \begin{cases} x - y + 2z = 1 \\ 3y - 3z = -2 \\ -3x - y + 4z = 2 \end{cases} \text{ tal que } (SL_1) \sim (SL_2)$$

Observações

1ª) Note que E_1 e E_3 permaneceram inalteradas.

2ª) Esta transformação será útil quando quisermos anular determinados coeficientes do sistema.

5) Escalonamento de um sistema linear (método de Gauss-Jordan)

Usando as transformações elementares, descreveremos um método que transforma o sistema (SL_1) no sistema escalonado (SL_2) tal que $(SL_1) \sim (SL_2)$.

Esse método, chamado de método de Gauss-Jordan, permite resolver e discutir sistemas lineares mais facilmente.

Para facilitar o aprendizado deste método, cada etapa dele será aplicada na resolução do sistema linear. De cima para baixo chamaremos as equações de E_1, E_2 e E_3

$$SL_1 \begin{cases} 2x - y + 5z = -9 \\ -3x + 6y - 10z = 30 \\ x - y + 3z = -7 \end{cases}$$

1ª etapa: "fazer com que o coeficiente a_{11} (1ª equação e 1ª incógnita) do sistema se torne igual a 1".

No sistema (SL_1) fazemos $E_1 \longleftrightarrow E_3$ obtendo: $SL_2 \begin{cases} x - y + 3z = -7 \\ -3x + 6y - 10z = 30 \\ 2x - y + 5z = -9 \end{cases}$

2ª etapa: "tornar nulos todos os coeficientes da 1ª incógnita abaixo de a_{11}, ou seja da 2ª equação até a última".

Em (SL_2) fazemos:

$E_1 \cdot (3) \xrightarrow{+} E_2$ e, a seguir,

$E_1 \cdot (-2) \xrightarrow{+} E_3$, obtendo: $SL_3 \begin{cases} x - y + 3z = -7 \\ 0x + 3y - z = 9 \\ 0x + y - z = 5 \end{cases}$

3ª etapa: "fazer com que o 1º coeficiente (à esquerda) não nulo da 2a equação se torne igual a 1, retornando à 1a etapa".

Em (SL_3) fazemos:

$E_2 \longleftrightarrow E_3$, obtendo:

$$SL_4 \begin{cases} x - y + 3z = -7 \\ 1y - z = 5 \\ 3y - z = 9 \end{cases}$$

Em (SL_4) fazemos:

$E_2 \cdot (-3) \xrightarrow{+} E_3$, obtendo finalmente,

$$SL_5 \begin{cases} x - y + 3z = -7 \\ 1y - z = 5 \\ 2z = -6 \end{cases}$$

que é o sistema (SL_1) escalonado.

Seu conjunto-solução é:

$S = \{(4, 2, -3)\}$

Observações importantes:

1ª) Após o escalonamento de um sistema, as equações que recaírem na forma $0x_1 + 0x_2 + 0x_3 + ... + 0x_n = 0$ podem ser eliminadas.

2ª) Se, ao escalonarmos um sistema, obtivermos uma equação da forma:

$0x_1 + 0x_2 + 0x_3 + ... + 0x_n = b$ $(b \neq 0)$ esse sistema será, evidentemente, impossível, isto é, seu conjunto-solução será $S = \varnothing$.

3ª) Um sistema em que $m > n$ (no de equações maior que o número de incógnitas) após escalonado recairá, sempre, num dos seguintes casos:

a) sistema impossível (SI)

b) sistema possível e determinado $(m = n)$

c) sistema possível e indeterminado $(m < n)$

4ª) Há diversas maneiras distintas de se escalonar um sistema e, portanto, podem ocorrer diferentes resultados finais para o escalonamento de um mesmo sistema.

1º Exemplo: Resolver o seguinte sistema de ordem 4×4:

$$SL\begin{cases} 2x - 2y - 4z + 2w = -8 \\ -x + y + 3w = -10 \\ x - y - 10z + 17w = -60 \\ 2x - 2y - 3z = -1 \end{cases}$$

Fazendo $E_1 \cdot \left(\frac{1}{2}\right)$, obtemos: $SL\begin{cases} 1x - y - 2z + w = -4 \\ -x + y + 3w = -10 \\ x - y - 10z + 17w = -60 \\ 2x - 2y - 3z = -1 \end{cases}$

A seguir, fazemos: $E_1 \cdot (1) \xrightarrow{+} E_2$

$E_1 \cdot (-1) \xrightarrow{+} E_3$

$E_1 \cdot (-2) \xrightarrow{+} E_4$, obtendo: $SL\begin{cases} x - y - 2z + w = -4 \\ -2z + 4w = -14 \\ -8z + 16w = -56 \\ z - 2w = 7 \end{cases}$

Fazendo $E_2 \cdot \left(-\frac{1}{2}\right)$, temos: $SL\begin{cases} x - y - 2z + w = -4 \\ 1z + 4w = 7 \\ -8z + 16w = -56 \\ z - 2w = 7 \end{cases}$

e, em seguida, $E_2 \cdot (8) \xrightarrow{+} E_3$

$E_2 \cdot (-1) \xrightarrow{+} E_4$ e temos

$$SL\begin{cases} x - y - 2z + w = -4 \\ z - 2w = 7 \\ \left.\begin{array}{r} 0z + 16w = 0 \\ 0z + 0w = 0 \end{array}\right\} \text{são eliminadas} \end{cases}$$

e recaímos, finalmente, no sistema escalonado de ordem 2×4:

$$SL\begin{cases} x - y - 2z + w = -4 \\ z - 2w = 7 \end{cases}$$

Como $m < n$, este sistema é possível e indeterminado e seu conjunto-solução

$S = \{(10 + a + 3b, a, 7 + 2b, b) \ \forall \ (a, b) \in R^2)\}$

2º Exemplo:

Fazemos $E_1 \longleftrightarrow E_3$

$$\begin{cases} 3x_1 - 12x_2 + 8x_3 - 5x_4 = -23 \\ 2x_1 - x_2 + 7x_3 + 4x_4 = -13 \\ x_1 - 2x_2 + 3x_3 + x_4 = -6 \\ -21x_2 - 5x_3 - 22x_4 = -7 \\ x_1 + 4x_2 + 4x_3 + 9x_4 = -1 \end{cases} \qquad \begin{cases} x_1 - 2x_2 + 3x_3 + x_4 = -6 \\ 2x_1 - x_2 + 7x_3 + 4x_4 = -13 \\ 3x_1 - 12x_2 + 8x_3 - 5x_4 = -23 \\ -21x_2 - 5x_3 - 22x_4 = -7 \\ x_1 + 4x_2 + 4x_3 + 9x_4 = -1 \end{cases}$$

e, em seguida, $E_1 \cdot (-2) \xrightarrow{+} E_2$

$E_1 \cdot (-3) \xrightarrow{+} E_3$

$E_1 \cdot (-1) \xrightarrow{+} E_5$

$$\begin{cases} x_1 - 2x_2 + 3x_3 + x_4 = -6 \\ 3x_2 + x_3 + 2x_4 = -1 \\ -6x_2 - x_3 - 8x_4 = -5 \\ -21x_2 - 5x_3 - 22x_4 = -7 \\ 6x_2 + x_3 + 8x_4 = 8 \end{cases}$$

Depois, fazemos $E_2 \cdot \left(\frac{1}{3}\right)$ e $E_3 \cdot (1) \xrightarrow{+} E_5$

$$\begin{cases} x_1 - 3x_2 + 3x_3 + x_4 = -6 \\ 1x_2 + \frac{1}{3}x_3 + \frac{2}{3}x_4 = -\frac{1}{3} \\ -6x_2 - x_3 - 8x_4 = -5 \\ -21x_2 - 5x_3 - 22x_4 = -7 \\ 0x_2 + 0x_3 + 0x_4 = 3 \end{cases}$$

Podemos interromper aqui a resolução desse sistema, pois não existe sequencia (x_2, x_3, x_4) que satisfaça à equação E_5 e, portanto, o sistema é impossível e o conjunto-solução é $S = \varnothing$.

3º Exemplo: Discutir e, em seguida, resolver em função do parâmetro a, o seguinte sistema linear:

$$SL \begin{cases} x - y + 2z = \dfrac{a-2}{a+1} \\ 2x - y + 3z = \dfrac{a-2}{a+1} \\ x - 2y + (a^2+2)z = \dfrac{a^3+a-4}{a+1} \end{cases}$$

onde $a \in R \mid a \neq -1$

1ª resolução: Pelo método de Gauss-Jordan

Fazemos

$E_1 \cdot (-2) \xrightarrow{+} E_2$ e

$E_1 \cdot (-1) \xrightarrow{+} E_3$

$$SL \begin{cases} x - y + 2z = \dfrac{a-2}{a+1} \\ y - z = \dfrac{2-a}{a+1} \\ -y + a^2 z = \dfrac{a^3-2}{a+1} \end{cases}$$ e, a seguir

$E_2 \cdot (1) \xrightarrow{+} E_3$

$$SL \begin{cases} x - y + 2z = \dfrac{a-2}{a+1} \\ y - z = \dfrac{2-a}{a+1} \\ (a^2-1)z = \dfrac{a^3-a}{a+1} \end{cases}$$

Como este sistema está escalonado, vamos discutir a equação E_3:

$$(a^2-1)z = \frac{a(a+1)(a-1)}{a+1}$$

ou seja $(a+1)(a-1)z = a(a-1)$ pois $a \neq -1$.

Temos, então, duas possibilidades para este sistema:

(1) $a \neq 1 \quad \Rightarrow z = \dfrac{a(a-1)}{(a+1)(a-1)} = \dfrac{a}{a+1}$

Neste caso o sistema é possível e determinado (m = n = 3) e terminando de resolver este sistema, obtemos:

$$S = \left\{\left(\frac{-a}{a+1}, \frac{2}{a+1}, \frac{a}{a+1}\right)\right\} \text{ para } a \neq 1 \text{ e } a \neq -1$$

(II) a = 1

Neste caso, subtituindo a por 1 no sistema dado, temos:

$$SL\begin{cases} x - y + 2z = \dfrac{-1}{+2} \\ \quad y - z = \dfrac{1}{2} \\ \quad 0z = 0 \quad \text{(esta equação é eliminada)} \end{cases}$$

O sistema é, portanto, possível e indeterminado (m < n) e, resolvendo-o. teremos:

$$S = \left\{\left(-b, \frac{2b+1}{2}, b\right) \forall b \in R\right\} \text{ para } a = 1$$

2ª resolução: Pela regra de Cramer

Observação: Só é possível aplicar a regra de Cramer porque, neste sistema, o número de equações é igual ao número de incógnitas (m = n).

Começamos calculando o determinante do sistema (D):

$$D = \begin{vmatrix} 1 & -1 & 2 \\ 2 & -1 & 3 \\ 1 & -2 & a^2+2 \end{vmatrix} = a^2 - 1, \text{onde } a \neq -1. \text{ Temos, então, dois casos:}$$

(I) $a \neq 1 \Rightarrow D \neq 0 \Rightarrow$ sistema normal.

Aplicamos, então, a regra de Cramer:

$$x = \frac{D_x}{D} = \frac{-a^2+a}{a^2-1} = \frac{-a(a-1)}{(a+1)(a-1)} = \frac{-a}{a+1} \qquad y = \frac{D_y}{D} = \frac{2a-2}{a^2-1} = \frac{2(a-1)}{(a+1)(a-1)} = \frac{2}{a+1}$$

$$z = \frac{D_z}{D} = \frac{a^2-a}{a^2-1} = \frac{a(a-1)}{(a+1)(a-1)} = \frac{a}{a+1}$$

Portanto:

$$S = \left\{\left(\frac{-a}{a+1}, \frac{2}{a+1}, \frac{a}{a+1}\right)\right\}, \text{ para } a \neq 1 \text{ e } a \neq -1$$

(II) $a = 1 \Rightarrow D = 0$

Neste caso, substituímos a por 1 no sistema inicial e procedemos como na 1ª resolução deste exemplo.

6) Discussão de um sistema escalonado

Sendo **m** o número de equações e **n** o número de incógnitas do sistema escalonado, ocorrerá sempre um dos seguintes casos:

1º) $m = n \Leftrightarrow$ sistema possível determinado (SPD)

2º) $m < n \Leftrightarrow$ sistema possível indeterminado (SPI)

3º) aparece uma equação da forma $0x_1 + 0x_2 + ... + 0x_n = b \ (b \neq 0)$

$\Leftrightarrow$ sistema impossível (SI)

7) Obsevação sobre o método de Gauss-Jordan

Na verdade, o método de Gauss-Jordan continua além do que foi feito no exemplo dá página 6 progredindo até que a matriz completa do sistema fique na forma:

$$[A,B]=\left[\begin{array}{ccc|c}1 & 0 & 0 & 4\\ 0 & 1 & 0 & 2\\ 0 & 0 & 1 & -3\end{array}\right]$$

Mostraremos, a seguir, as etapas restantes do método aplicado àquele exemplo:

De $SL_1\begin{cases}2x-y+5z=-9\\ -3x+6y-10z=30\\ x-y+3z=-7\end{cases}$ chegamos a $SL_5\begin{cases}x-y+3z=-7\\ y-z=5\\ 2z=-6\end{cases}$

$E_2\cdot(1)\xrightarrow{+}E_1$ e $E_3\cdot\left(\frac{1}{2}\right)$ $\quad SL_6\begin{cases}x+0y+2z=-2\\ y-z=5\\ z=-3\end{cases}$

$E_3\cdot(1)\xrightarrow{+}E_2$ e $E_3\cdot(-2)\xrightarrow{+}E_1$ $\quad SL_7\begin{cases}x+0y+0z=4\\ 0x+y+0z=2\\ 0x+0y+z=-3\end{cases}$

Este sistema corresponde à matriz completa mostrada anteriormente e o método foi aplicada até o final. Seu conjunto-solução é S = {(4, 2, – 3)}

Na prática , entretanto, interrompemos o escalonamento so sistema SL_5 para agilizar a resolução.

9 – Sistema linear homogêneo

Definição:

"Um sistema linear é homogêneo quando todos os termos independentes são iguais zero ($b_1 = b_2 = ... = b_m = 0$)".

Nessas condições, o sistema linear de ordem $m \times n$

$$SL\begin{cases}a_{11}+a_{12}x_2+\ldots+a_{1n}x_n=0\\ a_{21}+a_{22}x_2+\ldots+a_{2n}x_n=0\\ \ldots\ldots\ldots\ldots\ldots\ldots\ldots\ldots\\ a_{m1}x_1+a_{m2}x_2+\ldots+a_{mn}x_n=0\end{cases}$$

é homogêneo. É imediato que a ênupla a ordenada (0, 0, ..., 0) é solução desse sistema, portanto concluímos que **um sistema homogêneo é sempre possível**. ((0,0, ..., 0) é chamada de solução trivial ou solução nula do sistema).

Após escalonar esse sistema, teremos um dos dois casos seguintes:]

1º) $m=n \Leftrightarrow S=\{(0,0,\ldots,0)\}$ (SPD) e a única solução é a trivial.

2º) $m < n$ $\Leftrightarrow$ sistema possível e indeterminado (SPI).

e, neste caso, o sistema terá infinitas soluções além da solução trivial (estas soluçõe são chamadas de soluções não triviais ou soluções próprias do sistema)

Resumo, temos:

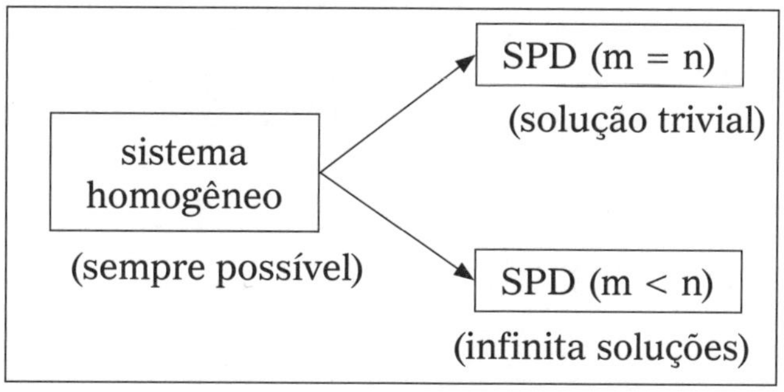

1º Exemplo:

Resolver o seguinte sistema homogêneo:

$$SL\begin{cases} x + 2y - 3z = 0 \\ -3x - y + z = 0 \\ 4x + 2y - 5z = 0 \end{cases}$$

Como exemplo, e para facilitar, vamos escalonar este sistema homogêneo operando sobre sua matriz completa. Observe:

$$[A,B]_1 = \left[\begin{array}{ccc|c} 1 & 2 & -3 & 0 \\ -3 & -1 & 1 & 0 \\ 4 & 2 & -5 & 0 \end{array}\right]$$

Efetuemos:

$L_1 \cdot (3) \xrightarrow{+} L_2$ e $L_1 \cdot (-4) \xrightarrow{+} L_3$

$$[A,B]_2 = \left[\begin{array}{ccc|c} 1 & 2 & -3 & 0 \\ 0 & 5 & -8 & 0 \\ 0 & -6 & 7 & 0 \end{array}\right]$$

Em seguida, $L_2 \cdot (-1)$ e $L_3 \cdot (-1)$

$$[A,B]_3 = \left[\begin{array}{ccc|c} 1 & 2 & -3 & 0 \\ 0 & -5 & 8 & 0 \\ 0 & 6 & -7 & 0 \end{array}\right]$$

$L_3 \cdot (1) \xrightarrow{+} L_2$

$$[A,B]_4 = \left[\begin{array}{ccc|c} 1 & 2 & -3 & 0 \\ 0 & 1 & 1 & 0 \\ 0 & 6 & -7 & 0 \end{array}\right]$$

$L_2 \cdot (-6) \xrightarrow{+} L_3$

$$[A,B]_5 = \left[\begin{array}{ccc|c} 1 & 2 & -3 & 0 \\ 0 & 1 & 1 & 0 \\ 0 & 0 & -13 & 0 \end{array}\right]$$

que corresponde ao sistema escalonado

$$SL\begin{cases} x + 2y - 3z = 0 \\ y + z = 0 \\ -13z = 0 \end{cases}$$

que tem m = n = 3 e é, portanto, possível e determinado. Resolvendo esse sistema, obeteremos:

$(E_3) z = 0 \Rightarrow y = 0 \Rightarrow x = 0$ e, finalmente, $S = \{(0, 0, 0)\}$

Como já sabemos, a sua única solução trivial (nula).

2º exemplo

Resolver o sistema homogêneo

$$SL\begin{cases} x+4y+2z=0 \\ -2x-7y-2z=0 \\ 3x+7y-4z=0 \end{cases}$$

sua matriz completa é:

$$[A,B_1]=\left[\begin{array}{ccc|c} 1 & 4 & 2 & 0 \\ -2 & -7 & -2 & 0 \\ 3 & 7 & -4 & 0 \end{array}\right]$$

Fazendo $L_1 \cdot (2) \xrightarrow{+} L_2$ e $L_1(-3) \xrightarrow{+} L_3$, obtemos:

$$[A,B]_2=\begin{bmatrix} 1 & 4 & 2 \\ 0 & 1 & 2 \\ 0 & -5 & -10 \end{bmatrix}$$

$L_2(5) \xrightarrow{+} L_3$

$$[A,B]_3=\left[\begin{array}{ccc|c} 1 & 4 & 2 & 0 \\ 0 & 1 & 2 & 0 \\ 0 & 0 & 0 & 0 \end{array}\right]$$ L_3 é eliminada e o sistema escalonado é:

$$SL\begin{cases} x+4y+2z=0 \\ \quad\; y+2z=0 \end{cases}$$

onde m= 2 e n = 3 (m < n) e os sitema é possível e indeterminado.

Resolvendo-o, teremos:

$$SL\begin{cases} x+4y=-2z \\ \quad\; y=-2z \end{cases}$$

Seja $z=a, \forall a \in R$

$y=-2a \Rightarrow x=-2a-4\cdot(-2a)=6a$ e, portanto, $S=\{(6a,-2a,a), \forall a \in R\}$ (o grau de indeterminação é g. i. = n – m = 3 – 2 = 1)

Esse sistema tem infintas soluções e, como exemplo, podemos obter algumas delas:

$a=0 \Rightarrow (6a,-2a,a)=(0,0,0)$ (solução trivial)

$a=1 \Rightarrow (6a,-2a,a)=(6,-2,1)$

$a=-2 \Rightarrow (6a,-2a,a)=(-12,4,-2)$ e assim por diante.

Exemplo 1: Resolver, por escalonamento, os sistemas:

a) $\begin{cases} x+2y=7 & (-3) \\ 3x+5y=18 \leftarrow \end{cases}$ Com esta notação queremos dizer: multiplique esta equação por (– 3) e some com a qual a seta aponta. Então:

$$\begin{cases} x+2y=7 \\ (-3+3)x+(-6+5)y=-21+18 \end{cases} \Rightarrow \begin{cases} x+2y=7 \\ 0x-y=-3 \end{cases} \Rightarrow \begin{cases} x+2y=7 \\ \quad\; y=3 \end{cases} \Rightarrow$$

$x+2(3)=7 \Rightarrow \boxed{x=1} \Rightarrow \{(1,3)\}$

b) $\begin{cases} 3x-6y=42 \\ 2x-3y=23 \end{cases} \Rightarrow \begin{cases} x-2y=14 & (-2) \\ 2x-3y=23 \leftarrow \end{cases} \Rightarrow \begin{cases} x-2y=14 \\ \quad\; y=-5 \end{cases} \Rightarrow$

$x-2(-5)=14 \Rightarrow x+10=14 \Rightarrow \boxed{x=4} \Rightarrow \{(4,5)\}$

Neste item fizemos mais simplificado.

Exemplo 2: Resolver, por escalonamento, os sistemas:

a) $\begin{cases} 2x - 3y = 2 \\ x + y = 2 \end{cases} \Rightarrow \begin{cases} x + y = 3 & (-2) \\ 2x - 3y = 2 \end{cases} \Rightarrow \begin{cases} x + y = 3 \\ -5y = -4 \end{cases} \Rightarrow$

$-5y = -4 \Rightarrow y = \frac{4}{5} \Rightarrow x + \frac{4}{5} = 3 \Rightarrow x = 3 - \frac{4}{5} \Rightarrow x = \frac{11}{5} \Rightarrow$

$\left\{\left(\frac{11}{5}, \frac{4}{5}\right)\right\}$

b) $\begin{cases} 2x - 5y = 16 \\ 5x + 3y = 9 \end{cases} \Rightarrow \begin{cases} x - \frac{5}{2}y = 8 & (-5) \\ 5x + 3y = 9 \end{cases} \Rightarrow \begin{cases} x - \frac{5}{2}y = 8 \\ \frac{31}{2}y = -31 \end{cases} \Rightarrow$

$\begin{cases} x - \frac{5}{2}y = 8 \\ y = -2 \end{cases} \Rightarrow x - \frac{5}{2}(-2) = 8 \Rightarrow \boxed{x = 3} \Rightarrow \{(3, -2)\}$

c) $\begin{cases} x + 2y - 3z = 18 & (-2) \; (-3) \\ 2x + 5y + 2z = 16 \\ 3x + 4y - 7z = 40 \end{cases} \Rightarrow \begin{cases} x + 2y - 3z = 18 \\ y + 8z = -20 \\ -2y + 2z = -14 & (:2) \end{cases} \Rightarrow$

$\begin{cases} x + 2y - 3z = 18 \\ y + 8z = -20 & (1) \\ -y + z = -7 \end{cases} \Rightarrow \begin{cases} x + 2y - 3z = 18 \\ y + 8z = -20 \\ 9z = -27 \end{cases} \Rightarrow \boxed{z = -3} \Rightarrow$

$y + 8(-3) = -20 \Rightarrow \boxed{y = 4} \Rightarrow x + 2(4) - 3(-3) = 18 \Rightarrow \boxed{x = 1} \Rightarrow \{(1, 4, -3)\}$

d) $\begin{cases} x - y + 3z = 1 & (-2) \; (-4) \\ 2x - y - z = 7 \\ 4x - 3y + 5z = -5 \end{cases} \Rightarrow \begin{cases} x - y + 3z = 1 \\ y - 7z = 5 & (-1) \\ y - 7z = -9 \end{cases} \Rightarrow$

$\begin{cases} x - y + 3z = 1 \\ y - 7z = 5 \\ 0y + 0z = -14 \end{cases} \Rightarrow$ Sistema impossível $\Rightarrow S = \varnothing$

e) $\begin{cases} x + y + z = 5 & (-1) \; (-3) \\ x - y + 2z = -2 \\ 3x + y + 4z = 8 \end{cases} \Rightarrow \begin{cases} x + y + z = 5 \\ -2y + z = -7 \\ -2y + z = -7 \end{cases} \Rightarrow$

$\begin{cases} x + y + z = 5 \\ 2y - z = 7 \end{cases} \Rightarrow$ SPI

Fazendo $\boxed{y = \alpha}$ obtemos: $2\alpha - z = 7 \Rightarrow \boxed{z = 2\alpha - 7} \Rightarrow$

$x + \alpha + 2\alpha - 7 = 5 \Rightarrow \boxed{x = -3\alpha - 7} \Rightarrow$

$S = \{(-3\alpha - 7, \alpha, 2\alpha - 7), \alpha \in \mathbb{R}\}$

Exemplo 3: Resolver, por escalonamento, os sistema , nos casos:

a) $\begin{cases} 3x+y=5 \\ 4x-3y=2 \\ x+5=11 \end{cases} \Rightarrow \begin{cases} x+5y=11 \\ 3x+y=5 \\ 4x-3y=-2 \end{cases}$ $(-3)\ (-4)$ $\Rightarrow \begin{cases} x+5y=11 \\ -14y=-28 \\ -23y=-46 \end{cases} \Rightarrow$

$\begin{cases} x+5y=11 \\ \quad y=2 \\ \quad y=2 \end{cases} \Rightarrow \begin{cases} x+5y=11 \\ \boxed{y=2} \end{cases} \Rightarrow x+5(2)=11 \Rightarrow \boxed{x=1} \Rightarrow S=\{(1,2)\}$

b) $\begin{cases} x+3y=-3 \\ 2x-5y=16 \\ 3x-2y=24 \end{cases}$ $(-2)\ (-3)$ $\Rightarrow \begin{cases} x+3y=-3 \\ -11y=22 \\ -11y=33 \end{cases} \Rightarrow \begin{cases} x+3y=-3 \\ y=-2 \\ y=-3 \end{cases}$ $(-1) \Rightarrow$

$\begin{cases} x+3y=-24 \\ \quad y=-2 \\ 0y=-1 \end{cases}$ $\Rightarrow$ Sistema impossível $\Rightarrow S=\varnothing$
Antes desta última passagem já era claro que SI

c) $\begin{cases} 4x-6y=16 & (:2) \\ 6x-9y=24 & (:3) \\ 10x-15y=40 & (:5) \end{cases} \Rightarrow \begin{cases} 2x-3y=8 \\ 2x-3y=8 \\ 2x-3y=8 \end{cases} \Rightarrow 2x-3y=8 \Rightarrow$ SPI

Para $y=\alpha$ obtemos $2x-3\alpha=8 \Rightarrow x=\dfrac{3\alpha+8}{2} \Rightarrow S=\left\{\left(\dfrac{3\alpha+8}{2},\alpha\right), \alpha \in \mathbb{R}\right\}$

Exemplo 4: Resolver o sistemas: $\begin{cases} x-2y=2 \\ 4x-3y=4m+1 \\ mx+y=13 \end{cases}$

$\begin{cases} x-2y=2 \\ 4x-3y=4m+1 \\ mx+y=13 \end{cases}$ $(-4)\ (-m)$ $\Rightarrow \begin{cases} x-2y=2 \\ 5y=4m-7 \\ (2m+1)y=-2m+13 \end{cases} \Rightarrow \begin{cases} x-2y=2 \\ y=\dfrac{4m-7}{5} \\ y=\dfrac{-2m+13}{2m+1} \end{cases}$

$\dfrac{4m-7}{5}=\dfrac{-2m+13}{2m+1} \Rightarrow 8m^2-10m-7=-10m+65 \Rightarrow m^2=9 \Rightarrow m=\pm 3$

(I) $m \neq -3$ e $m \neq 3 \Rightarrow$ Sistema impossível $\Rightarrow S=\varnothing$

(II) $m=-3 \Rightarrow y=\dfrac{4(-3)-7}{5} \Rightarrow \boxed{y=\dfrac{-19}{5}} \Rightarrow x-2\left(\dfrac{-19}{5}\right)=2 \Rightarrow x=2\dfrac{-38}{5} \Rightarrow \boxed{x=\dfrac{-28}{5}}$

$S=\left\{\left(\dfrac{-28}{5},\dfrac{-19}{5}\right)\right\}$

(III) $m=3 \Rightarrow y=\dfrac{4(3)-7}{5} \Rightarrow \boxed{y=1} \Rightarrow x-2(1)=2 \Rightarrow \boxed{x=4} \Rightarrow S=\{(4,1)\}$

51 Classificar (SPD, SPI, SI) e resolver os seguintes sistemas:

a) $\begin{cases} x + 3y = 13 \\ y = 3 \end{cases}$

b) $\begin{cases} x - 2y = 7 \\ -2y = 8 \end{cases}$

c) $\begin{cases} x - 7y = 5 \\ 0x = 2 \end{cases}$

d) $\begin{cases} x - 4y = 5 \\ 0y = 0 \end{cases}$

e) $\begin{cases} x - 2y = 3m \\ y = m + 1 \end{cases}$

f) $\begin{cases} x - 3y + 2z = 4 \\ y - 3z = 6 \\ z = 2 \end{cases}$

g) $\begin{cases} x - 7y + 8z = 21 \\ y - 7z = 12 \\ 0z = 8 \end{cases}$

h) $\begin{cases} x + 0y + 0z = 8 \\ 0x + y + 0z = 3 \\ 0x + 0y + z = -7 \end{cases}$

i) $\begin{cases} x + 3y + 2z = 7 \\ y + 5z = 2 \end{cases}$

52 Discutir os seguintes sistemas, não é necessário resolvê-los.

a) $\begin{cases} x + 3y = 7 \\ (a - 3)\,y = 8 \end{cases}$

b) $\begin{cases} x + 7y = 4 \\ (a - 2)\,y = 0 \end{cases}$

c) $\begin{cases} x + 4y = 20 \\ (a - 1)\,y = (a + 1)\,(a - 1) \end{cases}$

d) $\begin{cases} x + 8y = 17 \\ (a + 1)\,(a - 1)\,y = (a - 1) \end{cases}$

e) $\begin{cases} x - 3y + z = 4 \\ \quad y + 3z = 7 \\ \quad (a - 1)\,z = 7 \end{cases}$

f) $\begin{cases} x - 2y + 2z = 1 \\ \quad y + 4z = 5 \\ (a^2 - 4)\,z = a + 2 \end{cases}$

53 Fazer apenas as operações indicadas

a) $\begin{cases} x - 5y = 7 & (-3) \\ 3x + 2y = 30 & \leftarrow \end{cases} \Rightarrow \begin{cases} x - 5y = 7 \\ \end{cases}$

b) $\begin{cases} x - 5y + 2z = 4 & (-3)\ (-5) \\ 3x - 6y - 3z = 3 & \leftarrow \\ 5x - 20y + z = 7 & \leftarrow \end{cases} \Rightarrow \begin{cases} x - 5y + 2z = 4 \\ \\ \end{cases}$

c) $\begin{cases} x - y - 4z + 3w = 7 & (2) \\ -2x + 2y + 3z + 4w = 8 & \leftarrow \end{cases}$

d) $\begin{cases} x - 5y = 3 & (-4) \\ 4x - 20y = 2 & \leftarrow \end{cases}$

54 Resolver, por escalonamento, os seguintes sistemas:

a) $\begin{cases} x - 3y = -1 \\ 2x + y = 12 \end{cases}$

---

b) $\begin{cases} x + 3y = 3 \\ -3x - 11y = 5 \end{cases}$

---

c) $\begin{cases} 3x - 4y = 31 \\ x - 3y = 17 \end{cases}$

---

d) $\begin{cases} 2x - 4y = -22 \\ 5x + 3y = -3 \end{cases}$

---

e) $\begin{cases} x - 5y = 7 \\ -3x + 15y = 2 \end{cases}$

---

f) $\begin{cases} x - y + 5z = 25 \\ 2x - y - 4z = -9 \\ 3x + 3y + 2z = 5 \end{cases}$

Resp: 51 a) (SPD), $S = \{(4,3)\}$ b) (SPD), $S = \{(-1,-4)\}$ c) (SI), $S = \varnothing$ d) (SPI), $S = \{(4\alpha + 5, \alpha), \alpha \in R\}$ e) (SPD), $S = \{(5m + 2, m + 1)\}$ f) (SPD), $S = \{(36,12,2)\}$ g) (SI), $S = \varnothing$ h) (SPD), $S = \{(8,3,-7)\}$ i) (SPI), $S = \{(1 - 13\alpha, 2 - 5\alpha, \alpha), \alpha \in R\}$

55 Resolver, por escalonamento, os seguintes sistemas:

a) $\begin{cases} x - 3y = 7 \\ 2x - 6y = 14 \end{cases}$

b) $\begin{cases} 2x - 3y = 14 \\ 3x + 2y = 8 \end{cases}$

c) $\begin{cases} x + 2y - z = 2 \\ 3x + 7y + 2z = -5 \\ 2x - 3y + z = 5 \end{cases}$

d) $\begin{cases} x - 3y - 2z = 2 \\ 3x - 8y + z = -7 \\ 3x - 7y + 8z = -20 \end{cases}$

e) $\begin{cases} x - 4y + 2z = 1 \\ 3x - 11y + 4z = 7 \\ -2x + 7y - 2z = -5 \end{cases}$

56 Resolver, por escalonamento, os seguintes sistema nos casos:

a) $\begin{cases} x - 3y = -21 \\ x + y = 3 \\ 3x + 2y = 3 \end{cases}$

---

b) $\begin{cases} 5x - 2y = 19 \\ 2x + 4y = -2 \\ 3x - 4y = 17 \end{cases}$

---

c) $\begin{cases} 6x + 9y = 12 \\ 4x + 6y = 8 \\ 14x + 21y = 28 \end{cases}$

---

d) $\begin{cases} 3x + 5y = -11 \\ 2x - 6y = 30 \\ 7x + 4y = 30 \end{cases}$

Resp: **52** a) $a = 3 \Rightarrow$ SI, $a \neq 3 \Rightarrow$ SPD b) $a = 2 \Rightarrow$ SPI, $a \neq 2 \Rightarrow$ SPD c) $a = 1 \Rightarrow$ SPI, $a \neq 1 \Rightarrow$ SPD

d) $a \neq -1$ e $a \neq 1 \Rightarrow$ SPD, $a = 1 \Rightarrow$ SPI, $a = -1 \Rightarrow$ SI e) $a = 1 \Rightarrow$ SI, $a \neq 1 \Rightarrow$ SPD

f) $a \neq -2$ e $a \neq 2 \Rightarrow$ SPD; $a = -2 \Rightarrow$ SPI, $a = 2 \Rightarrow$ SI

53 a) $\begin{cases} x - 5y = 7 \\ 17y = 9 \end{cases}$ b) $\begin{cases} x - 5y + 2z = 4 \\ 9y - 9z = -9 \\ 5y - 9z = -13 \end{cases}$

c) $\begin{cases} x - y - 4z + 3w = 7 \\ -5z + 10w = 22 \end{cases}$ d) $\begin{cases} x - 5y = 3 \\ 0x + 0y = -10 \end{cases}$

54 a) $S = \{(5, 2)\}$ b) $S = \{(24, -7)\}$

c) $S = \{(5, -4)\}$ d) $S = \{(-3, 4)\}$ e) $S = \varnothing$ f) $S = \{(2, -3, 4)\}$

57 Resolver o sistema nos casos:

a) $\begin{cases} x + y = 3 \\ x - 2y = m \\ 2x - my = 4 \end{cases}$

---

b) $\begin{cases} x - 3y = 1 - 4m \\ 2x + y = 3m + 1 \\ 3x - (m - 1)y = 3 \end{cases}$

58 Discutir o sistema nos casos:

a) $\begin{cases} mx + y = 8 \\ x - 3y = 6 \\ 2x + y = m + 2 \end{cases}$

---

b) $\begin{cases} (m+1)x + y = -5 \\ 3x - y = -10 \\ 3x + my = -8 \end{cases}$

Resp: **55** a) $S = \{(3\alpha + 7, \alpha), \alpha \in R\}$ b) $S = \{(4, -2)\}$ c) $S = \{(2, -1, -2)\}$ d) $S = \{(-19\alpha - 37, -7\alpha - 13, \alpha), \alpha \in R\}$ e) $S = \varnothing$

56 a) $S = \{(-3, -6)\}$ b) $S = \{(3, -2)\}$ c) $S = \left\{\left(\frac{4 - 3\alpha}{3}, \alpha\right), \alpha \in R\right\}$ d) $S = \varnothing$

59 Classifique (SPD, SPI ou SI) e a seguir resolva cada um dos sistemas lineares escalonados seguintes:

a) $\begin{cases} x + 2y = 21 \\ y = 8 \end{cases}$

b) $\begin{cases} x + 4y + 3z = -2 \\ y - z = -4 \\ 5z = 10 \end{cases}$

c) $\begin{cases} x + 0y + 0z + 0w = -1 \\ y + 0z + 0w = 3 \\ z + 0w = 12 \\ w = -7 \end{cases}$

60 Apresentamos, a seguir, sistemas lineares lineares escalonados dados através de suas matrizes completas. Resolva-os:

a) $[A, B] = \left[\begin{array}{ccc|c} 1 & 0 & 0 & 2 \\ 0 & 1 & 0 & 3 \\ 0 & 0 & 1 & 4 \end{array}\right]$

b) $[A, B] = \left[\begin{array}{ccc|c} 1 & 3 & 4 & -1 \\ 0 & 0 & -2 & 6 \end{array}\right]$

c) $[A, B] = \left[\begin{array}{cccc|c} 1 & 2 & 0 & 3 & 1 \\ 0 & 1 & -1 & 2 & 5 \\ 0 & 0 & 1 & 1 & 2 \\ 0 & 0 & 0 & 0 & 4 \end{array}\right]$

d) $[A, B] = \left[\begin{array}{cc|c} 1 & 3 & 0 \\ 0 & -4 & -4 \end{array}\right]$

e) $[A, B] = \left[\begin{array}{cccc|c} 1 & 2 & 1 & 6 & 2 \\ 0 & 1 & -1 & 2 & -5 \\ 0 & 0 & 1 & 3 & -3 \\ 0 & 0 & 0 & -5 & 15 \end{array}\right]$

f) $[A, B] = \left[\begin{array}{ccccc|c} 1 & 1 & -1 & 0 & 2 & 10 \\ 0 & 0 & 1 & -3 & 0 & -9 \end{array}\right]$

61 Discutir os seguintes sistemas escalonados (não é necessário resolvê-los) em função do parâmetro $a \in R$.

a) $\begin{cases} x - y + z = 1 \\ y - 2z = -3 \\ (a-4)z = 5 \end{cases}$

b) $\begin{cases} x + 2y - z = 3 \\ \quad y + 4z = 2 \\ (a+2)z = 0 \end{cases}$

c) $[A, B] = \left[\begin{array}{ccc|c} 1 & 1 & 6 & -1 \\ 0 & 1 & -3 & 3 \\ 0 & 0 & 2 & a-3 \end{array}\right]$

d) $[A, B] = \left[\begin{array}{ccc|c} 1 & -2 & -2 & 4 \\ 0 & 1 & 7 & 5 \\ 0 & 0 & 0 & a^2-9 \end{array}\right]$

e) $[A, B] = \left[\begin{array}{ccc|c} 1 & 6 & 9 & 1 \\ 0 & 1 & -3 & 2 \\ 0 & 0 & a-2 & a+2 \end{array}\right]$

f) $\begin{cases} x - 3y + z = -10 \\ \quad y - z = 4 \\ (a^2-4)z = a-2 \end{cases}$

g) $\begin{cases} x + 4y + 2z = 8 \\ \quad y - 3z = -1 \\ (a+1)z = a^2 - 1 \end{cases}$

h) $\begin{cases} x + y + z = 13 \\ \quad y + 5z = 6 \\ (a^2-1)z = a^2 - a \end{cases}$

Resp: **57** a) $m \neq 0$ e $m \neq 1 \Rightarrow S = \varnothing$, $m = 0 \Rightarrow S = \{(2,1)\}$ e $m = 1 \Rightarrow S = \left\{\left(\frac{7}{3}, \frac{2}{3}\right)\right\}$

b) $m \neq 2$ e $m \neq \frac{5}{11} \Rightarrow S = \varnothing$; $m = 2 \Rightarrow S = \{(2,3)\}$; $m = \frac{5}{11} \Rightarrow S = \left\{\left(\frac{69}{77}, \frac{4}{7}\right)\right\}$

58 a) $m \neq 3$ e $m \neq \frac{-22}{3} \Rightarrow$ SI; $m = 3$ ou $m = \frac{-22}{3} \Rightarrow$ SPD b) $m \neq 1$ e $m \neq \frac{-13}{10} \Rightarrow$ SI; $m = 1$ ou $m = \frac{-13}{10} \Rightarrow$ SPD

62 Classifique e a seguir resolva os seguintes sistemas homogêneos escalonados:

a) $\begin{cases} x - 2y + z = 0 \\ \quad y - 2z = 0 \end{cases}$

b) $\begin{cases} x + 3y + 4z = 0 \\ \quad y - 2z = 0 \\ \quad 3z = 0 \end{cases}$

c) $\begin{cases} x - 3y = 0 \\ \quad -2y = 0 \end{cases}$

d) $\{x + 4y = 0$

e) $[A, B] = \left[\begin{array}{cccc|c} 1 & 2 & -1 & 3 & 0 \\ 0 & 1 & 2 & -15 & 0 \\ 0 & 0 & 1 & -7 & 0 \end{array}\right]$

63 Resolver os seguintes sistemas:

a) $\begin{cases} x + y - z = a + 1 \\ y - z = -a - 1 \\ (a - 2)\,z = 2a\,(a - 2) \end{cases}$

b) $\begin{cases} x + y - az = a^2 - 1 \\ y - (a + 1)z = a - a^2 \\ (a - 1)z = a^2 - 2a + 1 \end{cases}$

64 Resolver os seguintes sistemas:

a) $\begin{cases} x + y + z = \dfrac{2a+6}{a-3} \\ y - z = \dfrac{12a}{a^2-9} \\ (a^2-9)z = a^2 - 6a + 9 \end{cases}$

---

b) $\begin{cases} 2x - y - z = \dfrac{a}{2} \\ 2ay + az = 3 \\ (a^2 - 2a)\,z = a - 2 \end{cases}$

Resp: **59** a) SPD ($m = n = 2$); $S = \{(5, 8)\}$ b) SPD ($m = n = 3$); $S\ \{(0, -2, 2)\}$ c) SPD ($m = n = 4$); $S\ \{(-1, 3, 12, -7)\}$

60 a) $S = \{(2, 3, 4)\}$ (SPD) b) $S = \{(11 - 3a, a, -3)\ \forall a \in R\}$ (SPI) c) $S = \varnothing$ (SI) d) $S = \{(-3, 1)\}$ (SPD)
e) $S = \{(0, 7, 6, -3)\}$ (SPD) f) $S = \{(1 - a + 3b - 2c, a, -9 + 3b, b, c), \forall (a, b, c) \in R^3\}$ (SPI)

61 a) $a = 4 \Rightarrow$ SI ($0 \cdot z = 5$)
$a \neq 4 \Rightarrow$ SPD ($m = n = 3$)
b) $a = -2 \Rightarrow$ SPI ($m < n$)
$a \neq -2 \Rightarrow$ SPD ($m = n$)
c) SPD, $\forall a \in R \cdot (m = n)$
d) $a = \pm 3 \Rightarrow$ SPI ($m < n$)
$a \neq 3$ e $a \neq -3 \Rightarrow$ SI
e) $a = 2 \Rightarrow$ SI
$a \neq 2 \Rightarrow$ SPD ($m = n$)
f) $a = 2 \Rightarrow$ SI
$a = -2 \Rightarrow$ SI
$a \neq 2$ e $a \neq -2 \Rightarrow$ SPD
g) $a = -1 \Rightarrow$ SPI
$a \neq -1 \Rightarrow$ SPD
h) $a = 1 \Rightarrow$ SPI
$a = -1 \Rightarrow$ SI
$a \neq 1$ e $a \neq -1 \Rightarrow$ SPD

65 Transforme em sistema escalonado e classifique os seguintes sistemas

a) $\begin{cases} x - 2y - z = 1 \\ 2x - 3y - 7z = 4 \\ x - y - 3z = 9 \end{cases}$

---

b) $\begin{cases} x - 3y - 2z + 4w = 1 \\ 2x - 6y - z + 6w = 5 \\ x - 3y + z + 5w = 6 \end{cases}$

---

c) $\begin{cases} 2x - 3y + 4z = 5 \\ 2x - y - z = 12 \\ 6x - 5y + 2z = 31 \end{cases}$

---

d) $\begin{cases} x + 3y - 2z + w = 1 \\ 2x + 9y - 6z - w = 4 \\ x + 6y - 4z - 2w = 3 \\ x + 6y - 3z - 3w = 4 \\ 3x + 15y - 10z - 2w = 10 \end{cases}$

66 Resolver, escalonando, os sistemas:

a) $\begin{cases} x + 3y = 3 \\ 3x + 4y = -1 \end{cases}$

---

b) $\begin{cases} 4x - 6y = 2 \\ 6x - 9y = 3 \end{cases}$

---

c) $\begin{cases} 3x - y = 6 \\ 6x - 2y = 9 \end{cases}$

---

d) $\begin{cases} x - y = 7 \\ 2x + 3y = -6 \\ 3x - 2y = 17 \end{cases}$

---

e) $\begin{cases} 2x - 3y = 7 \\ x + 4y = -2 \\ 3x - 5y = 10 \end{cases}$

---

f) $\begin{cases} x + 3y - 2z = 7 \\ 2x - 5y + 3z = -18 \\ 5x - y - 2z = -5 \end{cases}$

Resp: **62** a) SPI $S = \{(3a, 2a, a)\ \forall a \in R\}$ b) SPD $S = \{(0,0,0)\}$ c) SPD $S = \{(0,0)\}$ d) SPI $S = \{(-4a, a), \forall a \in R\}$

e) SPI $S = \{(2a, a, 7a), \forall a \in R\}$

63 a) $a \neq 2 \Rightarrow S = \{(2a + 2, a - 1, 2a)\}$

$a = 2 \Rightarrow S = \{(6, b - 3, b), b \in R\}$

b) $a \neq 1 \Rightarrow S = \{(2a^2 - 2a - 1, a - 1)\}$

$a = 1 \Rightarrow S = \{(-b, 2b, b), b \in R\}$

64 a) $a \neq -3$ e $a \neq 3 \Rightarrow$

$S = \left\{\left(\frac{12a}{a^2 - 9}, \frac{a + 3}{a - 3}, \frac{a - 3}{a + 3}\right)\right\}$

$a = -3$ ou $a = 3 \Rightarrow S = \varnothing$

b) $a \neq 0$ e $a \neq 2 \Rightarrow S = \left\{\left(\frac{a^2 + 4}{4a}, \frac{1}{a}, \frac{1}{a}\right)\right\}$

$a = 2 \Rightarrow$

$S = \left\{\left(\frac{2b + 7}{8}, \frac{3 - 2b}{4}, b\right), b \in R\right\}$

$a = 0 \Rightarrow S = \varnothing$

67 Resolver, escalonando, os seguintes sistemas:

a) $\begin{cases} x + y + 2z = 11 \\ 2x - 3y + 3z = 7 \\ 3x - y + 2z = 5 \end{cases}$

b) $\begin{cases} x - 3y - 4z = 1 \\ 2x - y + 3z = 3 \\ 3x + y + 10z = 6 \end{cases}$

c) $\begin{cases} x - y - 2z = 3 \\ 2x - 3y - 5z = 7 \\ 3x - 2y - z = -4 \\ 3x - 3y - 2z = -3 \end{cases}$

d) $\begin{cases} x + 2y - 2z = -3 \\ 2x - 3y + z = -5 \\ 4x + y - 3z = -11 \\ -5x + 11y - 5z = 12 \end{cases}$

68 Resolver por escalonando os sistemas:

a) $\begin{cases} x - 2y - 2z - 3w = 3 \\ 3x - y + 2z = -1 \\ 2x + 3y + 2z - 8w = -7 \\ 4x - 3y + z + 5w = 7 \end{cases}$

b) $\begin{cases} x + y - 6z - 4w = 6 \\ 3x - y - 6z - 4w = 2 \\ 2x + 3y + 9z + 2w = 6 \\ 3x + 2y + 3z + 8w = -7 \end{cases}$

Resp: **65** a) $\begin{cases} x - 2y - z = 1 \\ y - 5z = 2 \\ 3z = 6 \end{cases}$ SPD b) $\begin{cases} x - 3y - 2z + 4w = 1 \\ 3z - 2w = 3 \\ 3w = 2 \end{cases}$ SPI c) $\begin{cases} 2x - 3y + 4z = 5 \\ 2y - 5z = 7 \\ 0z = 2 \end{cases}$ SI d) $\begin{cases} x + 3y - 2z + w = 1 \\ 3y - 2z - 3w = 2 \\ z - w = 1 \\ w = 3 \end{cases}$ SPD

66 a) $\{(-3, 2)\}$ b) $\left\{\left(\frac{3a+1}{2}, a\right), a \in R\right\}$ c) $S = \varnothing$ d) $\{(3, -4)\}$ e) $S = \varnothing$ f) $\{(-2, 1, -3)\}$

69 Resolver, os sistemas:

a) $\begin{cases} 4x - 3y + 2z - w = 8 \\ 3x - 2y + z - 3w = 7 \\ 2x - y - 5w = 6 \\ 5x - 3y + z - 8w = 1 \end{cases}$

b) $\begin{cases} 2x + 3y - z + w = 1 \\ 8x + 12y - 9z + 8w = 3 \\ 4x + 6y + 3z - 2w = 3 \\ 2x + 3y + 9z - 7w = 3 \end{cases}$

70 Considere os sistemas

a) $(S_1)\begin{cases} 2x - 3y = 2 \\ x + y = 6 \end{cases}$ e $(S_2)\begin{cases} ax - by = -10 \\ 2ax + 3by = 10 \end{cases}$

Determine a e b modo que essas sistemas sejam equivalentes.

71 Discutir os seguintes sistemas (não é necessário achar o conjunto solução).
Sugestão: Faça por escalonamento.

a) $\begin{cases} 2x - 3y = 8 \\ 4x - ay = a + 10 \end{cases}$

---

b) $\begin{cases} x - 2y = 1 \\ 2x + (a^2 - 5)y = a + 1 \end{cases}$

---

c) $\begin{cases} x - (a - 2)y = a \\ ax + (2a - 4)y = 2a^2 - 2a \end{cases}$

---

d) $\begin{cases} x - 3y = a \\ ax - (2a + 3)y = a^2 + a - 3 \\ -x + 2ay = -1 \end{cases}$

Resp: **67** a) $\{(-1, 2, 5)\}$ b) $S = \varnothing$ c) $\{(-1, 2, -3)\}$ d) $\left\{\left(\frac{4a - 19}{7}, \frac{5a - 1}{7}, a\right), a \in R\right\}$ **68** a) $\{(2, 1, -3, 1)\}$ b) $\left\{\left(0, 2, \frac{1}{3}, \frac{-3}{2}\right)\right\}$

72 Discutir os seguintes sistemas:

(Não é necessário determinar o conjunto solução)

a) $\begin{cases} x - y - 2z = 1 \\ -x + 2y + z = a - 1 \\ -x + 3y + (a-2)z = 3a - 3 \end{cases}$

---

b) $\begin{cases} x - 2y - z = 7 \\ 2x - 3y - (a+2)z = a + 14 \\ x - y + (a^2 - a - 2)z = 3a + 5 \end{cases}$

---

73 Determine a, b e c para que os sistemas

$\begin{cases} 2ax - by - cz = -2 \\ 3ax + 2by + 2cz = -3 \\ ax - by + 3cz = -25 \end{cases}$ e $\begin{cases} x + y + z = 6 \\ 2x - y + 2z = 3 \\ 3x + y - z = 4 \end{cases}$ sejam equivalentes.

74 Determine a, b e c de modo que o sistema

$$\begin{cases}(a-3)x-3y+5z=b-2\\(b-2)x+y-2z=2a-3\\(c+1)x-y-3z=b+c\end{cases}$$ seja homogêneo.

---

75 Resolver por escalonamento os sistemas:

a) $\begin{cases}x-y-z=0\\3x-y-8z=0\\5x-y-8z=0\end{cases}$

---

b) $\begin{cases}2x-3y-2z=0\\3x+2y+z=0\\x-8y-5z=0\end{cases}$

---

76 Classifique com SPD ou SPI os sistemas:

a) $\begin{cases}2x-3y-2z=0\\x-y-z=0\\2x-5y-3z=0\end{cases}$

---

b) $\begin{cases}x-y-3z=0\\2x-5y+z=0\\5x+11y-z=0\end{cases}$

Resp: **69** a) $S=\varnothing$ b) $\left\{\left(\frac{6-15a-b}{10}, a, \frac{1+4b}{5}, b\right), a, b \in R\right\}$ **70** a) $a=-1$ e $b=3$ **71** a) $a \neq 6 \Rightarrow SPD$; $a=6 \Rightarrow SPI$

b) $a \neq -1$ e $a \neq 1 \Rightarrow SPD$; $a=1 \Rightarrow SPI$; $a=-1 \Rightarrow SI$

c) $a \neq -2$ e $a \neq 2 \Rightarrow SPD$; $a=2 \Rightarrow SPI$; $a=-2 \Rightarrow SI$

d) $a=2$ ou $a=3 \Rightarrow SPD$; $a \neq 2$ e $a \neq 3 \Rightarrow SI$

77 Determine a para que o sistema seja possível e determinado (SPD) nos casos:

a) $\begin{cases} ax - 2y = 0 \\ 2ax + 3y = 0 \end{cases}$

---

b) $\begin{cases} (a-1)x + (a+2)y = 0 \\ (a-2)x + 2(a-2)y = 0 \end{cases}$

---

c) $\begin{cases} 2x + (a+2)y + (a+4)z = 0 \\ x - y + z = 0 \\ (a+5)x + 3y + az = 0 \end{cases}$

---

d) $\begin{cases} (a+2)x + y + (a+5)z = 0 \\ -3x + 2y + (a+3)z = 0 \\ (-a-1)x - y + az = 0 \end{cases}$

---

78 (FEI)Determine a, de modo que o sistema

$\begin{cases} ax + 2y = 0 \\ 2x + ay = 3 \\ x + ay = 1 \end{cases}$ seja compatível.

---

79 (POLI) Para que valores de a são equivalentes os sistema:

$\begin{cases} x = 1 \\ y = 1 \end{cases}$ e $\begin{cases} ax + y = a + 1 \\ x + y = 2 \end{cases}$?

80 (MACK) Discutir o sistema

$$\begin{cases} mx + y = 1 \\ x + y = 2 \\ x - y = m \end{cases}$$

81 (EEM) Estudar o sistema

$$\begin{cases} k(x + y) + z = 0 \\ k(y + z) + x = 0 \\ k(x + z) + y = 0 \end{cases}$$

82 (POLI)Discutir o sistema

$$\begin{cases} x + y + z = 0 \\ x - y + az = 2 \\ ax + 2y + z = 1 \end{cases}$$

Resp: **72** a) $a \neq 2 \Rightarrow$ SPD
$a = 2 \Rightarrow$ SPI
b) $a \neq -1$ e $a \neq 1 \Rightarrow$ SPD
$a = 1 \Rightarrow$ SPI
$a = -1 \Rightarrow$ SI
73 a) $a = -1, b = 2$ e $c = -3$
74 $a = \frac{3}{2}, b = 2$ e $c = -2$
75 a) $\{(0,0,0)\}$ b) $\left\{\left(\frac{a}{13}, \frac{-8a}{13}, a\right), a \in R\right\}$
76 a)SPD b) SPI

83 (EEM) Discutir o sistema

$$\begin{cases} 2x - y + 3z = a \\ -x + 2y - az = b \\ ax - ay + 6z = 2 \end{cases}$$

---

84 (Fgv 2016) Sendo k um número real, o sistema linear $\begin{cases} 9x - 6y = 21 \\ 6x - 4y = k \end{cases}$ possui infinitas soluções (x, y) para k igual a

a) – 10,5. b) 0. c) 7. d) 10,5. e) 14.

---

85 (Fgv 2018) Rita compra bijuterias para revender. Em julho, ela comprou 3 pulseiras iguais e 10 colares iguais, pagando, no total, R$ 87,00. Em agosto, ela comprou 10 das mesmas pulseiras, com desconto de 10% e 25 dos mesmos colares, com acréscimo de 10% gastando, nessa compra, R$ 243,00. Em julho, o preço de cada colar superava o preço de cada pulseira em

a) 30%. b) 32%. c) 36%. d) 40%. e) 44%.

86 (Fgv 2017) As cidades A, B, C e D estão ligadas por uma rodovia, como mostra a figura seguinte, feita fora de escala.

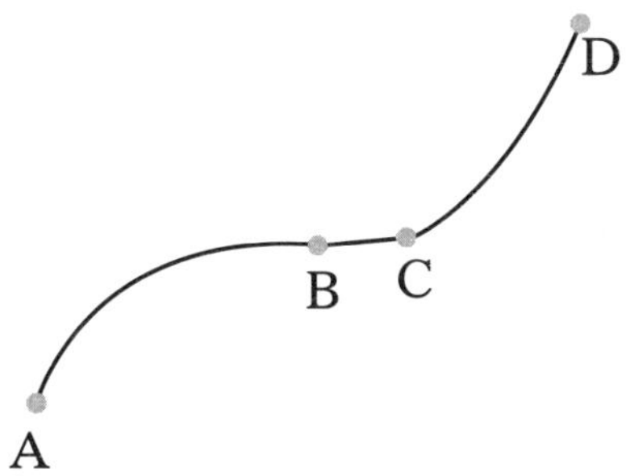

Por essa rodovia, a distância entre A e C é o triplo da distância entre C e D, a distância entre B e D é a metade da distância entre A e B, e a distância entre B e C é igual a 5 km. Por essa estrada, se a distância entre C e D corresponde a x% da distância entre A e B, então x é igual a

a) 36. b) 36,5. c) 37. d) 37,5. e) 38.

---

87 (Insper 2016) Leia o texto abaixo para responder à(s) questão(ões) a seguir.

Matrizes de Vandermonde são matrizes quadradas em que os elementos ao longo de cada linha formam progressões geométricas de primeiro termo igual a 1, não necessariamente com a mesma razão para cada linha. Por exemplo, a matriz B a seguir, de ordem 4 é de Vandermonde:

$$B = \begin{vmatrix} 1 & 5 & 25 & 125 \\ 1 & 3 & 9 & 27 \\ 1 & -3 & 9 & -27 \\ 1 & \frac{1}{2} & \frac{1}{4} & \frac{1}{8} \end{vmatrix}$$

Seja V uma matriz de Vandermonde de ordem 3 em que a PG formada com os elementos da 1ª linha tem razão 2, a PG formada com os elementos da 2ª linha tem razão 3 e a PG formada com os elementos da 3ª linha tem razão – 2.

Considere a matriz X, do tipo 3×1, tal que $V \cdot X = \begin{bmatrix} a \\ b \\ c \end{bmatrix}$ sendo a, b e c constantes reais. O valor do elemento que ocupa a 2ª linha de X é necessariamente igual a

a) 1. b) $\frac{a+c}{2}$. c) 0. d) $\frac{a-c}{4}$. e) b + c.

Resp:

77 a) $a \neq 0$ b) $a \neq 2$ e $a \neq 4$ c) $a \neq -3$ e $a \neq -12$ d) $a \neq -4$ e $a \neq \frac{-7}{4}$

78 $a = -1$ ou $a = 1$

79 Para qualquer $a \neq 1$

80 $m = -1$ ou $m = 0 \Rightarrow$ SPD
$m \neq -1$ e $m \neq 0 \Rightarrow$ SI

81 $k \neq -\frac{1}{2}$ e $k \neq 1 \Rightarrow$ SPD
$k = -\frac{1}{2}$ ou $k = 1 \Rightarrow$ SPI

82 $a \neq 0$ e $a \neq 1 \Rightarrow$ SPD
$a = 0$ ou $a = 1 \Rightarrow$ SI

88 (Unicamp 2020) Seja a matriz de ordem 2×3 dada por $A = \begin{bmatrix} 1 & 1 & 1 \\ 1 & 2 & 3 \end{bmatrix}$.

a) Seja C a matriz de ordem 3×2 cujos elementos são dados por $c_{ij} = (-1)^{i+j}$, para i = 1, 2, 3 e j = 1, 2. Determine o produto AC.

b) Determine a solução do sistema linear $A \begin{bmatrix} x \\ y \\ z \end{bmatrix} = \begin{bmatrix} 6 \\ 6 \end{bmatrix}$ nas variáveis reais x , y e z, em que (x, y, x) é uma progressão aritmética.

---

89 (Famerp 2020) Seja k um número real e $\begin{cases} y = kx + 14 \\ y = x + 28 \end{cases}$ um sistema de equações nas incógnitas x e y. Os valores de para que a solução gráfica desse sistema pertença ao interior do terceiro quadrante do plano cartesiano são dados pelo intervalo

a) $-1 < k < 0$

b) $\frac{1}{2} < k < 1.$

c) $-1 < k < -\frac{1}{2}.$

d) $k < -\frac{1}{2}.$

e) $k < 1$

90 (Fgv 2016) Alfredo e Breno partem, ao mesmo tempo, dos pontos A e B respectivamente, ambos caminhando sobre a reta, mas em sentidos contrários. No momento em que eles se encontram, Alfredo havia percorrido 18 km a mais do que Breno. Logo depois do encontro, eles continuam suas caminhadas sendo que Alfredo leva 4 horas para chegar em B, percorrendo x quilômetros, e Breno leva 9 horas para chegar em A. Admitindo-se que Alfredo e Breno fizeram suas caminhadas com velocidades constantes durante todo o tempo, x será a raiz positiva da equação

a) $5x^2 - 36x - 684 = 0.$
b) $5x^2 - 72x - 1296 = 0.$
c) $5x^2 - 72x - 1368 = 0.$
d) $5x^2 - 144x - 1296 = 0.$
e) $5x^2 - 144x - 1368 = 0.$

---

91 (Espm 2019) Em relação ao sistema linear $\begin{cases} x - 2y + z = 1 \\ 2x + y - z = 2 \\ x + 3y - 2z = 1 \end{cases}$, pode-se afirmar que:

a) Ele é possível e determinado e sua solução é (2, 3, 5).
b) Ele é possível e determinado e sua solução é (0, – 3, – 5).
c) Ele é impossível.
d) Ele é possível e indeterminado e sua solução é (k + 1, 3k, 5k), com k real.
e) Ele é possível e indeterminado e sua solução é (k, 2k, 1 + 3k), com k real.

Resp: **83** $a \neq -6$ e $a \neq 3 \Rightarrow$ SPD
($a = -6$ e $b = -5$) ou
($a = 3$ e $b = 1$) $\Rightarrow$ SPI
($a = -6$ e $b \neq -5$) ou
($a = 3$ e $b \neq 1$) $\Rightarrow$ SI
84 E **85** E **86** D **87** D

Exercícios de Fixação

92 Em cada caso é dado um par ordenado (dupla) e um sistema. Determine a e b de mado que o par seja solução do sistema:

a) $\begin{cases} ax + 3y = 7 \\ x + by = -13, (-1,3) \end{cases}$

b) $\begin{cases} 2x + ay = 13 \\ 3x + by = 3, (2,-3) \end{cases}$

---

93 Determine a, b e c de modo que o sistema

$\begin{cases} 2x - ay - z = a + 1 \\ x + by - z = c - 3 \\ cx - y - 6 = b - 9 \end{cases}$ seja homogêneo.

---

94 Dado o sistema

$\begin{cases} 3x - 4y = 1 \\ 4x - 5y = 2 \end{cases}$, a matriz incompleta $A = \begin{bmatrix} 3 & -4 \\ 4 & -5 \end{bmatrix}$ desse sistema, obtem-se para inversa de A a matriz $A^{-1} = \begin{bmatrix} -5 & 4 \\ -4 & 3 \end{bmatrix}$. Passando para o forma matricial, resolva o sistema.

---

95 Dado o sistema

$\begin{cases} -x + 3y + 3z = -12 \\ -x + 2y + z = -7 \\ x + y + 6z = -10 \end{cases}$ e as matrizes $A = \begin{bmatrix} -1 & 3 & 3 \\ -1 & 2 & 1 \\ 1 & 1 & 6 \end{bmatrix}$ e $A^{-1} = \begin{bmatrix} 11 & -15 & -3 \\ 7 & -9 & -2 \\ -3 & 4 & 1 \end{bmatrix}$,

utilizando a equação matricial correspondente, resolva o sistema.

---

96 Dizer se o sistema dado em cada caso é normal ou não:

a) $\begin{cases} 2x - 3y = 5 \\ 4x - 5y = 2 \end{cases}$

b) $\begin{cases} 4x - 6y = 10 \\ 6x - 9y = 15 \end{cases}$

c) $\begin{cases} 3x + 6y = 7 \\ 4x + 8y = 13 \end{cases}$

d) $\begin{cases} 3x - 2y = 12 \\ 2y - 3z = 24 \\ x + z = 36 \end{cases}$

e) $\begin{cases} 2x - 3y - z = 3 \\ 4x + y + 5z = 8 \end{cases}$

f) $\begin{cases} x - 3y - z = 3 \\ x + 2y - 3z = 4 \\ 2x - y - 4z = 7 \end{cases}$

---

97 Determine a de modo que o sistema seja normal nos casos:

a) $\begin{cases} (a+2)x - y - z = -4 \\ ax + y + z = 4 \\ 2x + y = 1 \end{cases}$

b) $\begin{cases} ax + 2y + (2a+1) = 7 \\ x + (a+1)y + (a-2)z = 0 \\ -x + (a-1)y - 5z = 1 \end{cases}$

---

98 Para resolver o sistema

$\begin{cases} 2x_1 + 5x_2 + 4x_3 + x_4 = 20 \\ x_1 + 3x_2 + 2x_3 + x_4 = 11 \\ 2x_1 + 10x_2 + 9x_3 + 7x_4 = 40 \\ 3x_1 + 8x_2 + 9x_3 + 2x_4 = 37 \end{cases}$

forma achados o determinante do sistema D = – 3 e os seguintes determinantes:
$D_1 = -3$, $D_2 = -6$, $D_3 = -6$ e $D_4 = 0$.
Utilizando a regra de Regra de Cramer, ache a a solução do sistema.

99 Resolva pela Regra de Cramer os sistemas lineares normais seguintes:

a) $\begin{cases} 2x - 3y = 13 \\ 4x - 5y = 23 \end{cases}$

b) $\begin{cases} 3x - 2y = 13 \\ 4x + y = 10 \end{cases}$

c) $\begin{cases} x - 3y = -8 \\ 3x + 2y = 31 \end{cases}$

d) $\begin{cases} 3x + 2y + z = 5 \\ 2x + 3y + z = 1 \\ 2x + y + 3z = 11 \end{cases}$

e) $\begin{cases} x + y + z = 2 \\ 2x - 2y + z = 11 \\ x - 3y + z = 10 \end{cases}$

f) $\begin{cases} x_1 + 3x_2 + 5x_3 + 7x_4 = 12 \\ 3x_1 + 5x_2 + 7x_3 + x_4 = 0 \\ 5x_1 + 7x_2 + x_3 + 3x_4 = 4 \\ 7x_1 + x_2 + 3x_3 + 5x_4 = 16 \end{cases}$

g) $\begin{cases} x_1 + x_2 + x_3 + x_4 = 0 \\ x_2 + x_3 + x_4 + x_5 = 0 \\ x_1 + 2x_2 + 3x_3 = 2 \\ x_2 + 2x_3 + 3x_4 = -2 \\ x_3 + 2x_4 + 3x_5 = 2 \end{cases}$

100 Resolva pela Regra de Cramer os sistemas:

a) $\begin{cases} \dfrac{x + y - 7}{z - x} = 1 \\ \dfrac{2x - y + 2}{y + z} = 2 \\ \dfrac{y + z - 6}{y - x} = 3 \end{cases}$

b) $\begin{cases} \dfrac{1}{x} + \dfrac{1}{y} + \dfrac{2}{z} = \dfrac{1}{3} \\ \dfrac{3}{x} + \dfrac{2}{y} - \dfrac{3}{z} = \dfrac{9}{2} \\ \dfrac{2}{x} - \dfrac{3}{y} - \dfrac{5}{z} = \dfrac{1}{6} \end{cases}$

c) $\dfrac{x - y - 3}{x - z} = \dfrac{x + z + 4}{y - z} = \dfrac{y - z - 3}{x + y} = 2$

101 Determine a, b e c utilizando a regra de Cramer sabendo que $f(x) = ax^2 + bx + c$ e que $f(1) = 3$, $f(-1) = 9$ e $f(2) = 6$

102 Determine **a** para que o sistema

$\begin{cases} x + y + z = 2a + 2 \\ ax + y - z = a^2 + a \\ (a + 1)x - y - 2z = a^2 - 3 \end{cases}$ seja normal e ache o conjunto-solução do sistema.

103 Determine **a** para que o sistema

$\begin{cases} -x + (a + 4)y - 2z = 0 \\ x + 2y + (a + 8)z = 0 \\ 4x + (a + 4)y + az = 0 \end{cases}$ seja normal e ache o seu conjunto-solução.

104 Resolva os seguintes sistema escalonados

a) $\begin{cases} x - 3y = 2 \\ y = 2 \end{cases}$

b) $\begin{cases} x + 4y = 10 \\ 2y = 4 \end{cases}$

c) $\begin{cases} 2x - 3y = 1 \\ 2y = -6 \end{cases}$

d) $\begin{cases} x - 2y + 3z = 4 \\ y - 2z = 3 \\ z = 1 \end{cases}$

e) $\begin{cases} 2x - 3y + 2z - w = 10 \\ 3y - 2z + 2w = 2 \\ 3z - 2w = 6 \\ 3w = 0 \end{cases}$

Resp: **88** a) $\begin{bmatrix} 1 & -1 \\ 2 & -2 \end{bmatrix}$ b) $S = \{(5, 2, -1)\}$ **89** B **90** D **91** D

105 Classifique em SPD, SPI ou SI os seguintes

a) $\begin{cases} 2x + 3y + 4z = 7 \\ 2y - 3z = 1 \\ 7z = 3 \end{cases}$

b) $\begin{cases} 2x - 3y - 7z = 0 \\ 4y - 8z = 1 \\ 0z = 5 \end{cases}$

c) $\begin{cases} 2x - 3y + z - w = 1 \\ 3y - z + 2w = 2 \\ 2z - 7w = 5 \end{cases}$

106 Ache o grau de indeterminação e resolva o sistema nos casos:

a) $\begin{cases} x - 2y + 3z = 1 \\ y - 2z = 2 \end{cases}$

b) $\begin{cases} x - 3y - 2z - t = 4 \\ z + t = 6 \end{cases}$

c) $\begin{cases} 3x - y - z + t = 1 \\ y + 2t = 2 \\ z - 3t = 3 \end{cases}$

107 Resolva os sistemas

a) $\begin{cases} 2x - 3y - z = 7 \\ 2y - 3z = 0 \\ 2z = -4 \end{cases}$

b) $\begin{cases} x + 3y - z = 1 \\ 2y + 7z = 5 \\ 0z = 7 \end{cases}$

c) $\begin{cases} x - 3y - z + w = 1 \\ -z + 2w = 5 \\ 2w = 6 \end{cases}$

108 Discutir as seguintes equações, dando o seu conjunto-solução:

a) $ax = 7$
b) $(a - 2)x = 5$
c) $ax = b$
d) $(a - 2)x = b$
e) $ax = b - 7$
f) $(a - 1)x = b + 1$
g) $(a - 2)x = a - 2$
h) $(a - 2)x = a + 2$
i) $(a - 1)^2 x = (a + 1)(a - 1)$
j) $a^2(x - 1) + x = 2(a - x) + 1$
k) $a(ax - b) - a(x - 3) = 2x + b - 3$

109 Discutir (SPD, SPI ou SI) os sistemas:

a) $\begin{cases} 2x - 3y - z = 1 \\ 4y - 2z = 2 \\ (a - 3)z = 7 \end{cases}$

b) $\begin{cases} 3x - 2y - 9z = 1 \\ 3y - 5z = 7 \\ (a - 1)z = a^2 - 1 \end{cases}$

c) $\begin{cases} 3x - 2y = 4 \\ 2y = 6 \\ y = a + 1 \end{cases}$

d) $\begin{cases} 2x - 3y + 2z + w = 7 \\ 2z - 3w = 8 \\ (a^2 - 1)w = a + 1 \end{cases}$

e) $\begin{cases} (a - 3)x + 2y - z = 3 \\ 3y + 2z = 8 \\ (a^2 - 4)z = a + 2 \end{cases}$

f) $\begin{cases} (a - 3)x + 2y - z = 4 \\ 3y + 2z = 8 \\ (a^2 - 4)z = a + 2 \end{cases}$

110 Discutir os sistemas seguintes. Não é necessário achar o conjunto-solução.Sugestão: Como o número de equações é igual ao número de incógnitas (m=n), pense, em primeiro lugar, nos sistemas normais.

a) $\begin{cases} ax - (a + 1)y = 8 \\ 2ax - (a + 4)y = 8a \end{cases}$

b) $\begin{cases} (a - 2)x + ay = a + 4 \\ ax + (2a - 3)y = 15 \end{cases}$

c) $\begin{cases} ax + 2ay = 4a \\ (a - 3)x + (a - 1)y = 2a - 2 \end{cases}$

d) $\begin{cases} (a - 1)x - (a + 2)y = 6 \\ ax - 2ay = b \end{cases}$

e) $\begin{cases} x + 3y + (a + 1)z = -5 \\ (a + 1)x + ay + z = 7 \\ 2x + 3y + az = -1 \end{cases}$

f) $\begin{cases} (a + 3)x - y + (a + 2)z = 2 \\ x + ay + z = 1 \\ 2x + (a + 4)y - 3z = 6 \end{cases}$

111 Resolver os seguintes sistemas

a) $\begin{cases} x+y-z=a \\ 2y+3z=a+1 \\ (a-1)z=a-1 \end{cases}$

b) $\begin{cases} x+y+z=\dfrac{a}{a-1} \\ y-z=\dfrac{-2}{a^2-1} \\ (a^2-1)z=a+1 \end{cases}$

c) $\begin{cases} x+y+z=3a \\ y-(a-1)z=-a^2+a \\ a^2z=a^3+a^2 \end{cases}$

d) $\begin{cases} x+y+2z=8a \\ y-2z=3a-3 \\ (a-1)z=a^2-1 \end{cases}$

112 Determine a e b, sabendo que os sistemas

$\begin{cases} 2x-3y=7 \\ x+5y=-3 \end{cases}$ e $\begin{cases} 2ax-by=3a+5 \\ 3ax-5by=5b+18 \end{cases}$ são equivalentes.

113 Determine a, b e c de modo que os sistemas

$\begin{cases} ax-2by+cz=9 \\ x+3by-az=c \\ 2ax-2by+3cz=17 \end{cases}$ e $\begin{cases} x+y+z=2 \\ 2x-3y-4z=0 \\ x+y-2z=5 \end{cases}$ sejam equivalentes.

114 Transforme em sistema escalonados e classifique os sistemas:

a) $\begin{cases} x+y-z=2 \\ x-y+3z=8 \\ 2x+y-3z=7 \end{cases}$

b) $\begin{cases} x-2y-3z=1 \\ 2x-3y-13z=7 \\ x-y-8z=7 \end{cases}$

c) $\begin{cases} x-3y-2z+w=1 \\ 3x-8y-9z+5w=5 \\ 2x-5y-5z+w=7 \end{cases}$

d) $\begin{cases} x+3y+2z=1 \\ 3x+10y+3z=5 \\ 4x+13y+7z=12 \\ 2x+6y+6z=8 \end{cases}$

e) $\begin{cases} x+2y-z=1 \\ x+3y-4z=3 \\ 2x+5y+(a-6)z=a^2+3 \end{cases}$

f) $\begin{cases} x+(a+1)y-3z=2 \\ x+2ay-5z=3 \\ 2x+(3a+1)y+(a-7)z=a+4 \end{cases}$

115 Resolver, escalonando, os seguintes sistemas:

a) $\begin{cases} x-3y=-1 \\ 2x-3y=4 \end{cases}$

b) $\begin{cases} 2x-y=-8 \\ x+3y=3 \end{cases}$

c) $\begin{cases} 2x-4y=8 \\ x-2y=4 \end{cases}$

d) $\begin{cases} x+2y=8 \\ 3x-4y=-6 \\ 2x+3y=13 \end{cases}$

e) $\begin{cases} x-y=5 \\ 3x+2y=5 \\ 2x-y=7 \end{cases}$

f) $\begin{cases} x+y+z=6 \\ 2x+y-z=1 \\ 3x-y-2z=-5 \end{cases}$

g) $\begin{cases} x-2y+3z=-1 \\ 2x-y-z=3 \\ 3x-3y+2z=-4 \end{cases}$

Resp: **92** a) $a=2, b=-4$ b) $a=-3, b=1$ **93** $a=-1$, $b=9$ e $c=3$ **94** $\{(3,2)\}$ **95** $\{(3,-1,-2)\}$

96 a) Sim b) Não c) Não d) Sim e) Não f) Não **97** a) $a \neq -1$ b) $a \neq 2$ **98** $\{(1,2,2,0)\}$

99 a) $\{(2,-3)\}$ b) $\{(3,-2)\}$ c) $\{(7,5)\}$ d) $\{(2,-2,3)\}$ e) $\{(3,-2,1)\}$ f) $\{(1,-1,0,2)\}$ g) $\{(1,-1,1,-1,1)\}$

100 a) $\{(3,2,1)\}$ b) $\{(3,1,-2)\}$ c) $\{(-3,2,1)\}$ **101** $a=2$, $b=-3$, $c=4$ **102** $a \neq -5$ e $\{(a,1+a,1)\}$

103 $a \neq -7$ e $a \neq -6$ e $\{(0,0,0)\}$ **104** a) $\{(8,2)\}$ b) $\{(2,2)\}$ c) $\{(-4,-3)\}$ d) $\{(11,5,1)\}$ e) $\{(6,2,2,0)\}$

116 Resolver por escalonamento os seguintes sistemas:

a) $\begin{cases} x+y+5z+2w=1 \\ 2x+3y+11z+5w=2 \\ 2x+y+3z+2w=-3 \\ x+y+3z+4w=-3 \end{cases}$

b) $\begin{cases} 3x-2y-5z+w=3 \\ 2x-3y+z+5w=-3 \\ x+2y-4w=-3 \\ x-y-4z+9w=22 \end{cases}$

c) $\begin{cases} 2x-y+z-w=3 \\ 4x-2y-2z+3w=2 \\ 2x-y+5z-6w=1 \\ 2x-y-3z+4w=5 \end{cases}$

d) $\begin{cases} 2x+7y+3z+w=5 \\ x+3y+5z-2w=3 \\ x+5y-9z+8w=1 \\ 5x+18y+4z+5w=12 \end{cases}$

Resp: **105** a) SPD b) SI c) SPI

106 a) $\{(a+5, 2a+2, a), a \in R\}$ b) $\{(3a-b+16, a, -b+6, b), a, b \in R\}$ c) $\{(2, -2a+2, 3a+3, a), a \in R\}$

107 a) $\{(-2, -3, -2)\}$ b) $S=\varnothing$ c) $\{(3a-1, a, 1, 3), a \in R\}$

108 a) $a \neq 0 \Rightarrow S=\left\{\frac{7}{a}\right\}$; $a=0 \Rightarrow S=\varnothing$

b) $a \neq 2 \Rightarrow S=\left\{\frac{5}{a-2}\right\}$; $a=2 \Rightarrow S=\varnothing$

c) $a \neq 0 \Rightarrow S=\left\{\frac{b}{a}\right\}$; $a=0$ e $b=0 \Rightarrow S=R$; $a=0$ e $b \neq 0 \Rightarrow S=\varnothing$

d) $a \neq 2 \Rightarrow S=\left\{\frac{b}{a-2}\right\}$; $a=2$ e $b=0 \Rightarrow S=R$; $a=2$ e $b \neq 0 \Rightarrow S=\varnothing$

e) $a \neq 0 \Rightarrow S=\left\{\frac{b-7}{a}\right\}$; $a=0$ e $b=7 \Rightarrow S=R$; $a=0$ e $b \neq 7 \Rightarrow S=\varnothing$

f) $a \neq 1 \Rightarrow S=\left\{\frac{b+1}{a-1}\right\}$; $a=1$ e $b=-1 \Rightarrow S=R$; $a=1$ e $b \neq -1 \Rightarrow S=\varnothing$

g) $a \neq 2 \Rightarrow S=\{1\}$; $a=2 \Rightarrow S=R$

h) $a \neq 2 \Rightarrow S=\left\{\frac{a+2}{a-2}\right\}$; $a=2 \Rightarrow S=\varnothing$

i) $a \neq 1 \Rightarrow S=\left\{\frac{a+1}{a-1}\right\}$; $a=1 \Rightarrow S=R$

j) $a \neq -1$ e $a \neq 1 \Rightarrow S=\left\{\frac{a-1}{a+1}\right\}$; $a=-1 \Rightarrow S=\varnothing$; $a=1 \Rightarrow S=R$

k) $a \neq -1$ e $a \neq 2 \Rightarrow S=\left\{\frac{b-3}{a-2}\right\}$; $a=-1$ ou $a=2$ e $b=3 \Rightarrow S=R$; $a=2$ e $b \neq 3 \Rightarrow S=\varnothing$

109 a) $a \neq 3 \Rightarrow$ SPD; $a=3 \Rightarrow$ SPI

b) $a \neq 1 \Rightarrow$ SPD; $a=1 \Rightarrow$ SI

c) $a=2 \Rightarrow$ SPD; $a \neq 2 \Rightarrow$ SI

d) $a \neq 1 \Rightarrow$ SPI; $a=1 \Rightarrow$ SI

e) $a \neq -2, a \neq 2$ e $a \neq 3 \Rightarrow$ SPD; $a=-2$ ou $a=3 \Rightarrow$ SPI; $a=2 \Rightarrow$ SI

f) $a \neq -2, a \neq 2$ e $a \neq 3 \Rightarrow$ SPD; $a=-2 \Rightarrow$ SPI; $a=2$ ou $a=3 \Rightarrow$ SI

110 a) $a \neq 0$ e $a \neq 2 \Rightarrow$ SPD; $a=2 \Rightarrow$ SPI; $a=0 \Rightarrow$ SI

b) $a \neq 1$ e $a \neq 6 \Rightarrow$ SPD; $a=6 \Rightarrow$ SPI; $a=1 \Rightarrow$ SI

c) $a \neq 0$ e $a \neq 5 \Rightarrow$ SPD; $a=0$ ou $a=5 \Rightarrow$ SPI

d) $a \neq 0$ e $a \neq 4 \Rightarrow$ SPD; $a=0$ ou $b=0$ ou $a=4$ e $b=8 \Rightarrow$ SPI; $a=0$ e $b \neq 0$ ou $a=4$ e $b \neq 8 \Rightarrow$ SI

e) $a \neq -2$ e $a \neq 3 \Rightarrow$ SPD; $a=3 \Rightarrow$ SPI; $a=-2 \Rightarrow$ SI

f) $a \neq \frac{-9}{5}$ e $a \neq -1 \Rightarrow$ SPD; $a=\frac{-9}{5} \Rightarrow$ SPI; $a=-1 \Rightarrow$ SI

111 a) $a \neq 1 \Rightarrow \{(3a-3, 2-a, a-1)\}$; $a=1 \Rightarrow S=\left\{\left(\frac{5b}{2}, \frac{2-3b}{2}, b\right), b \in R\right\}$

b) $a \neq -1$ e $a \neq 1 \Rightarrow S=\left\{\left(\frac{a}{a+1}, \frac{1}{a+1}, \frac{1}{a-1}\right)\right\}$; $a=-1$ ou $a=1 \Rightarrow S=\varnothing$

c) $a \neq 0 \Rightarrow S=\{(a, a-1, a+1)\}$; $a=0 \Rightarrow S=\{(0, -b, b), b \in R\}$

d) $a \neq 0 \Rightarrow S=\{(a-1, 5a-1, a+1)\}$; $a=1 \Rightarrow S=\{(8-4b, 2b, b), b \in R\}$

112 $a=3, b=2$

113 $a=2, b=-1, c=-3$

114 a) $\begin{cases} x+y-z=2 \\ y-2z=-3, \\ -3z=0 \end{cases}$ SPD

b) $\begin{cases} x-2y-3z=1 \\ y-7z=5, \\ 2z=1 \end{cases}$ SPD

c) $\begin{cases} x+3y-2z+w=1 \\ y-3z+2w=2, \\ 2z-3w=3 \end{cases}$ SPI

d) $\begin{cases} x+3y-2z=1 \\ y-3z=2, \\ 2z=6 \\ 0z=0 \end{cases}$ SPD

e) $\begin{cases} x+2y-2z=1 \\ y-3z=2 \\ (a-1)z=a^2-1 \end{cases}$ $a \neq 1 \Rightarrow$ SPD; $a=1 \Rightarrow$ SPI

f) $\begin{cases} x+2y-z=1 \\ (a-1)y-2z=1 \\ (a+1)z=a-1 \end{cases}$ $a \neq -1$ e $a \neq 1 \Rightarrow$ SPD; $a=1 \Rightarrow$ SPI; $a=-1 \Rightarrow$ SI

115 a) $\{(5,2)\}$ b) $\{(-3,2)\}$ c) $\{(2a+4, a), a \in R\}$ d) $\{(2,3)\}$ e) $S=\varnothing$ f) $\{(1,2,3)\}$ g) $S=\varnothing$ e) $\{(-55-7a, -38-5a, a), a \in R\}$

116 a) $\{(-2, 0, 1, -1)\}$ b) $\{(-1, 3, -2, 2)\}$ c) $S=\varnothing$ d) $\{(6-26a+17b, -1+7a-5b, a, b), a, b \in R\}$

II TÓPICOS DE GEOMETRIA ANALÍTICA

1 – Condição de alinhamento

Teorema: Três pontos distintos $A(x_A, y_A)$, $B(x_B, y_B)$ e $C(x_C, y_C)$ são colineares (estão alinhados) se, e somente se,

$$\begin{vmatrix} x_A & y_A & 1 \\ x_B & y_B & 1 \\ x_C & y_C & 1 \end{vmatrix} = 0$$

Vamos demonstrar que se são alinhados, então este determinante e nulo

1) Se estão em uma reta vertical ou horizontal, então teremos $x_A = x_B = x_C$ ou $y_A = y_B = y_C$. Neste dois casos a matriz correspondente terá duas filas proporcionais, donde, de acordo com propriedade dos determinantes, ele é nulo

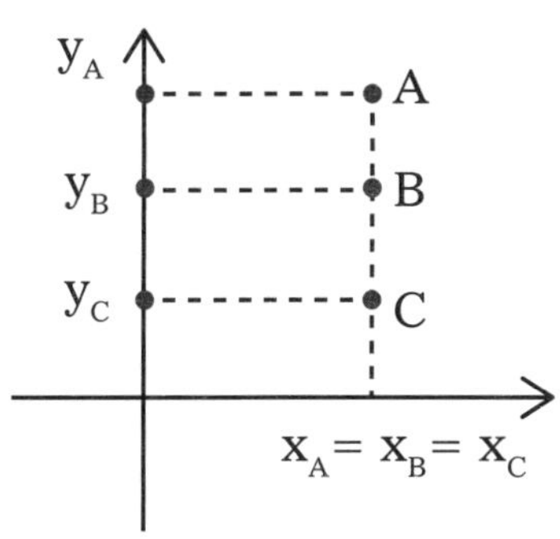

$$\begin{vmatrix} x_A & y_A & 1 \\ x_A & y_B & 1 \\ x_A & y_C & 1 \end{vmatrix} = 0$$

Colunas proporcionais

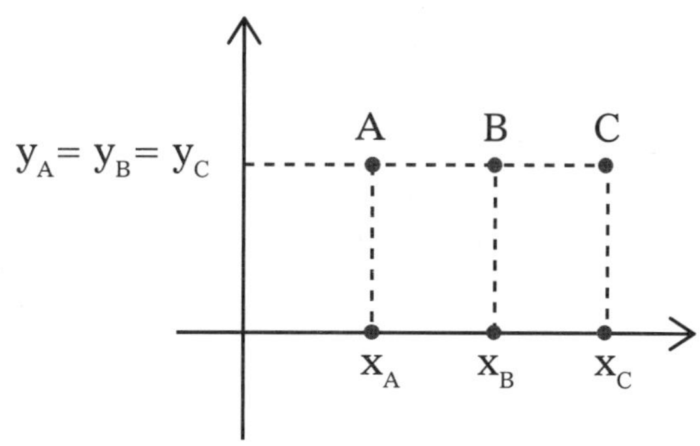

$$\begin{vmatrix} x_A & y_A & 1 \\ x_B & y_A & 1 \\ x_C & y_A & 1 \end{vmatrix} = 0$$

Colunas proporcionais

2) Vamos considerar agora o caso em que os pontos distintos A, B e C estejam sobre uma reta oblíqua aos eixos.

Traçando, pelos pontos, retas paralelas aos eixos, obtemos triângulos semelhantes. Como os catetos de um são proporcionais aos catetos do outros obtemos a relação seguinte. Mudando a posição dos pontos, obtemos $(x_A - x_B)$ ao invés de $(x_B - x_A)$, etc, mas o resultado final será o mesmo.

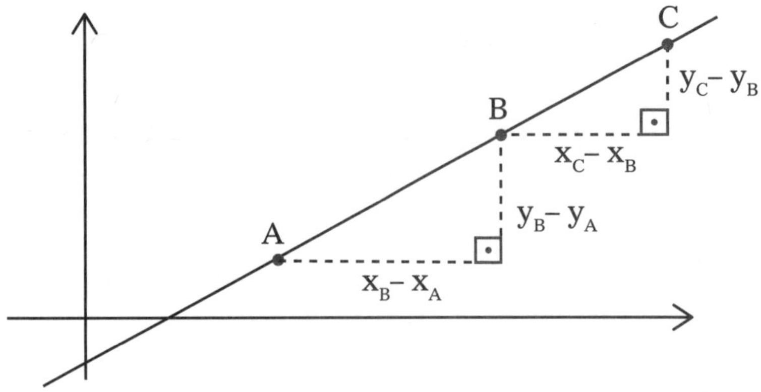

$$\frac{y_B - y_A}{x_B - x_A} = \frac{y_C - y_B}{x_C - x_B} \Rightarrow$$

$$(y_B - y_A)(x_C - x_B) = (x_B - x_A)(y_C - y_B) \Rightarrow$$

$$\Rightarrow y_B x_C - \cancel{y_B x_B} - y_A x_C + y_A x_B = x_B y_C - \cancel{x_B y_B} - x_A y_C + x_A y_B \Rightarrow$$

$$\Rightarrow x_A y_B - x_A y_C - x_B y_A + x_B y_C + x_C y_A - x_C y_B = 0 \Rightarrow$$

$$\Rightarrow x_A (y_B - y_C) - x_B (y_A - y_C) + x_C (y_A - y_B) = 0$$

Esta última expressão é determinante da matriz correspondente, determinado pela soma dos produtos dos elementos da primeira coluna pelos respectivos cofatores. Observe:

$$\begin{vmatrix} x_A & y_A & 1 \\ x_B & y_B & 1 \\ x_C & y_C & 1 \end{vmatrix} = x_A(-1)^2 \begin{vmatrix} y_B & 1 \\ y_C & 1 \end{vmatrix} + x_B(-1)^3 \begin{vmatrix} y_A & 1 \\ y_C & 1 \end{vmatrix} + x_C(-1)^4 \begin{vmatrix} y_A & 1 \\ y_B & 1 \end{vmatrix} =$$

$= x_A (y_B - y_C) - x_B (y_A - y_C) + x_C (y_A - y_B) = 0$, obtido acima.

Então: A, B, C são colineares $\Rightarrow \begin{vmatrix} x_A & y_A & 1 \\ x_B & y_B & 1 \\ x_C & y_C & 1 \end{vmatrix} = 0$

Prova-se também o recíproco da parte provada acima.

"Se o determinante da matriz cujas linas são as sequências $(x_A, y_A, 1)$, $(x_B, y_B, 1)$ e $(x_C, y_C, 1)$ é nulo, então os pontos A, B e C são colineares." Então:

A, B, C são colineares $\Leftrightarrow \begin{vmatrix} x_A & y_A & 1 \\ x_B & y_B & 1 \\ x_C & y_C & 1 \end{vmatrix} = 0$

Exemplo 1: Verificar se os pontos $A(1,-1)$, $B(4,5)$ e $C(-2,-7)$ são colineares.

$$\begin{vmatrix} 1 & -1 & 1 \\ 4 & 5 & 1 \\ -2 & -7 & 1 \end{vmatrix} = 1(5+7)-4(-1+7)-2(-1-5)=1(12)-4(6)+12=12-24+12=0 \Rightarrow$$

A, B, C são colineares

Exemplo 2: Determinar k para que os pontos $A(1, 3)$, $B(3,-1)$ e $C(k,-5)$ sejam colineares.
O determinante tem que ser zero. Então

$$\begin{vmatrix} 1 & 3 & 1 \\ 3 & -1 & 1 \\ k & -5 & 1 \end{vmatrix} = 0 \Rightarrow 1(-1+5)-3(3+5)+k(3+1)=0 \Rightarrow 4-24+4k=0 \Rightarrow \boxed{k=5}$$

Exemplo 3: Determinar o ponto P que seja colinear com $A(2, 1)$ e $B(-1, 7)$ e também colinear com $C(4,-3)$ e $D(-2,-21)$

Sendo $P(x, y)$, de acordo com o teorema dado temos:

$$\begin{cases} P, A \text{ e } B \text{ são colineares} \Rightarrow \text{determinante correspondente} = 0 \\ P, C \text{ e } D \text{ são colineares} \Rightarrow \text{determinante correspondente} = 0 \end{cases} \Rightarrow$$

$$\begin{vmatrix} x & y & 1 \\ 2 & 1 & 1 \\ -1 & 7 & 1 \end{vmatrix} = 0 \Rightarrow x(1-7)-y(2+1)+1(14+1)=0 \Rightarrow -6x-3y=-15$$

$$\begin{vmatrix} x & y & 1 \\ 4 & -3 & 1 \\ -2 & -21 & 1 \end{vmatrix} = 0 \Rightarrow x(-3+21)-y(4+2)+1(-84-6)=0 \Rightarrow 18x-6y=90$$

$$\Rightarrow \begin{cases} 2x+y=5 \\ 3x-y=15 \end{cases} \Rightarrow 5x=20 \Rightarrow \boxed{x=4} \Rightarrow 2\cdot 4+y=5 \Rightarrow \boxed{y=-3} \Rightarrow \boxed{P(4,-3)}$$

Exemplo 4: Determinar o ponto do eixo das abcissas que seja colinear com $A(1,-6)$ e $B(4, 3)$
Ponto do eixo das abscissas tem ordenada zero $\Rightarrow P(x, 0)$

$$P\text{, A e B colineares} \Rightarrow \begin{vmatrix} x & 0 & 1 \\ 1 & -6 & 1 \\ 4 & 3 & 1 \end{vmatrix} = 0 \Rightarrow x(-6-3)+1(3+24)=0 \Rightarrow$$

$$-9x+27=0 \Rightarrow x=3 \Rightarrow \boxed{P(3,0)}$$

117 Verificar se os pontos A, B e C colineares, nos casos:

a) A(5, – 5), B(3, – 1) e C (4, – 3)

b) A(0, – 7), B(1, – 5) e C(– 1, – 9)

c) A(1, – 2), B(–1, – 12) e C(1, – 3)

d) A(1, 1), B(– 1, 9) e C(3, – 7)

118 Determinar k para que os pontos A, B e C sejam colineares, nos casos:

a) A(2, – 2), B(3, – 7) e C(– 1, k)

b) A(2, – 2), B(3, 3 – k) e C(5, k + 1)

c) A(k – 7, 6 – k), B(k – 11, k – 2) e C(– 3, k+ 4)

119 Se A(4, – 4), B(– 1,11) e o ponto P são colineares e os pontos C(1, – 5), D(– 2, – 11) e P são colineares, determinar P.

---

120 Determinar o ponto de intersecção das retas AB e BC dados A(1, 6), B(– 5, 2), C(2, 10) e D(– 6, – 2)

121 Dados os pontos A(9, – 2) e B(– 6, 8), determinar o ponto onde a reta AB corta:

a) O eixo das abscissas.

b) O eixo das ordenadas.

122 Dados os pontos A(–9, – 1) e B(12, 8), determinar o ponto onde a reta AB corta:

a) A bissetriz dos quadrantes ímpares.

b) A bissetriz dos quadrantes pares.

2 – Equações geral e reduzida de uma reta

Vejamos qual é a relação entre as coordenadas x e y de um ponto P(x, y) que pertence à reta determinada pelos pontos distintos A e B.

Como A, B e P são colineares, devemos ter:

$$\begin{vmatrix} x & y & 1 \\ x_A & y_A & 1 \\ x_B & y_B & 1 \end{vmatrix} = 0 \Rightarrow x(y_A - y_B) - y(x_A - x_B) + x_A y_B - x_B y_A = 0 \Rightarrow$$

$$(y_A - y_B)x + (x_B - x_A)y + (x_A y_B - x_B y_A) = 0$$

Fazendo $(y_A - y_B) = a, (x_B - x_A) = b$ e $(x_A y_B - x_B y_A) = C$, obtemos:

$$\boxed{ax + by + c = 0}$$

Para $k \neq 0$ equação, $kax + kby + kc = 0$ é equação da mesma reta.

Esta equação é chamada equação geral de uma reta.

Como os pontos A e B são distintos, nunca teremos $x_A = x_B$ e $y_A = y_B$, simultaneamente, então

$a = y_A - y_B$ e $b = x_B - x_A$, não serão simultaneamente nulo. Então em $ax + by + c = 0$

temos $a \neq 0$ ou $b \neq 0$

$a = 0 \Rightarrow y_A = y_B \Rightarrow$ a reta é horizontal

$b = 0 \Rightarrow x_A = x_B \Rightarrow$ a reta é vertical

Quando $b \neq 0$ (reta não vertical), temos:

$ax + by + c = 0 \Rightarrow by = -ax - c \Rightarrow y = -\frac{a}{b}x - \frac{c}{b}$

ou com $-\frac{a}{b} = m$ e $-\frac{c}{b} = q$ obtemos:

$$\boxed{y = mx + q}$$

Esta equação é chamada equação reduzida de uma reta.

Esta equação é aque define uma função afim, onde **m** é o coeficiente angular e **q** é o coeficiente linear

Exemplo 1: Determinar a equação geral da reta determinada por A(– 3, 5) e B(0, – 2)

$$\begin{vmatrix} x & y & 1 \\ -3 & 5 & 1 \\ 0 & -2 & 1 \end{vmatrix} = 0 \Rightarrow (5+2)x - (-3-0)y + (6-0)\cdot 1 = 0 \Rightarrow \boxed{7x + 3y + 6 = 0}$$

Há infinitas equações desta reta, todas equivalentes a esta.

Resp: **117** a) Sim b) Sim c) Não d) Sim **118** a) k=13 b) k=3 c) k=2 ou k = 10 **119** P(3, – 1) **120** (–2,4)

Exemplo 2: Determinar a equação reduzida e os coeficientes angular e linear da reta determinada por A(3, – 2) e B(5, 8)

$$\begin{vmatrix} x & y & 1 \\ 3 & -2 & 1 \\ 5 & 8 & 1 \end{vmatrix} = (-2-8)x - (3-5)y + (24+10) = 0 \Rightarrow -10x + 2y + 34 = 0 \Rightarrow$$

$$\Rightarrow -5x + y + 17 = 0 \Rightarrow \boxed{y = 5x - 17}, m = 5 \text{ e } q = -17$$

Equação reduzida y = 5x – 17, coef. angular = 5, coef. linear = – 17

Exemplo 3: Determinar os pontos onde a reta de equação 2x – 3y – 24 = 0. corta os eixos coordenados.

corta 0x $\Rightarrow y = 0 \Rightarrow 2x - 3(0) - 24 = 0 \Rightarrow x = 12 \Rightarrow (12, 0)$

corta 0y $\Rightarrow x = 0 \Rightarrow 2(0) - 3y - 24 = 0 \Rightarrow y = -8 \Rightarrow (0, -8)$

Resposta: (12, 0) e (0, – 8)

Exemplo 4: Determinar os pontos onde a reta de equação 2x – 5y + 42 = 0 corta as bissetrizes dos quadrantes pares e a dos ímpares.

corta $b_i \Rightarrow x = y \Rightarrow 2x - 5x + 42 = 0 \Rightarrow -3x = -42 \Rightarrow x = 14 \Rightarrow (14, 14)$

corta $b_p \Rightarrow x = -y \Rightarrow 2(-y) - 5y + 42 = 0 \Rightarrow -7y = -42 \Rightarrow y = 6 \Rightarrow (-6, 6)$

Resposta: (14, 14) e (– 6, 6)

123 Determinar a equação geral do reta que passa pelos pontos A e B, nos casos

a) A(– 2, 3), B(– 4, 1)

b) A(3, 2), B(– 1, 6)

c) A(6,3), B(– 3, – 3)

d) A(– 1, 4), B(7, – 2)

124 Determinar a equação geral da reta que passa pelos pontos A e B nos casos:

a) $A(0, 0)$, $B(4, 9)$

b) $A(0, 0)$, $B(-3, 4)$

c) $A(4, -5)$, $B(4, 3)$

d) $A(-3, -2)$, $B(5, -2)$

125 Determinar a equação reduzida da reta que passa pelos pontos A e B, nos casos:

a) $A(1, -4)$, $B(4, 5)$

b) $A(1,6)$, $B(5, -2)$

c) $A(-6, -5)$, $B(3, 1)$

d) $A(4, -4)$, $B(-2, 5)$

e) $A(1, -3)$, $B(-2, 6)$

d) $A(6, 9)$, $B(-2, -3)$

Resp: **121** a) (6, 0) b) (0, 4) **122** a) (5, 5) b) (– 2, 2)

126 Determinar k para que o ponto P pertença a reta (r), dada a sua equação com parâmetro k, nos casos:

a) $P(0, 0)$, (r) $2x + 3y - 2k + 6 = 0$

---

b) $P(-3, 4)$ e (r) $3x - 2y + 5k + 2 = 0$

---

c) $P(2, 4)$ e (r) $(k - 5)x - (k - 4)y + 2k - 6 = 0$

---

d) $P(3, -5)$ e (r) $(k - 3)x - (k - 7)y - 2(1 + 4k) = 0$

---

e) $P(-1, -9)$ e (r) $(2k - 4)x - (k - 2)y - 3k + 2 = 0$

---

127 Determinar a equação geral da reta(r) determinada por $A(-4, 9)$ e $B(12, -3)$ e os pontos onde ela corta os eixos coordenados.

128 Determinar a equação geral da reta que passa pelos pontos A(4, – 1) e B(– 8, – 7) e os pontos onde ela corta as bissetrizes dos quadrantes.

3 – Área de um triângulo

Vamos mostrar que a área de um triângulo ABC é dada por

$$S=\frac{1}{2}\left|\begin{vmatrix} x_A & y_A & 1\\ x_B & y_B & 1\\ x_C & y_C & 1\end{vmatrix}\right| \quad \text{Vejamos:}$$

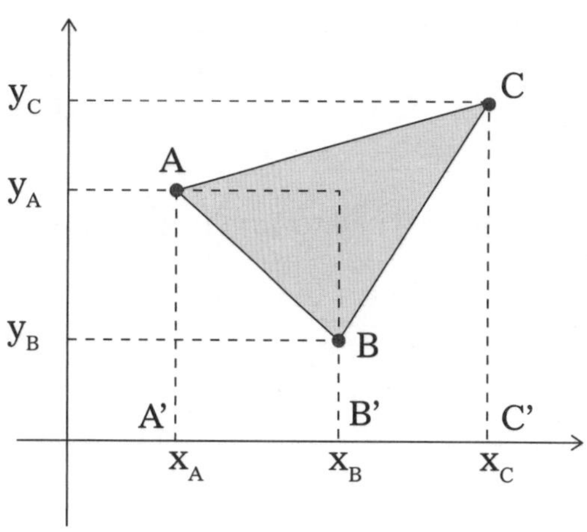

Note que a área **S** de ABC é igual ao trapézio AA'C'C menos as dos trapázios AA'B'B e BB'C'C.

$$S=\frac{1}{2}(y_A+y_C)(x_C-x_A)-\frac{1}{2}(y_A+y_B)(x_B-x_A)-\frac{1}{2}(y_B+y_C)(x_C-x_B) \Rightarrow$$

$$S=\frac{1}{2}[y_Ax_C-y_Ax_A+y_Cx_C-y_Cx_A-y_Ax_B+y_Ax_A-y_Bx_B+y_Bx_A-y_Bx_C+y_Bx_B-y_Cx_C+y_Cx_B]$$

$$S=\frac{1}{2}[y_Ax_C-y_Cx_A-y_Ax_B+y_Bx_A-y_Bx_C+y_Cx_B]$$

$$S=\frac{1}{2}[x_A(y_B-y_C)-x_B(y_A-y_C]+x_C(y_A-y_B)]$$

Como $\begin{vmatrix} x_A & y_A & 1\\ x_B & y_B & 1\\ x_C & y_C & 1\end{vmatrix}=x_A(y_B-y_C)-x_B(y_A-y_C)+x_C(y_A-y_B)$ (Laplace pela 1ª coluna)

Resp: **123** a) $x-y+5=0$ b) $x+y-5=0$ c) $2x-3y-3=0$ b) $3x+4y-13=0$ **124** a) $9x-4y=0$
b) $4x+3y=0$ c) $x-4=0$ d) $y+2=0$ **125** a) $y=3x-7$ b) $y=-2x+8$
c) $y=\frac{2}{3}x-1$ d) $y=\frac{-3}{2}x+2$ e) $y=-3x$ f) $y=\frac{3}{2}x$

Então:

$$\begin{cases} \begin{vmatrix} x_A & y_B & 1 \\ x_B & y_B & 1 \\ x_C & y_C & 1 \end{vmatrix} = x_A(y_B - y_C) - x_B(y_A - y_C) + x_C(y_A - y_B) \\ S = \frac{1}{2}[x_A(y_B - y_C) - x_B(y_A - y_C) + x_C(y_A - y_B)] \end{cases}$$

$$\Rightarrow S = \frac{1}{2}\begin{vmatrix} x_A & y_A & 1 \\ x_B & y_B & 1 \\ x_C & y_C & 1 \end{vmatrix}$$

No cálculo de um determinante, se trocarmos entre si duas filas paralelas da matriz correspondente, o determinante muda de sinal e pode ser que o valor obtido seja negativo. Como a área de um trângulo é sempre expressa por um número positivo, para não nos preocuparmos com a ordem dos pontos, vamos tomar o módulo do determinante, para determinar a área. Então:

$$S = \frac{1}{2}\left|\begin{vmatrix} x_A & y_A & 1 \\ x_B & y_B & 1 \\ x_C & y_C & 1 \end{vmatrix}\right|$$

ou $S = \frac{1}{2}|D|$ onde D é o determinante cujas linhas são as sequências $(x_A, y_A, 1)$ $(x_B, y_B, 1)$ e $(x_C, y_C, 1)$

Exemplo 1: Determinar a área do triângulo ABC, dados A(1, 2), B(6, 3) e C(3, 8)

$$S = \frac{1}{2}|D| \Rightarrow S = \frac{1}{2}\left|\begin{vmatrix} 1 & 2 & 1 \\ 6 & 3 & 1 \\ 3 & 8 & 1 \end{vmatrix}\right| \Rightarrow S = \frac{1}{2}|1(3-8) - 6(2-8) + 3(2-3)| \Rightarrow$$

$$S = \frac{1}{2}|-5 + 36 - 3| \Rightarrow S = \frac{1}{2}|28| \Rightarrow \boxed{S = 14}$$

Exemplo 2: Determinar k para que a área do triângulo ABC com A(– 2, – 4), B(– 5, 1) e C(2, k) seja 22.

$$S = \frac{1}{2}|D| \Rightarrow 22 = \frac{1}{2}\left|\begin{vmatrix} -2 & -4 & 1 \\ -5 & 1 & 1 \\ 2 & k & 1 \end{vmatrix}\right| \Rightarrow 44 = |-2(1-k) - (-5)(-4-k) + 2(-4-1)| \Rightarrow$$

$$|-2 + 2k - 20 - 5k - 10| = 44 \Rightarrow |-3k - 32| = 44 \Rightarrow |3k + 32| = 44 \Rightarrow$$

$$3k + 32 = -44 \quad \text{ou} \quad 3k + 32 = 44 \Rightarrow \boxed{k = \frac{-76}{3} \quad \text{ou} \quad k = 4}$$

Exemplo 3: Dados B(– 2, – 1) e C(6, 1), determinar o ponto A do eixo das ordenados, para que a área do triângulo ABC seja 26.

Se A está no eixo das ordenadas, então $x_A = 0$. Logo: A(0, y)

$$S = \frac{1}{2}|D| \Rightarrow 26 = \frac{1}{2}\left|\begin{vmatrix} 0 & y & 1 \\ -2 & -1 & 1 \\ 6 & 1 & 1 \end{vmatrix}\right| \Rightarrow 52 = |-(-2)(y-1) + 6(y+1)| \Rightarrow$$

$$|2y - 2 + 6y + 6| = 52 \Rightarrow |8y + 4| = 52 \Rightarrow |2y + 1| = 13 \Rightarrow$$

$$2y + 1 = -13 \text{ ou } 2y + 1 = 13 \Rightarrow y = -7 \text{ ou } y = 6 \Rightarrow \boxed{A(0,-7) \text{ ou } A(0,6)}$$

Exemplo 4: Determinar o ponto A da reta (r) 2x – y + 6 = 0 de modo que a área do triângulo ABC seja 19, dados B(– 2, 1) e C (3, 0).

1) Se A pertence a r, temos $2x - y + 6 = 0 \Rightarrow y = 2x + 6 \Rightarrow A(x, 2x + 6)$

$$2)\ S = \frac{1}{2}|D| \Rightarrow 19 = \frac{1}{2}\left|\begin{vmatrix} x & 2x+6 & 1 \\ -2 & 1 & 1 \\ 3 & 0 & 1 \end{vmatrix}\right| \Rightarrow$$

$$38 = |3(2x + 6 - 1) + 1(x + 4x + 12)| \Rightarrow |6x + 15 + 5x + 12| = 38 \Rightarrow$$

$$|11x + 27| = 38 \Rightarrow 11x + 27 = -38 \text{ ou } 11x + 27 = 38 \Rightarrow$$

$$11x = -65 \text{ ou } 11x = 11 \Rightarrow \boxed{x = \frac{-65}{11} \text{ ou } x = 1}$$

$$\boxed{x = -\frac{65}{11}} \Rightarrow y = 2\left(\frac{-65}{11}\right) + 6 \Rightarrow y = \frac{-130 + 66}{11} \Rightarrow \boxed{y = \frac{-64}{11}} \Rightarrow A\left(\frac{-64}{11}, \frac{-65}{11}\right)$$

$$x = 1 \Rightarrow y = 2(1) + 6 \Rightarrow y = 8 \Rightarrow A(1, 8)$$

Resposta: $A\left(\frac{-64}{11}, \frac{-65}{11}\right)$ ou $A(1, 8)$

Obs.: Para determinarmos a área de um paralelogramo, dados 3 vértices, basta pegarmos o dobro da área deste triângulo.

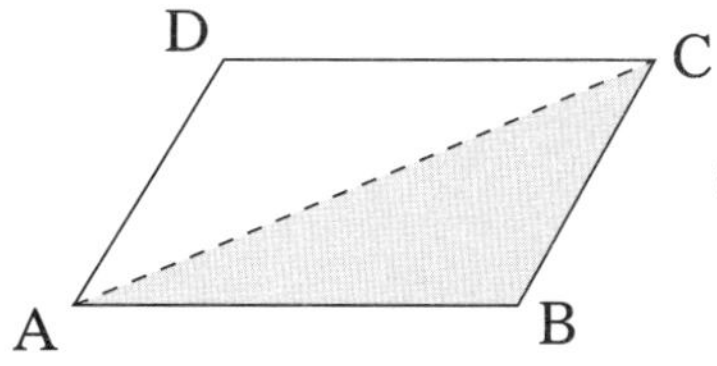

$$(ABCD) = 2\,(ABC) = 2 \cdot \frac{1}{2}\left|\begin{vmatrix} x_A & x_A & 1 \\ x_B & y_B & 1 \\ x_C & y_C & 1 \end{vmatrix}\right|$$

Qualquer diagonal de um paralelogramo determina nele dois trângulos de áreas iguais.

Resp: **126** a) k = 3 b) k = – 3 c) $\forall k \in R$ d) não existe k tal que $P \in r$ e) k = 3 **127** (r) 3x – 4y – 24 = 0, (8, 0) e (0, – 6)
128 (r) x – 2y – 6 = 0 e (– 6, – 6) e (2, – 2)

129 Determinar a área do triângulo ABC nos casos:

a) A(2, 3), B(– 1, – 3), C(4, 5)

b) A(1, – 3), B(6, – 2), C(– 2, 8)

c) A(7, 8), B(– 3, 6), C(1, – 3)

d) A(11, 5), B(6, – 3), C(– 3, – 5)

130 Determinar k, de modo que a área do triângulo ABC.

Seja o valor dado, nos casos:

a) A(k, – 4), B(0, 8), C(5, – 6) e S = 79

b) A(k – 1, – 2), B(2, 1), C(k + 3, 4) e S = 15

131 Determinar a área do paralelogramo ABCD, dados 3 vértices, nos casos:

a) (– 4, – 6), (8, – 3) e (4, 5)

b) (0, – 8), (4, 7), (– 3, 8)

132 Dados os pontos B(– 2, 2) e C(5, 4), determinar o ponto A do eixo das abscissas para que a área de ABC seja 12.

133 Dados os pontos B(6, 5) e C(4, – 4), determinar o ponto A do eixo das ordenadas, de modo que a área de ABC seja 8

134 Dados os pontos B(– 3,1) e C(5, – 1), determinar o ponto A da bissetriz dos quadrantes ímpares (b_i) para que a área do triângulo ABC seja 24.

---

135 Dados B(– 1, – 2) e C(3, – 1), determinar o ponto A da bissetriz dos quadrantes pares (b_p) para que o triângulo ABC tenha área 11

136 Dados B(– 2, 0), C(6, 2) e a reta (r) $2x + y - 8 = 0$, determinar o ponto A de r para que o triângulo ABC tenha área 12.

---

137 Determinar a área do triângulo ABC onde $\{A\} = r \cap s, \{B\} = r \cap t$ e $\{C\} = s \cap t$, dados (r) $x - 2y + 9 = 0$, (s) $x + y - 9 = 0$ e (t) $x - 5y + 15 = 0$

Resp: **129** a) 3 b) 29 c) 49 d) 7 **130** a) $k = -7$ ou $k = \frac{109}{7}$ b) $k = 6$ ou $k = -4$

131 a) 108 b) 109 **132** A(– 21, 0) ou A(3, 0) **133** A(0, – 30) ou A(0, – 14)

134 $A\left(\frac{-23}{5}, \frac{-23}{5}\right)$ ou A(5,5) **135** A(– 3, 3) ou $A\left(\frac{29}{5}, \frac{-29}{5}\right)$ **136** A(2, 4) ou $A\left(\frac{14}{3}, \frac{-4}{3}\right)$

137 A(3, 6), B(– 5, 2), C(5, 4), S = 12

III	PROBABILIDADES

1 – Breve revisão de Análise Combinatória

1) Enunciado do Princípio Fundamental de Contagem (P.F.C.)

Consideremos um problema em que há **i** fases de escolha $(F_1, F_2, F_3, \ldots, F_i)$ e sejam $\alpha_1, \alpha_2, \alpha_3, \ldots, \alpha_i$, respectivamente, os n^{os} de opções de cada uma dessas fases.

Assim, sendo, enunciamos:

"O número total (α) de escolhas diferentes que se pode fazer é $\alpha = \alpha_1 \cdot \alpha_2 \cdot \alpha_3 \cdot \ldots \cdot \alpha_i$ "

Exemplo : Quantas placas de automóvel podemos criar usando 3 vogais e 2 algarismos, nessa ordem?

Resolução: As placas terão o formato

	V	V	V	A	A
	↑	↑	↑	↑	↑
Fases de escolha	F_1	F_2	F_3	F_4	F_5

V = vogal
A = algarismo

1ª fase de escolha $= F_1 \longrightarrow \quad \alpha_1 = 5 \quad (A, E, I, O, U)$

2ª fase de escolha $= F_2 \longrightarrow \quad \alpha_2 = 5$

3ª fase de escolha $= F_3 \longrightarrow \quad \alpha_3 = 5$

4ª fase de escolha $= F_4 \longrightarrow \quad \alpha_4 = 10$ (algarismos $0, 1, 2, \ldots, 9$)

5ª fase de escolha $= F_5 \longrightarrow \quad \alpha_5 = 10$

O número total de possibilidades é (usando o P.F.C.):

$$\alpha = \alpha_1 \cdot \alpha_2 \cdot \alpha_3 \cdot \alpha_4 \cdot \alpha_5 = 5 \cdot 5 \cdot 5 \cdot 10 \cdot 10 = 12\,500$$

Resposta: α **= 12 500 placas possíveis**

2) Determinação do tipo de agrupamento

Seja o conjunto $A = \{a_1, a_2, a_3, \ldots, a_n\}$.

Combinações Simples: São subconjuntos de A e, portanto, mudando a ordem dos elementos desse agrupamento, o resultado não se altera.

Exemplo: $\{a, b, c\} = \{b, a, c\}$

$$C_{n,p} = \frac{n!}{p!\,(n-p)!}$$

Problema típico: formar polígonos.

Arranjos Simples: são subconjuntos ordenados de A e, portanto, mudando a ordem dos elementos desse agrupamento, **o resultado se altera**.

Exemplo: (1, 2, 3) $\neq$ (2, 1, 3)

$$A_{n,p} = \frac{n!}{(n-p)!}$$

Problema típico: formar números.

1 2 3 $\neq$ 2 1 3

Permutações Simples: São subconjuntos ordenados de A, sem repetição, com todos os elementos do conjunto A, ou seja, uma permutação só difere da outra pela ordem dos seus elementos, não há escolha de quem participa do subconjunto.

Exemplo: $(a_1, a_2, a_3, \ldots, a_n) \neq (a_n, a_{n-1}, a_{n-2}, \ldots, a_1)$

$$P_n = n!$$

Problemas típicos: formar anagramas ou filas.

3) Determinação do tipo de Agrupamento

Seja o conjunto $A = \{a_1, a_2, a_3, \ldots, a_n\}$.

Combinações simples: São subconjuntos de A e, portanto, mudando a ordem dos elemetos desses agrupamento, o resultado não se altera.

Exemplo: {a, b, c} = {b, a, c}

Problema típico: formar números.

Arranjos Simples: são subconjuntos ordenados de A e, portanto, mudando a ordem dos elementos desse agrupamento, o resultados se altera.

Exemplo: (1, 2, 3) $\neq$ (2, 1, 3)

Problema típico: formar números.

Permutações simples: São subconjuntos ordenados de A, sem repetição com todos os elementos do conjunto A, ou seja, uma permutação só difere da outra pela ordem dos seus elementos, não há escolha de quem participa do subconjunto.

Exemplo: $(a_1, a_2, a_3, \ldots, a_n) \neq (a_n, a_{n-1}, a_{n-2}, \ldots, a_1)$

Problemas típicos: formar anagramas ou filas.

Resumo

- Arranjos: se escolhe quem participa e, em seguida, em que ordem.
- Combinações: se escolhe apenas quem participa do subconjunto.
- Permutações: só se escolhe em que ordem vão ficar os elementos.

Observação: Como já vimos, arranjos e permutações são **conjuntos ordenados** e, por isso, podemos substituir suas fórmulas pela aplicação do princípio fundamental de contagem. Isso, entretanto, não é possível quando queremos formar combinações simples, quando queremos, por exemplo, achar os subconjuntos de um conjunto A dado.

Exemplos resolvidos

Exemplo 1: Com os algarismos 2, 3, 4, 5, 6, 7 e 8, pergunta-se:

a) Quantos números naturais de 4 algarismos podemos formar?

b) Quantos desses têm quatro algarismos distintos dois a dois?

c) Quantos números pares de 4 algarismos podemos formar?

d) Quantos números ímpares de 4 algarismos podemos formar?

e) Quantos números pares de 4 algarismos distintos podemos formar?

Resolução:

a) Podemos repetir algarismos pois o enunciado **não especifica "algarismos distintos"**.

São 7 algarismos, então, **pelo P.F.C. temos**:

$\alpha = 7 \cdot 7 \cdot 7 \cdot 7 = 2041$ números.

b) Agora procuramos números com algarismos distintos $\underline{F_1}$ $\underline{F_2}$ $\underline{F_3}$ $\underline{F_4}$

1ª fase de escolha $F_1 \longrightarrow \quad \alpha_1 = 7$

2ª fase de escolha $F_2 \longrightarrow \quad \alpha_2 = 6$ pois um algarismo já foi escolhido.

3ª fase de escolha $F_3 \longrightarrow \quad \alpha_3 = 5$

4ª fase de escolha $F_4 \longrightarrow \quad \alpha_4 = 4$

PFC: $\alpha = \alpha_1 \cdot \alpha_2 \cdot \alpha_3 \cdot \alpha_4 = 7 \cdot 6 \cdot 5 \cdot 4 = 840$ números.

Outro modo de resolver (Arranjos Simples).

São 7 algarismos para " 4 vagas " e a ordem é importante pois $2356 \neq 3526$. São arranjos simples de 7 elementos, 4 a 4.

$$A_{7,4} = \frac{7!}{(7-4)!} = \frac{7 \cdot 6 \cdot 5 \cdot 4 \cdot \cancel{3!}}{\cancel{3!}} = 840 \text{ números.}$$

c) Números pares admitindo repetição

$\underline{F_2}$ $\underline{F_3}$ $\underline{F_4}$ $\underline{F_1}$

1ª fase de escolha $F_1 \longrightarrow \alpha_1 = 4$ (servem os algarismo 2, 4, 6 ou 8).

2ª fase de escolha $F_2 \longrightarrow \alpha_2 = 7$ pois podemos escolher qualquer um dos sete algarismos.

$F_3 \longrightarrow \alpha_3 = 7$

$F_4 \longrightarrow \alpha_4 = 7$

PFC: $\alpha = \alpha_1 \cdot \alpha_2 \cdot \alpha_3 \cdot \alpha_4 = 4 \cdot 7 \cdot 7 \cdot 7 = 1372$ números.

d) Números ímpares com repetição.

$\underline{F_2}\ \underline{F_3}\ \underline{F_4}\ \underline{F_1}$

$F_1 \longrightarrow \alpha_1 = 3 \quad (3, 5 \text{ ou } 7)$

$F_2 \longrightarrow \alpha_2 = 7$

$F_3 \longrightarrow \alpha_3 = 7$

$F_4 \longrightarrow \alpha_4 = 7 \qquad \Rightarrow \quad \alpha = 3 \cdot 7 \cdot 7 \cdot 7 = 1029$ números.

e) Números pares sem repetição

$\underline{F_2}\ \underline{F_3}\ \underline{F_4}\ \underline{F_1}$

1ª fase de escolha $F_1 \longrightarrow \alpha_1 = 4$ (algarismos 2, 4, 6 ou 8)

$F_2 \longrightarrow \alpha_2 = 6$ (pois um algarismo já foi escolhido em F_1)

$F_3 \longrightarrow \alpha_3 = 5$

$F_4 \longrightarrow \alpha_4 = 4$

PFC : $\alpha = 4 \cdot 6 \cdot 5 \cdot 4 = 480$ números pares sem repetição.

Outro modo de resolver:

$\overbrace{\_\_\ \_\_\ \_\_}^{F_2}\ \underline{F_1}$ ← algarismo par

$F_1 \longrightarrow \alpha_1 = 4 \quad (2, 4, 6 \text{ ou } 8)$

Agora sobram 6 algarismos para ocupar as 3 posições restantes. São arranjos simples pois a ordem é importante $135 \neq 351$.

$$F_2 \longrightarrow \alpha_2 = A_{6,3} = \frac{6!}{(6-3)!} = \frac{6 \cdot 5 \cdot 4 \cdot \cancel{3!}}{\cancel{3!}} = 120$$

PFC: $\alpha = \alpha_1 \cdot \alpha_2 = 4 \cdot A_{6,3} = 4 \cdot 120 = 480$ números.

Exemplo 2: Considere 10 alunos de uma escola.

a) De quantas maneiras podemos escolher 3 destes alunos para representar esta escola em um evento?

b) Estes 10 alunos vão participar de uma eleição para o grêmio da escola onde um será o presidente (P), outro o secretário (S) e outro, o tesoureiro (T). De quantos modos podemos escolher essa formação (P, S, T)?

Resolução:

a) Sejam os alunos $A_1, A_2, A_3, ..., A_{10}$.

Note que a ordem dos 3 escolhidos não importa: $\{A_1, A_2, A_4\} = \{A_4, A_1, A_2\}$. São, então, combinações simples de 10 elementos para 3 vagas.

$$\alpha = C_{10,3} = \frac{10!}{3!(10-3)!} = \frac{10 \cdot \overset{3}{\cancel{9}} \cdot \overset{4}{\cancel{8}} \cdot \cancel{7!}}{(1 \cdot \underset{1}{\cancel{2}} \cdot \underset{1}{\cancel{3}}) \cdot \cancel{7!}} = 120 \text{ comissões de 3 alunos.}$$

b) Note que neste caso a ordem é importante pois $(P, S, T) = (A_1, A_2, A_3)$ é diferente de $(P, S, T) = (A_2, A_3, A_1)$. São 10 alunos para 3 "vagas" e em que **a ordem é importante** (arranjos simples).

$$\alpha = A_{10,3} = \frac{10!}{(10-3)!} = \frac{10 \cdot 9 \cdot 8 \cdot \cancel{7!}}{\cancel{7!}} = 720 \text{ "chapas".}$$

Como sabemos, nos problemas envolvendo Arranjos ou Permutações, podemos também usar o

PFC: Observe:

$$\frac{F_1}{(P)} \quad \frac{F_2}{(S)} \quad \frac{F_3}{(T)}$$

$\alpha_1 = 10 \quad \alpha_2 = 9 \quad \alpha_3 = 8$ (não há repetição)

PFC: $\alpha = \alpha_1 \cdot \alpha_2 \cdot \alpha_3 = 10 \cdot 9 \cdot 8 = 720$ "chapas".

Exemplo 3: De um campeonato escolar, participam 12 times. Qual é o número de resultados possíveis para os três primeiros lugares?

Resolução: 1º modo - $A_{n,p}$

Times $T_1, T_2, T_3, \ldots, T_{12}$.

A ordem importa pois $(1^o, 2^o, 3^o) = (T_1, T_2, T_3)$ é diferente de $(1^o, 2^o, 3^o) = (T_3, T_1, T_2)$. São 3 vagas para escolher dentre 12 times.

$$\alpha = A_{12,3} = \frac{12!}{(12-3)!} = \frac{12 \cdot 11 \cdot 10 \cdot \cancel{9!}}{\cancel{9!}} = 1320 \text{ "pódios".}$$

2º modo – PFC

$$\begin{matrix} F_1 & F_2 & F_3 \\ \frac{1^o}{\alpha_1 = 12} & \frac{2^o}{\alpha_2 = 11} & \frac{3^o}{\alpha_3 = 10} \end{matrix}$$

$\alpha = 12 \cdot 11 \cdot 10 = 1320$ pódios

Exemplo 4: Com os algarismos 0, 1, 2, 3, 4, 5 e 6, quantos números naturais de 3 algarismos **distintos** podemos formar?

Resolução: 1º modo – PFC

Dispomos de 7 algarismos para 3 vagas {0, 1, 2, ..., 6}.

$$\underline{F_1} \quad \underline{F_2} \quad \underline{F_3}$$

Note que o algarismo de F_1 não pode ser zero pois $012 = 12$ não tem 3 algarismos.

1ª fase de escolha $F_1 \longrightarrow \alpha_1 = 6$ (todos menos o 0)

$F_2 \longrightarrow \alpha_2 = 6$ (todos menos o escolhido em F_1)

$F_3 \longrightarrow \alpha_3 = 5$ (não pode haver repetição)

PFC: $\alpha = \alpha_1 \cdot \alpha_2 \cdot \alpha_3 = 6 \cdot 6 \cdot 5 = 180$ números.

2º modo "Tudo menos o que não serve".

" **Tudo** " $\longrightarrow$ Todos os trios possíveis.

$$\alpha_1 = A_{7,3} = \frac{7!}{(7-3)!} = \frac{7 \cdot 6 \cdot 5 \cdot \cancel{4!}}{\cancel{4!}} = 210$$

" **Não serve** " $\longrightarrow$ Começam por zero $\underline{0} \; \overbrace{\underline{\quad} \; \underline{\quad}}^{A_{6,2}}$

$$\alpha_2 = A_{6,2} = \frac{6!}{(6-2)!} = \frac{6 \cdot 5 \cdot \cancel{4!}}{\cancel{4!}} = 30$$

Resposta: $\alpha = \alpha_1 - \alpha_2 = 210 - 30 = 180$ números

Exemplo 5: Considere 7 pontos sobre uma circunferência.

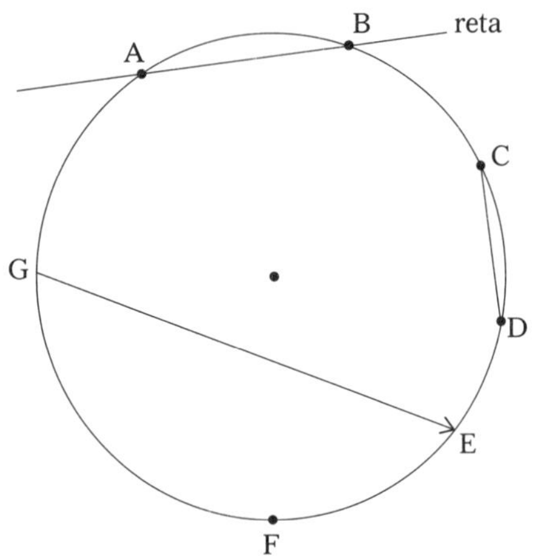

a) Quantas retas eles determinam?
b) Quantos segmentos eles determinam?
c) Quantos segmentos orientados eles determinam?
d) Quantos triângulos eles determinam?
e) Quantos quadriláteros convexos eles determinam?

Resolução:

a) Como a reta determina por A e B é a mesma por B e A, a ordem "não é importante"

$\Rightarrow$ combinações

$$N = C_{7,2} = \frac{7!}{(7-2)!\,2!} = \frac{7!}{5!\,2!} = \frac{7 \cdot 6 \cdot 5!}{5!\,2 \cdot 1} = 21$$

b) Segmento determinado/ por A e B é o mesmo determinado por B e A. Então

$$N = C_{7,2} = \ldots = 21$$

c) Segmento orientado $\overrightarrow{AB}$ é diferente de $\overrightarrow{BA}$ $\Rightarrow$ a ordem " é importante" $\Rightarrow$ arranjos

$$N = A_{7,2} = \frac{7}{(7-2)!} = \frac{7!}{5!} = 7 \cdot 6 \Rightarrow N = 42$$

d) Triângulo com vértices em A, B e C é o mesmo com B, C e A

$$N = C_{7,3} = \frac{7!}{(7-3)!3!} = \frac{7 \cdot 6 \cdot 5 \cdot 4!}{4!\,3!} = \frac{7 \cdot 6 \cdot 5}{3 \cdot 2} = 35$$

e) Quadrado com vértices em A, B, C e D é o mesmo com vértices em B, A, D e C $\Rightarrow$ combinações

$$N = C_{7,4} = \frac{7!}{(7-4)!4!} = \frac{7 \cdot 6 \cdot 5}{3 \cdot 2} = N = 35$$

Exemplo 6: João e Maria parte de um grupo de 6 pessoas. De quantos modos essas 6 pessoas podem se sentar em uma fila de 6 cadeiras sendo que João e Maria devem ficar juntos?

Resolução: São permutações simples com as pessoas { J, M, A_1, A_2, A_3, A_4 }. Podemos ter

$\boxed{JM}$ $\underline{A_1}$ $\underline{A_2}$ $\underline{A_3}$ $\underline{A_4}$ $\longrightarrow P_5 = 5! = 5 \cdot 4 \cdot 3 \cdot 2 \cdot 1 = 120$

ou $\boxed{MJ}$ $\underline{A_1}$ $\underline{A_2}$ $\underline{A_3}$ $\underline{A_4}$ $\longrightarrow P_5 = 5! = 120$

Resposta: $\alpha = 2 \cdot P_5 = 2 \cdot 120 = 240$ filas.

138 Com os algarismos 0,1, 2, 3, 4, 5 e 6, conseguimos formar 180 números naturais com 3 algarismos distintos como vimos no **exemplo 4 resolvido** nas páginas anteriores. Desses números

a) quantos são ímpares?

b) quantos são pares?

---

139 Considere duas retas paralelas distintas, uma com 6 pontos e outra com 7 pontos destacados como na figura dada.

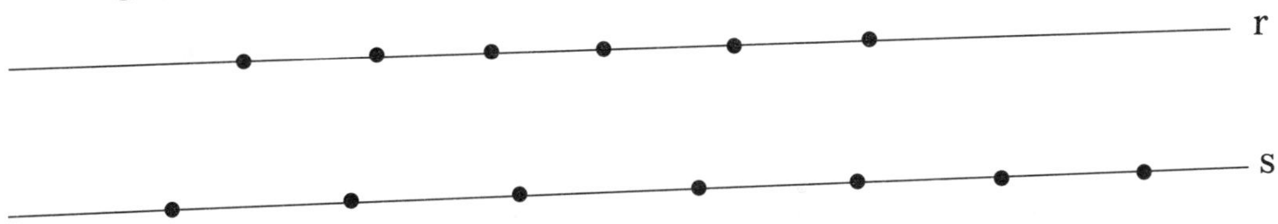

a) Quantos quadriláteros convexo têm vértices nestes pontos?

b) Quantos triângulos têm vértices nestes pontos?

---

140 Em um congresso há 10 professores de História e 7 de Geografia. Quantas comissões de 9 professores, com exatamente 6 de História podemos formar com estes 17 professores?

141 3 livros idênticos serão dados para 3 crianças de um grupo de 10 crianças. De quantos modos podemos escolher as 3 crianças que ganharão os livros?

---

142 3 livros diferentes serão dados para 3 crianças de um grupo de 10. De quantas maneiras diferentes pode-se escolher três destas crianças para dar os livros?

---

143 De quantas maneiras 5 pessoas podem ficar em fila para tirar uma foto?

---

144 8 pessoas devem formar uma fila para serem atendidas pelo caixa de uma loja. De quantas maneiras esta fila pode ser formada se tem que haver uma ou mais pessoas entre João e Pedro, que fazem parte deste grupo?

---

145 De um grupo de 6 alunos e 4 alunas, quantas comissões com 4 alunos e 2 alunas podemos formar?

146 12 pessoas devem participar de reuniões que serão feitas em 3 salas, A, B e C. Na sala A, 5 participantes, na sala B, 4 participantes e na sala C, 3 participantes. De quantas maneiras essas 12 pessoas podem ser distribuidas nestas 3 salas?

---

147 8 pontos distintos dois a dois (distintos entre si) estão sobre uma circunferência. Determinar

a) o número de triângulos cujos vértices são 3 destes pontos.

b) o número de quadriláteros convexos cujos vértices são 4 destes pontos.

---

148 Sobre uma corda de uma circunferência são tomados 5 pontos, distintos das extremidades da corda e, sobre um mesmo arco entre os dois, são tomados mais 6 pontos distintos das extremidades. Quantos triângulos estes 11 pontos determinam?

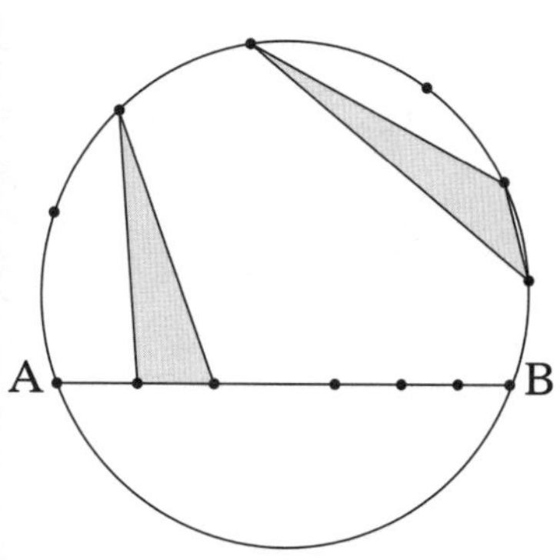

Resp: **138** a) 75 b) 105 **139** a) 315 b) 231 **140** 7350

149 Em um torneio de tênis de mesa cada jogador vai jogar com todos os outros, uma única vez. Qual é o número de partipantes se estão previstas 378 partidas?

150 Sendo 120 o número de permutações de **n** elementos, qual é o número de combinações destes **n** elementos tomados dois a dois?

151 Sem considerar os vértices do Δ ABC, quantos Δs os pontos assinalados sobre os lados determinam?

a)

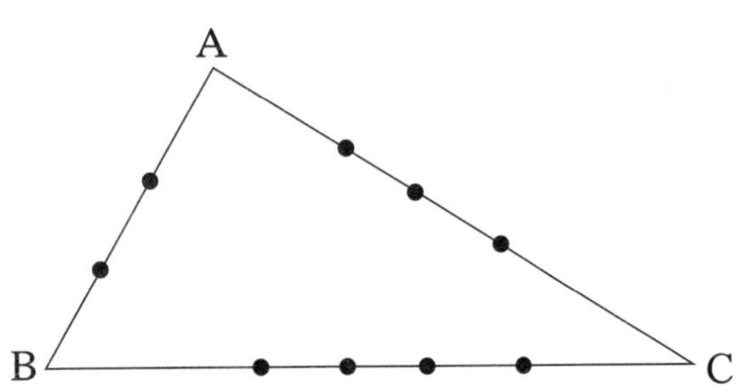

b)

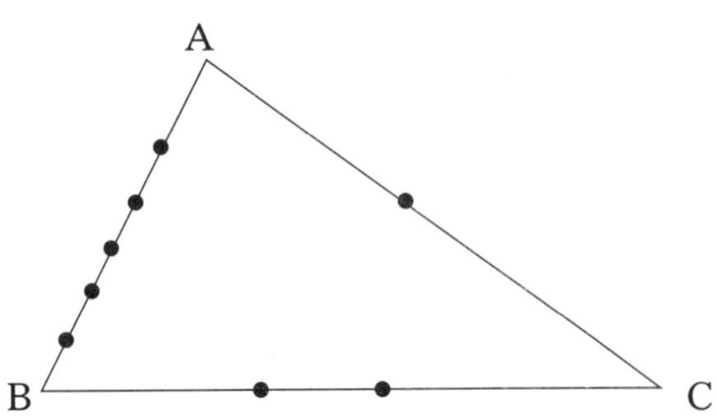

152 De um grupo de 9 pessoas fazem parte A, B e C. Devemos formar grupos de 7 pessoas escolhidas entre essas 9, de modo que A, B e C têm que estar neles. De quantas maneiras podemos formar estes grupos?

---

153 Dispomos de três cores para pintar os cinco círculos da figura. De quantas formas poderemos fazê-lo de modo que dois círculos consecutivos não tenham a mesma cor e que as três cores sejam utilidades?

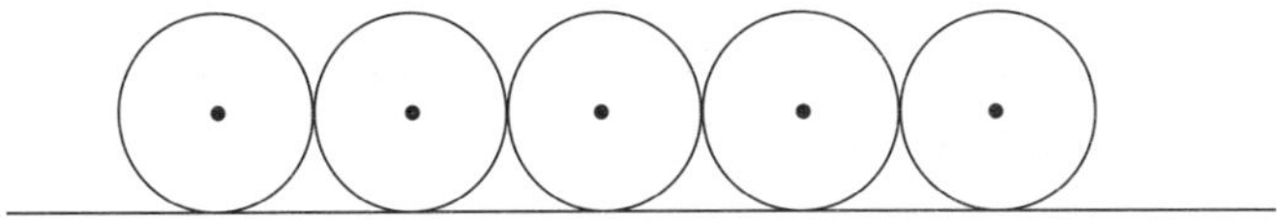

2 – Espaço Amostral Equiprovável (Probabilidade Laplaciana)

O **espaço amostral E** de um experimento aleatório se diz **equiprovável** quando todos os eventos simples desse experimento têm a mesma probabilidade.

Probabilidade num espaço equiprovável [P(A)]

Sejam: um espaço amostral finito

$E = \{e_1, e_2, e_3, \ldots, e_j, \ldots, e_m\}$ com **m** elementos $(m \neq 0)$ e um evento $A, A \subset E$, com **j** elementos, $A = \{e_1, e_2, e_3, \ldots, e_j\}$ $(j \leqslant m)$

Como **E** é equiprovável, temos:

$p_1 = p_2 = p_3 = \ldots = p_j = \ldots = p_m = x, x \in \mathbb{R}_+$ e $x + x + x + \ldots + x + \ldots + x = 1 \Rightarrow m \cdot x = 1$
$\Rightarrow x = \frac{1}{m}$ portanto, $P(A) = p_1 + p_2 + p_3 + \ldots + p_j = j \cdot \frac{1}{m}$, ou seja, $P(A) = \frac{j}{m}$

Como $n(E) = m$ e $n(A) = j$, podemos concluir: $P(A) = \dfrac{n(A)}{n(E)}$

ou, como é mais conhecida a definição da probabilidade de um evento **A** num espaço amostral equiprovável **E**:

$$P(A) = \frac{\text{n}^{\text{o}} \text{ de resultados que satisfazem ao evento A}}{\text{n}^{\text{o}} \text{ total de resultados do experimento}}$$

Resp: **141** 120 **142** 720 **143** 120 **144** 30240 **145** 90 **146** 27720 **147** a) 56 b) 70 **148** 155

Em particular, se $A = \varnothing$ então $P(A) = 0$

Exemplo: Retirando-se uma bola de uma urna contendo 3 bolas brancas, 2 pretas e 5 vermelhas, qual é a probabilidade de que saia uma bola branca?

$$P(A) = \frac{n(A)}{n(E)} = \frac{n^o \text{ de bolas brancas}}{n^o \text{ total de bolas}} \Rightarrow P(A) = \frac{3}{10} = 30\%$$

Observações:

1ª) Para facilitar o entendimento dos problemas de probabilidade é conveniente salientar-se que:

a) Retirar bolas simultaneamente de uma urna é o mesmo que retirá-las sucessivamente e sem reposição.

b) Jogar **n** dados ao mesmo tempo é equivalente a jogar **n** vezes em seguida o mesmo dado.

2ª) De agora em diante, salvo aviso em contrário, consideraremos, sempre, os espaços amostrais finitos e equiprováveis.

Propriedades do Cálculo das Probabilidades

1ª) Probabilidade do evento impossível

Evento impossível $\Rightarrow A = \varnothing \Rightarrow n(A) = 0$, portanto $P(A) = \dfrac{n(A)}{n(E)} = \dfrac{0}{n(E)} = 0$, pois $n(E) \neq 0$.

Assim, sendo, concluímos

$P(\varnothing) = 0$ (evento impossível)

2ª) Probabilidade do evento certo

Evento certo $\Rightarrow A = E$, ou seja, $P(A) = \dfrac{n(A)}{n(E)} = \dfrac{n(E)}{n(E)} = 1 = 100\%$

Então, concluímos: $P(E) = 1$ (evento certo)

3ª) Probabilidade do evento A [P(A)]

São dados: o espaço amostral E e um subconjunto seu que é o evento A. Nessas condições, temos:

$\varnothing \subset A \subset E \Rightarrow n(\varnothing) \leqslant n(A) \leqslant n(E)$

dividindo os membros dessa desigualdade por $n(E) \neq 0$, temos:

$\dfrac{0}{n(E)} \leqslant \dfrac{n(A)}{n(E)} \leqslant \dfrac{n(E)}{n(E)}$ e, então, concluímos:

$0 \leqslant P(A) \leqslant 1$, ou seja, a probabilidade de um evento A qualquer é sempre um número real entre zero e um, inclusive os extremos.

4ª) Eventos mutuamente exclusivos

Definição: dois eventos A e B, subconjuntos de um espaço amostral E, se dizem **mutuamente exclusivos** quando $A \cap B = \varnothing$, ou seja, quando A e B forem conjuntos disjuntos.

Exemplo: Joga-se um dado comum; o espaço amostral é

$E = \{1, 2, 3, 4, 5, 6\}$. Consideremos, agora, os eventos:

$A \longrightarrow$ o resultado é par $\qquad$ $B \longrightarrow$ o resultado é divisor de 15

Assim sendo, temos:

$A = \{x \in E \mid x \text{ é par}\} = \{2, 4, 6\}$ $\qquad$ $B = \{x \in E \mid x \text{ é divisor de } 15\} = \{1, 3, 5\}$

$A \cap B = \varnothing$ então dizemos que A e B são dois eventos **mutuamente exclusivos**.

5ª) Probabilidade da união de dois eventos

Sejam os eventos **A** e **B** subconjuntos de um espaço amostral E.

Da teoria dos conjuntos sabemos que $n(A \cup B) = n(A) + n(B) - n(A \cap B)$

dividindo tudo por $n(E) \neq 0$, temos $\dfrac{n(A \cup B)}{n(E)} = \dfrac{n(A)}{n(E)} + \dfrac{n(B)}{n(E)} - \dfrac{n(A \cap B)}{n(E)}$, ou seja,

$$P(A \cup B) = P(A) + P(B) - P(A \cap B)$$

Em particular se **A** e **B** forem eventos mutuamente exclusivos, teremos:

$A \cap B = \varnothing \Rightarrow P(A \cap B) = P(\varnothing) = 0$ e, então, neste caso:

$$P(A \cup B) = P(A) + P(B) \quad \text{quando } A \cap B = \varnothing$$

Exemplo: "Jogando-se um **dado comum e honesto**, qual é a probabilidade de obter-se um número **par** ou **primo**?"

Resolução :

Dado

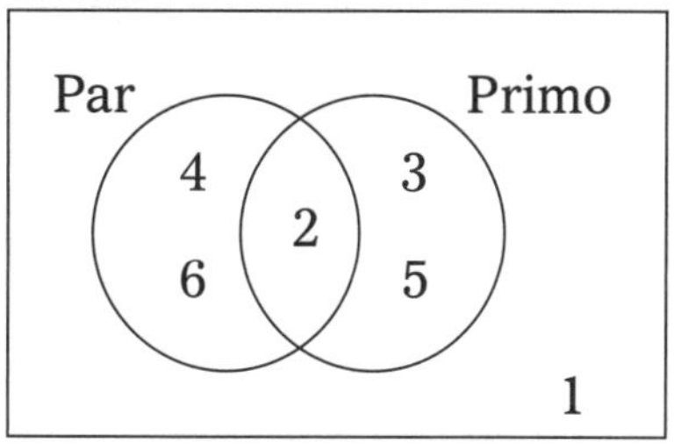

$E = \{1, 2, 3, 4, 5, 6\}$

$A \longrightarrow$ par $\Rightarrow A = \{2, 4, 6\} \Rightarrow P(A) = \Rightarrow P(A) = \dfrac{3}{6} = \dfrac{1}{2}$

$B \longrightarrow$ primo $\Rightarrow B = \{2, 3, 5\} = \Rightarrow P(B) = \dfrac{3}{6} = \dfrac{1}{2}$

$A \cap B \longrightarrow$ par e primo $\Rightarrow A \cap B = \{2\} \Rightarrow P(A \cap B) = \dfrac{1}{6}$

$\mathbf{A \cup B \longrightarrow}$ **par ou primo**

$$P(A \cup B) = P(A) + (P(B) - P(A \cap B) \quad \Rightarrow \quad P(A \cup B) = \frac{1}{2} + \frac{1}{2} - \frac{1}{6} = \frac{3 + 3 - 1}{6} = \frac{5}{6}$$

Resposta: $\mathbf{P(A \cup B) = \dfrac{5}{6}}$

Resp: **149** 28 participantes **150** 10 **151** a) 79 b) 46 **152** 15 **153** 42

Observações:

1ª) É importante lembrar-se que **A ou B** significa a **união** de dois eventos e **A e B** é a **interseção** de dois eventos.

2ª) É fácil demonstrar a seguinte propriedade, válida para a união de 3 eventos:

$$P(A \cup B \cup C) = P(A) + P(B) + P(C) - P(A \cup B) - P(A \cap C) - P(B \cap C) + P(A \cap B \cap C)$$

6ª) Probabilidade do evento complementar

Sejam os eventos complementares A e $\overline{A}$, subconjuntos do espaço amostral E de um experimento.

Da Teoria dos Conjuntos sabemos que $A \cap \overline{A} = \varnothing$ e $A \cup \overline{A} = E$

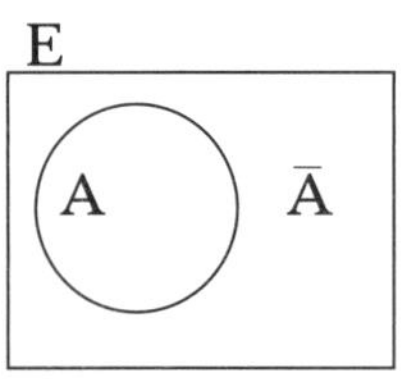

e também que $n(A) + n(\overline{A}) = n(E)$

dividindo tudo por n(E), temos: $\dfrac{n(A)}{n(E)} + \dfrac{n(\overline{A})}{n(E)} = \dfrac{n(E)}{n(E)}$ e, então, concluímos:

$$P(A) + P(\overline{A}) = 1$$

Observação: desta igualdade é imediato obtermos: $P(A) = 1 - P(\overline{A})$ ou ainda $P(\overline{A}) = 1 - P(A)$

Exemplo: "Um casal pretende ter três filhos. Qual é a probabilidade de ter pelo menos uma menina?"

Resolução: Sejam A ⟶ menina O ⟶ menino

Espaço amostral ⟶ E = {(A, A, A), (A, A, O), (A, O, A), (O, A, A), (A, O, O), (O, A, O), (O, O, A), (O, O, O)}

$n(E) = 2 \cdot 2 \cdot 2 = 8$ possibilidades Evento N ⟶ pelo menos uma menina

$\overline{N}$ ⟶ nenhuma menina $\Rightarrow \overline{N} = \{(0, 0, 0)\}$

$$\mathbf{P(\overline{N}) = \frac{1}{8}}$$

Note que $\mathbf{N \cap \overline{N} = \varnothing}$ **e** $\mathbf{N \cup \overline{N} = E} \Rightarrow P(N) + P(\overline{N}) = 1 \Rightarrow P(N) + \frac{1}{8} = 1 \Rightarrow P(N) = 1 - \frac{1}{8} = \frac{7}{8}$

Resposta: A probabilidade desse casal ter pelo menos uma menina é $\frac{7}{8}$.

Exemplos resolvidos

Exemplo 1: Um dado é lançado e observa-se a face de cima. Determinar a probalidade de o número observado

a) ser par b) ser ímpar c) ser primo d) ser maior que 7

e) ser menor que 8 f) ser quadrado perfeito.

Resolução: Espaço amostral $E = \{1, 2, 3, 4, 5, 6\} \Rightarrow n(E) = 6$

a) Evento A: ocorrer par $\Rightarrow A = \{2, 4, 6\} \Rightarrow n(A) = 3$

$$P(A) = \frac{n(A)}{n(E)} = \frac{3}{6} \Rightarrow P(A) = \frac{1}{2}$$

b) Evento B: ocorrer ímpar $\Rightarrow B = \{1, 3, 5\} \Rightarrow n(B) = 3$

$$P(B) = \frac{3}{6} = \frac{1}{2}$$

c) Evento C: ocorrer primo $\Rightarrow C = \{2, 3, 5\} \Rightarrow n(C) = 3$

$$P(C) = \frac{3}{6} = \frac{1}{2}$$

d) Evento D: ser maior que $7 \Rightarrow D = \varnothing \Rightarrow n(D) = 0$

$$P(D) = \frac{0}{6} = 0$$

e) Evento G: ser menor que $8 \Rightarrow G = \{1, 2, 3, 4, 5, 6\} \Rightarrow n(G) = 6$

$$P(G) = \frac{6}{6} = 1$$

f) Evento F: ser quadrado perfeito $\Rightarrow F = \{1, 4\} \Rightarrow n(F) = 2$

$$P(F) = \frac{2}{6} = \frac{1}{3}$$

Exemplo 2: Um moeda é lançada 3 vezes e observa-se a sequencia dos resultados obtidos. Determinar a probabilidade de ocorrer:

a) Exatamente uma cara (k)

b) Pelo menos 2 coroas c) No máximo duas caras

Resolução: k = cara c = coroa

$$E = \{(kkk), (kkc), (kck), (ckk), (kcc), (ckc), (cck), (ccc)\} \Rightarrow n(E) = 8$$

a) $A = \{(kcc), (cck), (ckc)\} \Rightarrow n(A) = 3 \Rightarrow P(A) = \frac{3}{8}$

b) $B = \{(ccc), (cck), (ckc), (kcc)\} \Rightarrow n(B) = 4 \Rightarrow P(B) = \frac{4}{8} = \frac{1}{8}$

c) Note que não é necessário ter cara

$$C = \{(ccc), (cck), (ckc), (kcc), (kkc), (kck), (ckk)\} \Rightarrow n(E) = 7$$

Só não serve (kkk) $\Rightarrow P(C) = \frac{7}{8}$

Exemplo 3: De um baralho (52 cartas) são retiradas 7 cartas ao acaso. Qual a probabilidade de saírem exatamente 3 damas?

Resolução:

1) O número de maneiras de retirarmos 7 cartas dentre 52 é dado por:

$n(E) = C_{52,7}$

2) Cada agrupamento em questão é formado por **3 damas** e as outras 4 cartas (para inteirar 7) são escolhidas entre as cartas não **damas**; essas outras serão escolhidas entre as 48 restantes (52 – 4 damas)

3) Número de maneiras que podemos escolher 3 damas entre 4 é:

$$C_{4,3} = \frac{4!}{(4-3)!\,3!} = 4$$

4) Número de maneiras que podemos escolher as outras 4 cartas entre as 48 que restaram (52 – 4 damas):

$C_{48,4}$

5) Número de maneiras de escolhermos exatamente 3 damas e 4 outras cartas (não damas):

$C_{4,3} \cdot C_{48,4} = 4 \cdot C_{48,4}$

6) Probabilidade pedida: Evento = retirar 7 cartas onde se tem exatamente 3 damas.

$$P(A) = \frac{4 \cdot C_{48,4}}{C_{52,7}}$$

Obs.: Quando os números são muito grandes, deixamos a resposta como está acima.

$$\left.\begin{array}{l}\text{Com a vantagem de}\\ \text{que nela está indicado}\\ \text{o raciocínio}\end{array}\right\} P(A) = \frac{C_{4,3} \cdot C_{48,4}}{C_{52,7}}$$

Exemplo 4: Uma moeda é viciada, com a probalidade de sair cara igual ao quíntuplo da de sair coroa. Jogando esta moeda 3 vezs, qual a probabilidade de sair 2 caras e 1 coroa?

Resolução: k = cara, c = coroa. P(k) = 5P(c)

1) $P(k) + P(c) = 1 \Rightarrow 5\,P(c) + P(c) = 1 \Rightarrow 6P(c) = 1 \Rightarrow$

$$P(c) = \frac{1}{6} \text{ e } P(k) = \frac{5}{6}$$

2) 3 lançamentos
$2k \text{ e } 1c \Rightarrow (kkc), (kck), (ckk)$

$$kkc \Rightarrow \frac{5}{6} \cdot \frac{5}{6} \cdot \frac{1}{6},\ kck \Rightarrow \frac{5}{6} \cdot \frac{1}{6} \cdot \frac{5}{6} \text{ e } ckk \Rightarrow \frac{1}{6} \cdot \frac{5}{6} \cdot \frac{5}{6}$$

Probabilidade pedida $\Rightarrow P(A) = 3\left[\frac{5}{6} \cdot \frac{5}{6} \cdot \frac{1}{6}\right] \Rightarrow P(A) = \frac{25}{72}$

Exemplo 5: Uma urna contém 17 bolas numeradas de 1 a 17. Retirando-se **duas** bolas, sem reposição, determinar:

a) A probabilidade de ambas serem pares

b) A probabilidade de ambas serem ímpares

c) A probabilidade da soma ser par

d) A probabilidade da soma ser ímpar

e) A probabilidade do produto ser ímpar

f) A probabilidade do produto ser par

Resolução: Há 9 ímpares e 8 pares

a) $P(pp) = P(p) \cdot P(p) = \frac{8}{17} \cdot \frac{7}{16} = \frac{1}{17} \cdot \frac{7}{2} = \frac{7}{34}$

b) $P(ii) = P(i) \cdot P(i) = \frac{9}{17} \cdot \frac{8}{16} = \frac{9}{17} \cdot \frac{1}{2} = \frac{9}{34}$

Obs.: Note que a probabilidade de sair uma par e outra ímpar é dada por

$P = P(p) \cdot P(i) + P(i) \cdot P(p)$

$P = \frac{8}{17} \cdot \frac{9}{16} + \frac{9}{17} \cdot \frac{8}{16} = \frac{9}{34} + \frac{9}{34} = \frac{18}{34} = \frac{9}{17}$

Pode ser assim: $P = 1 - P(pp) - P(ii) \Rightarrow P = 1 - \frac{7}{34} - \frac{9}{34} = \frac{34-7-9}{34} = \frac{18}{34} = \frac{9}{17}$

c) Para a soma ser par devemos ter as duas pares ou as duas ímpares

$$P(sp) = \underbrace{P(p) \cdot P(p)}_{\text{item (a)}} + \underbrace{P(i) \cdot P(i)}_{\text{item (b)}} = \frac{7}{34} + \frac{9}{34} = \frac{16}{34} = \frac{8}{17}$$

d) Ou a soma é par ou é impar $\Rightarrow$

$P(si) = 1 - P(sp) \Rightarrow P(si) = 1 - \frac{8}{17} = \frac{17-8}{17} \Rightarrow P(si) = \frac{9}{17}$

Ou : para a soma ser ímpar, uma tem que ser par e a outra ímpar.

e) $P(pr \cdot i)$: Para o produto ser ímpar, as duas têm que ser ímpares

$$P(pr \cdot i) = \underbrace{P(i) \cdot P(i)}_{\text{item (b)}} = \ldots\ldots = \frac{9}{34}$$

f) $P(pr \cdot p) =$ Para o produto ser par: as duas pares ou uma par e a outra ímpar

$$P(pr \cdot p) = \underbrace{P(p) \cdot P(p)}_{\text{item A}} + \underbrace{P(p) \cdot P(i) + P(i) P(p)}_{\text{obs. acima}} = \frac{7}{34} + \frac{9}{17} = \frac{7+18}{34} = \frac{25}{34}$$

Ou : $P(pr \cdot p) = 1 - \underbrace{P(pr \cdot i)}_{\text{item e}} = 1 - \frac{9}{34} = \frac{34-9}{34} = \frac{25}{34}$

154 Dois dados são lançados simultaneamente. Determinar a probalidade de, observando as faces de cima,

2º resultado (colunas) / **1º resultado** (linhas)

	1	2	3	4	5	6
1	(1,1)	(1,2)	(1,3)	(1,4)	(1,5)	(1,6)
2	(2,1)	(2,2)	(2,3)	(2,4)	(2,5)	(2,6)
3	(3,1)	(3,2)	(3,3)	(3,4)	(3,5)	(3,6)
4	(4,1)	(4,2)	(4,3)	(4,4)	(4,5)	(4,6)
5	(5,1)	(5,2)	(5,3)	(5,4)	(5,5)	(5,6)
6	(6,1)	(6,2)	(6,3)	(6,4)	(6,5)	(6,6)

a) a soma ser menor que 6

b) a soma ser maior ou igual a 8

c) a soma ser número primo

d) a soma ser par

155 Em uma urna são colocadas 600 bolinhas numeradas de 1 até 600. Retira-se, ao acaso, uma bolinha desta urna e observa-se o número. Determinar a probabilidade de ser

a) um múltiplo de 100

b) um múltiplo de 10

c) um múltiplo de 6

d) um múltiplo de 7

156 De um baralho (52 cartas), retira-se uma, ao acaso.
Determinar a probalidade de ser

a) uma carta do naipe de copas

b) rei de paus

c) um valete

---

157 De um baralho de 52 cartas são retiradas 6, ao acaso.
Qual a probabilidade de saírem exatamente 2 valetes?

---

158 De um time 11 jogadores, 7 são paulistas e 4 cariocas. 4 jogadores são escolhidos ao acaso; qual é a probabilidade de que sejam 2 paulistas e 2 cariocas?

159 Uma moeda é viciada e a probabilidade de sair cara (k) é o triplo da de sair coroa (c). Ela é lançada 3 vezes. Qual é a probabilidade de saírem 2 caras e 1 coroa?

160 Uma urna contém 35 fichas numeradas de 1 a 35. Retirando-se **duas** fichas, **sem** reposição, determinar

a) a probabilidade de ambas terem um número par.

b) a probabilidade de ambas terem um número ímpar.

c) a probabilidade de que a soma dos nºs observados seja ímpar.

d) a probabilidade de que a soma dos nºs observados seja par.

161 Uma urna contém 6 bolas brancas e 4 pretas. Duas bolas são retiradas, ao acaso, sem reposição; qual a probabilidade de

a) ambas serem brancas?

b) ambas serem pretas?

c) serem de cores diferentes?

162 Uma urna contém 4 bolas vermelhas, 5 brancas e 7 amarelas. Três bolas são retiradas ao acaso, sem reposição. Qual é a probabilidade de as três terem cores diferentes?

---

163 Retira-se uma carta de um baralho de 52 cartas. Determine a probabilidade de se obter

a) uma carta de copas.

b) uma figura (valete, dama ou rei).

c) uma figura de paus.

---

164 Duas cartas são selecionadas, de um baralho de 52 cartas. Determine a probabilidade de que

a) ambas sejam de espada.

b) uma seja de espada e a outra seja de copa.

---

165 Numa urna existem 4 bolas verdes, 2 amarelas e 6 marrons. Qual a probabilidade de, retirando-se uma bola, esta ser

a) verde?

b) amarela?

c) marrom?

Resp: **154** a) $\frac{5}{18}$ b) $\frac{5}{12}$ c) $\frac{15}{36}$ d) $\frac{1}{2}$ **155** a) $\frac{1}{100}$ b) $\frac{1}{10}$ c) $\frac{1}{6}$ d) $\frac{17}{120}$

156 a) $\frac{1}{4}$ b) $\frac{1}{52}$ c) $\frac{1}{13}$ **157** $\frac{6 \cdot C_{48,4}}{C_{52,6}}$ **158** $\frac{21}{55}$

166 Qual a probabildade de que, extraindo-se de uma só vez, 5 bolas de uma urna que contém 3 bolas pretas, 2 vemelhas, 4 azuis e uma amarela, saiam 2 pretas, 2 azuis e a amarela?

---

167 (CESCEA) Tirando-se, ao acaso, 5 cartas de um baralho de 52 cartas, a probabilidade de saírem exatamente 3 valetes é

a) $\frac{4}{52}$ b) $\frac{4 \cdot C_{48,2}}{C_{52,5}}$ c) $\frac{4 \cdot C_{52,2}}{C_{52,5}}$ d) $\frac{3}{52}$ e) não sei

---

168 Jogando-se 4 vezes uma moeda, qual é a probabilidade de se obter exatamente 3 vezes a face coroa?

---

169 (CESCEA)Jogando-se 3 dados (ou um dado 3 vezes), qual a probabilidade de obtermos soma menor ou igual a 4?

a) $\frac{1}{36}$ b) $\frac{1}{2}$ c) $\frac{5}{27}$ d) $\frac{1}{18}$ e) $\frac{1}{54}$

170 De um lote de 15 parafusos, 5 são defeituosos. Sorteando (sem repor) 3 parafusos desse lote, determine a probabilidade de que

a) os três parafusos escolhidos sejam defeituosos.

b) os três não sejam defeituosos.

c) pelo menos um seja defeituoso.

---

171 Duas urnas possuem, respectivamente, 2 bolas brancas e 1 azul, uma branca e 3 azuis. Retirando-se uma bola de cada urna, qual a probabilidade de sair uma branca e uma azul?

---

172 Três homens e quatro mulheres participam de um torneio de Xadrez. A probabilidade de que um homem vença é o dobro da probabilidade de que uma mulher vença.

a) Determine a probabilidade de que uma mulher vença.

b) Se um homem e uma mulher são casados qual a probabilidade de que um deles vença?

---

173 Jogando um dado viciado de modo que a probabilidade de aparecer um número como resultado seja proporcional ao número dado. Pede-se:

a) Determine probabilidade de cada resultado.

b) Determine probabilidade de que um número par ou primo ocorra.

Resp: **159** $\frac{27}{64}$ **160** a) $\frac{8}{35}$ b) $\frac{9}{35}$ c) $\frac{18}{35}$ d) $\frac{17}{35}$ **161** a) $\frac{1}{3}$ b) $\frac{2}{15}$ c) $\frac{8}{15}$ **162** $\frac{1}{4}$

163 a) $\frac{1}{4}$ b) $\frac{3}{13}$ c) $\frac{3}{52}$ **164** a) $\frac{1}{17}$ b) $\frac{13}{102}$ **165** a) $\frac{1}{3}$ b) $\frac{1}{6}$ c) $\frac{1}{2}$

174 Uma moeda é viciada de modo que a probabilidade de se obter cara é três vezes maior do que a de aparecer coroa. Qual a probabilidade de se obter coroa?

---

175 Uma urna possui etiquetas numeradas com 1, 2, 5, 6, 10, 15 e 30. Retirando-se duas etiquetas de uma só vez, qual a probabilidade de obtermos

a) soma dos resultados igual a 25?

b) soma dos resultados menor que 25?

---

176 Um estudante é aprovado se acertar pelo menos duas questões das 3 que são sorteadas entre 7 questões (numeradas de 1 a 7). Qual a probabilidade do estudante ser aprovado se sabe responder apenas às questões 1, 3 e 7?

---

177 Dada a matriz $A = \begin{bmatrix} a & b \\ c & d \end{bmatrix}$ onde a, b, c, d $\in$ Z são escolhidos aleatoriamente, determine

a) a probabilidade de det(A) ser ímpar.

b) a probabilidade de det(A) ser par.

178 Uma urna contém 7 bolas idênticas, numeradas de 1 a7. Retirando-se 7 bolas de uma vez, qual a probabilidade de saírem

a) em ordem crescente?

b) em ordem decrescente?

---

179 (CESCEM) Dois prêmios iguais são sorteados entre 5 pessoas, sendo duas brasileiras e três argentinas. Determine

a) a probabilidade de serem premiados dois brasileiros.

b) a probabilidade de ser premiado pelo menos um argentino.

c) a probabilidade de serem premiados dois argentinos.

---

180 Numa urna são depositadas 5 etiquetas numeradas de 1 a 5. Três etiquetas são sorteadas em seguida, **com reposição**. Qual é a probabilidade de que os números sorteados sejam distintos (diferentes dois a dois)?

Resp: **166** $\frac{1}{14}$ **167** B **168** $\frac{1}{4}$ **169** E **170** a) $\frac{2}{91}$ b) $\frac{24}{91}$ c) $\frac{67}{91}$ **171** $\frac{7}{12}$

172 a) $\frac{2}{5}$ b) $\frac{3}{10}$ **173** a) $\frac{1}{21}, \frac{2}{21}, \frac{1}{7}, \frac{4}{21}, \frac{5}{21}, \frac{2}{7}$ b) $\frac{20}{21}$

181 Retirando-se 4 bolas sucessivamente e sem reposição de uma urna contendo 6 bolas pretas e 4 bolas vermelhas, qual é a probabilidade de sair pelo menos uma bola vermelha?

---

182 Em famílias com 6 filhos, qual é a probabilidade de que pelo menos um filho seja do sexo masculino (M)?
Lembre-se: A $\longrightarrow$ "pelo menos um M", então o evento complementar $\overline{A}$ é "nenhum M", ou seja, "6 filhos do sexo feminino".

---

183 Joga-se uma moeda 4 vezes. Qual a probabilidade de se obter

a) pelo menos uma cara?

b) duas caras consecutivas?

c) três coroas consecutivas?

d) coroas nos dois últimos lançamentos?

184 Lance um dado honesto e observe o número da face voltada para cima. Qual a probabilidade de que esse número seja

a) par?	b) ímpar?	c) menor que 8?
d) maior que 6?	e) par ou ímpar?	f) primo ou ímpar?
g) primo ou par?	h) primo e ímpar?	i) primo e par?

185 Lance dois dados. Qual a probabilidade de que

2º resultado (colunas) — **1º resultado** (linhas)

	1	2	3	4	5	6
1	(1,1)	(1,2)	(1,3)	(1,4)	(1,5)	(1,6)
2	(2,1)	(2,2)	(2,3)	(2,4)	(2,5)	(2,6)
3	(3,1)	(3,2)	(3,3)	(3,4)	(3,5)	(3,6)
4	(4,1)	(4,2)	(4,3)	(4,4)	(4,5)	(4,6)
5	(5,1)	(5,2)	(5,3)	(5,4)	(5,5)	(5,6)
6	(6,1)	(6,2)	(6,3)	(6,4)	(6,5)	(6,6)

a) a soma seja 5?

b) a soma seja 8?

c) a soma seja maior que 7?

d) a soma seja 2 ou 8?

e) a soma seja múltiplo de 3?

f) o mdc deles seja igual a um?

g) os números sejam iguais e com soma maior que 6?

Resp: **174** $\frac{1}{4}$ **175** a) $\frac{1}{21}$ b) $\frac{2}{3}$ **176** $\frac{13}{35}$ **177** a) $\frac{3}{8}$ b) $\frac{5}{8}$ **178** a) $\frac{1}{7!}$ b) $\frac{1}{7!}$
179 a) $\frac{1}{10}$ b) $\frac{9}{10}$ c) $\frac{3}{10}$ **180** $\frac{12}{25}$

186 Joga-se uma moeda e um dado. Qual a probabilidade de obtermos

a) um número maior que 2?
b) um número maior que 3 ou cara?
c) um número maior que 2 e coroa?

187 Lance 3 moedas. Qual a probabilidade de se obter

a) uma cara?
b) uma única cara?
c) 3 caras ou 3 coroas?

188 Numa prova são sorteadas 3 de 6 questões numeradas de 1 a 6. Determine a probabilidade de

a) ser sorteada a questão 6.

b) serem sorteadas as questões 1 e 3.

c) serem sorteadas as questões 2 ou 5.

d) serem sorteadas a questão 1 ou a questão 2 ou a questão 3.

e) serem sorteadas as questões 2, 3 e 4.

f) não ser sorteada a questão 1.

189 Em uma comunidade existem 2 clubes A e B. Sabendo-se que 300 pessoas são sócias do clube A, 100 do clube B, 20 de ambos e 200 não frequentam clubes, pergunta-se:

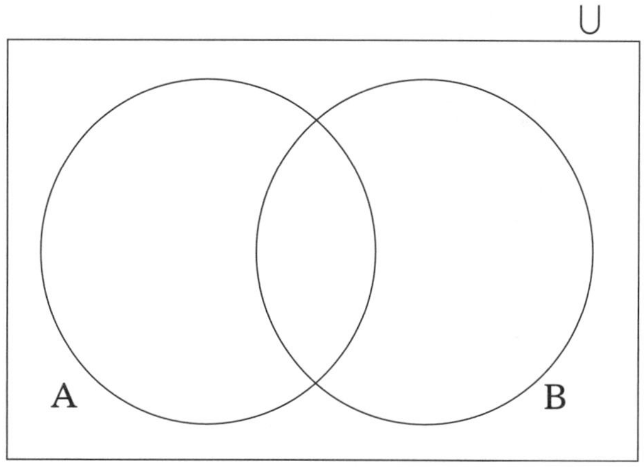

a) Quantas pessoas possui a comunidade?

b) Qual a probabilidade de que uma das pessoas escolhida ao acaso pertença a apenas um clube?

c) Qual a probabilidade de que pertença apenas ao clube A?

d) Qual a probabilidade de que pertença apenas ao clube B?

e) Qual a probabilidade de que pertença a ambos os clubes?

190 Sorteia-se um bilhete entre bilhetes numerados de 1 a 1000. Qual a probabilidade do número sorteado

a) ser múltiplo de 5?

b) ser múltiplo de 3?

c) ser par?

d) ser múltiplo de 3 ou de 5 ou de 2?

Resp: **181** $\frac{13}{14} = 1 - P(4 \text{ bolas pretas})$ **182** $P(A) = 1 P(\overline{A}) = 1 - \frac{1}{64} = \frac{63}{64}$ **183** a) $\frac{15}{16}$ b) $\frac{1}{2}$ c) $\frac{3}{16}$ d) $\frac{1}{4}$
184 a) $\frac{1}{2}$ b) $\frac{1}{2}$ c) 1 d) 0 e) 1 f) $\frac{2}{3}$ g) $\frac{5}{6}$ h) $\frac{1}{3}$ i) $\frac{1}{6}$ **185** a) $\frac{1}{9}$ b) $\frac{5}{36}$
c) $\frac{5}{12}$ d) $\frac{1}{6}$ e) $\frac{1}{3}$ f) $\frac{23}{36}$ g) $\frac{1}{2}$

Breve histórico de alguns dos principais vestibulares anteriores à Fuvest.

Nas décadas de 1960 e 1970 algumas entidades eram responsáveis pelos exames vestibulares que selecionavam os alunos ingressantes nas principais universidades do Brasil.

Entre elas, CESCEM, CESCEA e MAPOFEI que foram substituídas pela Fuvest em 1977. Eram exames de excelente qualidade e, por isso, em seguida, selecionaremos testes e questões abertas desses vestibulares.

CESCEM (Centro de Seleção de Candidatos às Escolas Médicas e Biológicas) – Foi criada em 1964 para unificar os exames de seleção de seis instituições de ensino superior do Estado de São Paulo: USP, Unifesp, Unicamp, Escola de Medicina de Jundiaí, Faculdade de Medicina Barão de Mauá e UFSCar. Atualmente se chama Fundação Carlos Chagas.

CESCEA (Centro de Seleção de Candidatos às Escolas de Administração) – Foi criada em 1967 para unificar os exames de seleção de três instituições: Faculdade de Ciências Econômicas, Contábeis e Atuariais da PUC - SP, Faculdade de Ciências Econômicas da FAAP e Faculdade de Ciências Econômicas e Administração - FEA - USP.

MAPOFEI – Foi criado em 1969 para selecionar alunos para o Instituto Mauá de Tecnologia, Escola Politécnica da Universidade de São Paulo e Faculdade de Engenharia Industrial.

FUVEST (Fundação Universitária para o Vestibular) – Foi criada em 1976 e seu primeiro exame ocorreu em 1976 (1ª fase) e começo de 1977 (2ª fase). Unificou os exames de ingresso às faculdades da USP, UNICAMP e UNESP, substituindo CESCEM, CESCEA e MAPOFEI.

CESGRANRIO (Centro de Seleção de Candidatos ao Ensino Superior do Grande Rio) – Foi criada em 1971. Selecionava alunos para diversas universidades do Rio de Janeiro.

Foi responsável pela introdução do TRI (Teoria de Resposta ao Item) no Brasil. Participou de avaliações tais como: SAEB, "Provão", ENEM além de inúmeros concursos públicos.

191 (CESGRANRIO) Um prédio de três andares com dois apartamentos por andar, tem apenas três apartamentos ocupados. Determine a probabilidade de que cada um dos três andares tenha exatamente um apartamento ocupado.

192 (FEI) No lançamento de dois dados honestos, calcular a probabilidade de

a) a soma dos pontos ser ímpar. b) o produto dos pontos ser ímpar.

193 (MAUÁ) Considere dois pequenos tetraedros com suas faces numeradas de 1 a 4.

Lançando-se aleatoriamente os dois tetraedros sobre uma mesa, qual a probabilidade de que as faces em contacto com a mesa

a) tenham números iguais. b) tenham soma 4.

194 (FUVEST – 1ª Fase) Seis pessoas, A, B, C, D, E e F, vão atravessar um rio em 3 barcos. Distribuindo-se ao acaso essas pessoas de modo que fiquem duas em cada barco, a probabilidade de A atravessar junto com B, C junto com D e E junto com F, é:

a) $\frac{1}{5}$ b) $\frac{1}{10}$ c) $\frac{1}{15}$ d) $\frac{1}{20}$ e) $\frac{1}{25}$

Resp: **186** a) $\frac{2}{3}$ b) $\frac{3}{4}$ c) $\frac{1}{3}$ **187** a) $\frac{7}{8}$ b) $\frac{3}{8}$ c) $\frac{1}{4}$ **188** a) $\frac{1}{2}$ b) $\frac{1}{5}$ c) $\frac{4}{5}$ d) $\frac{19}{20}$ e) $\frac{1}{20}$ f) $\frac{1}{2}$

189 a) 580 b) $\frac{18}{29}$ c) $\frac{14}{29}$ d) $\frac{4}{29}$ e) $\frac{1}{29}$ **190** a) 20% b) 33,33% c) 50% d) 73,4%

195 (FUVEST - 1ª Fase) Considerando um polígono regular de n lados, $n \geq 4$, e tomando-se ao acaso uma das diagonais do polígono, a probabilidade de que ela passe pelo centro é

a) 0 se n é par

b) $\frac{1}{2}$ se n é ímpar

c) 1 se n é par

d) $\frac{1}{n}$ se n é ímpar

e) $\frac{1}{n-3}$ se n é par

---

196 (FUVEST - 1ª Fase) Escolhido ao acaso um elemento do conjunto dos divisores positivos de 60, a probabilidade de que ele seja primo é:

a) $\frac{1}{2}$

b) $\frac{1}{3}$

c) $\frac{1}{4}$

d) $\frac{1}{5}$

e) $\frac{1}{6}$

---

197 (FUVEST - 1ª Fase) Dez livros, 7 dos quais de Economia, são colocados aletoriamente na prateleira de uma estante. Qual a probabilidade de que os 7 livros de Economia fiquem juntos?

a) $\frac{1}{2}$

b) $\frac{7}{10}$

c) $\frac{1}{30}$

d) $\frac{1}{5}$

e) 1

---

198 (FUVEST - 1ª Fase) No jogo de sena seis números distintos são sorteados dentre os números 1, 2, ..., 50. A probabilidade de que, numa extração, os seis números sorteados sejam ímpares vale aproximadamente:

a) 50%

b) 1%

c) 25%

d) 10%

e) 5%

199 (FUVEST – 2ª Fase) Numa urna há:
- uma bola numerada com o número 1;
- duas bolas com o número 2;
- três bolas com o número 3, e assim por diante, até n bolas com o número n.

Uma bola é retirada ao acaso desta urna. Admitindo-se que todas as bolas têm a mesma probabilidade de serem escolhidas, qual é, em função de n, a probabilidade de que o número da bola retirada seja par?

---

200 (FUVEST – 1ª Fase) Escolhem-se ao acaso três vértices distintos de um cubo. A probabilidade de que estes vértices pertençam a uma mesma faze é:

a) $\frac{3}{14}$ b) $\frac{2}{7}$ c) $\frac{5}{14}$ d) $\frac{3}{7}$ e) $\frac{13}{18}$

Resp: **191** $\frac{2}{5}$ **192** a) $\frac{1}{2}$ b) $\frac{1}{4}$ **193** a) $\frac{1}{4}$ b) $\frac{3}{16}$ **194** C

201 (FUVEST – 2ª Fase) Uma urna contém **4n** bolas coloridas de preto, azul, vermelho e verde. As bolas da cada cor são numeradas de **1** até **n**. Qual a probabilidade de que retirando-se ao acaso as bolas da urna ocorra cada um dos eventos abaixo?

a) As bolas pretas saiam uma depois da outra, isto é, entre duas bolas pretas não saia nenhuma bola de outra cor.

b) As bolas de mesma cor saiam com sua numeração em ordem crescente.

---

202 (CESCEA) Qual a probabilidade de que jogando-se um dado **n** vezes, saia pelo menos uma vez o número 6?

a) $\left(\frac{5}{6}\right)^n$ b) $1-\frac{5}{6}$ c) $\left(\frac{1}{6}\right)^n$ d) $1-\left(\frac{5}{6}\right)^n$ e) n. r. a.

---

203 (CESCEA) Lançando-se um dado três vezes, a probabilidade de cair um mesmo número, pelo menos duas vezes, é:

a) $\frac{2}{27}$ b) $\frac{1}{36}$ c) $\frac{7}{216}$ d) $\frac{4}{9}$ e) não sei

204 (CESCEA) Uma urna contém 20 bolas numeradas de 1 a 20. Seja o experimento "retirada de uma bola", e considere os eventos:

A = {a bola retirada possui um número múltiplo de 2}

B = { a bola retirada possui um número múltiplo de 5}

Então, a probabilidade do evento A ∪ B é:

a) $\frac{13}{20}$ b) $\frac{4}{5}$ c) $\frac{7}{10}$ d) $\frac{3}{5}$ e) $\frac{11}{20}$

---

205 (CESCEM) Em um espaço amostral S = {A, B} as probabilidade P(A) e P(B) valem, respectivamente, $\frac{1}{3}$ e $\frac{2}{3}$. Assinale qual das alternativas seguintes NÃO é verdadeira:

a) $A \cup B = S$ b) $\overline{A} \cup \overline{B} = \varnothing$ c) $A \cap B = \overline{A} \cap \overline{B}$

d) $\overline{A} \cup B = B$ e) $(A \cap B) \cup (A \cup B) = S$

---

206 (FUVEST – 2ª Fase) Dez jogadores, convocados para compor um time de basquete e disputar um campeonato, são numerados de 1 a 10. Por sorteio, cinco jogadores são escolhidos para iniciar aprimeira partida.

a) Qual a probabilidade de que os jogadores de números 1 e 7 iniciem jogando a primeira partida?

b) Qual a probabilidade de que pelo menos um desses dois jogadores (1 e 7) inicie jogando a primeira partida?

Resp: **195** E **196** C **197** C **198** B **199** $P = \frac{n+2}{2(n+1)}$, para n par ou $P = \frac{n-1}{2n}$ para n ímpar **200** D

O enunciado abaixo refere-se às questões 157, 158, e 159:

A tabela abaixo dá a distribuição de probabilidades dos 4 tipos de sangue de indivíduos numa comunidade.

Tipos sanguíneos/ Probabilidade	A	B	AB	O
De ter o tipo especificado	0,20			
De não ter o tipo especificado		0,90	0,95	

207 (CESCEM) A probabilidade de que um indivíduo, sorteado ao acaso, desta comunidade, tenha o tipo sanguíneo O vale:

a) 0,267 b) 0,65 c) 0,80 d) 0,95
e) nenhuma das anteriores

208 (CESCEM) A probabilidade de que dois indivíduos, sorteados ao acaso, desta comunidade, tenham um o tipo A e outro o tipo B, vale:

a) 0,60 b) 0,18 c) 0,04 d) 0,02 e) 0,30

209 (CESCEM) A probabilidade de que um indivíduo sorteado ao acaso, desta comunidade, não tenha o tipo B ou não tenha o tipo AB vale:

a) 0,855 b) 1,85 c) 0,850 d) 1,0 e) nenhuma das anteriores

3 – Probabilidade Condicional

Vamos inicialmente resolver, como exemplo, o seguinte problema:

"José e Pedro observam os finais dos números gravados nas placas dos automóveis que passam pela esquina onde estão. Qual é a probabilidade de que a placa do automóvel que passou termine em algarismo primo, sabendo-se que é par?"

Resolução:

Espaço amostral $\longrightarrow$ $E = \{0, 1, 2, 3, \ldots 9\}$

Evento A $\longrightarrow$ a placa termina em algarismo primo: $A = \{2, 3, 5, 7\}$ (é o evento de que se procura calcular a probabilidade).

Evento B $\longrightarrow$ a placa termina em algarismo par: $B = \{0, 2, 4, 6, 8\}$ (é o evento que se sabe que já ocorreu).

Sabemos que: $P(A) = \frac{4}{10}$; $P(B) = \frac{5}{10}$

$P(A \cap B) = \frac{1}{10}$ pois $A \cap B = \{2\}$

Observemos agora, o diagrama:

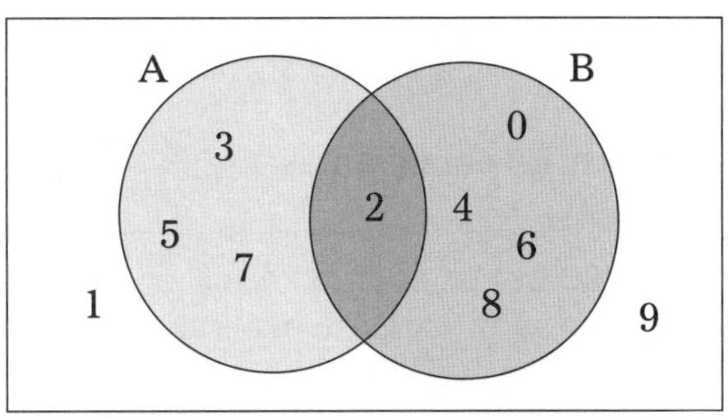

Indica-se $P(A|B)$ a probabilidade de ocorrer A, sabendo-se que B já ocorreu.

Lê-se: "probabilidade de A dado B".

Assim sendo, como se sabe que B já ocorreu, o novo espaço amostral passa a ser $E' = B = \{0, 2, 4, 6, 8\}$ chamado de espaço amostral reduzido.

O evento de que se procura a probabilidade, passa a ser:

$A' = A \cap B = \{2\}$ e, portanto, $P(A|B) = \dfrac{n(A \cap B)}{n(B)} = \dfrac{1}{5}$

ou, de outro modo, para obter um resultado em função das probabilidades, temos:

$$P(A|B) = \frac{n(A \cap B)}{n(B)} = \frac{\dfrac{n(A \cap B)}{n(E)}}{\dfrac{n(B)}{n(E)}}$$

Resp: **201** a) $\dfrac{n!(3n+1)!}{(4n)!}$ b) $\dfrac{1}{(n!)^4}$ **202** D **203** D **204** D **205** D **206** a) $\dfrac{2}{9}$ b) $\dfrac{7}{9}$

e, finalmente, $P(A|B) \frac{P(A \cap B)}{P(B)}$ que, aplicado ao nosso exemplo, implica:

$$P(A|B) = \frac{\frac{1}{10}}{\frac{5}{10}} = \frac{1}{5} = 20\%$$

1) Probabilidade de A dado B [P (A|B)]

Definição: Dados os eventos A e B (B não vazio), subconjuntos do espaço amostral E, a probabilidade condicional de ocorrer A sabendo-se que B já ocorreu é:

$$P(A|B) = \frac{P(A \cap B)}{P(B)}$$

lê-se **probabilidade de A dado B**.

2) Multiplicação de probabilidades

Dados os eventos não vazios A e B de um espaço amostral E, temos, pela definição de probabilidade condicional:

$$P(A|B) = \frac{P(A \cap B)}{P(B)} \Rightarrow P(A \cap B) = P(B) \cdot P(A|B)$$

$$P(B|A) = \frac{P(B \cap A)}{P(A)} \Rightarrow P(B \cap A) = P(A) \cdot P(B|A) = P(A \cap B)$$

Lembrando que $P(A \cap B) = P(A \text{ e } B)$ enunciamos:

"A probabilidade de que ocorram os eventos A e B é igual ao produto da probabilidade de que ocorra um deles pela probabilidade de ocorrer o outro, sabendo-se que o primeiro já ocorreu."

Exemplos

1º) Sorteando-se sucessivamente e sem reposição, duas bolas de uma urna contendo 4 bolas pretas e 6 vermelhas, qual é a probabilidade de obter-se vermelha e preta, nesta ordem?

Resolução:

V – 1ª bola é vermelha

P – 2ª bola é preta

4P
6V

$$P(V \cap P) = P(V \text{ e } P) = P(V) \cdot P(P|V)$$

$$P(V \cap P) = \frac{6}{10} \cdot \frac{4}{9} = \frac{4}{15}$$

Resposta: $\frac{4}{15}$ é a probabilidade de que a 1ª bola seja vermelha e a segunda seja preta.

2º) Uma moeda é construída de tal forma que P(cara) $= \frac{1}{3}$ e P (coroa) $= \frac{2}{3}$; uma urna (I) tem 4 bolas brancas e 6 pretas; uma urna (II) tem 7 bolas brancas e 3 pretas. Joga-se moeda e, em seguida, retira-se uma bola de (I), se saiu cara ou uma bola de (II), se saiu coroa. Qual é a probabilidade de que a bola sorteada seja branca?

Resolução:

É útil, neste caso, fazer-se uma árvore de possibilidades:

4B 6P	7B 3P
(I)	(II)

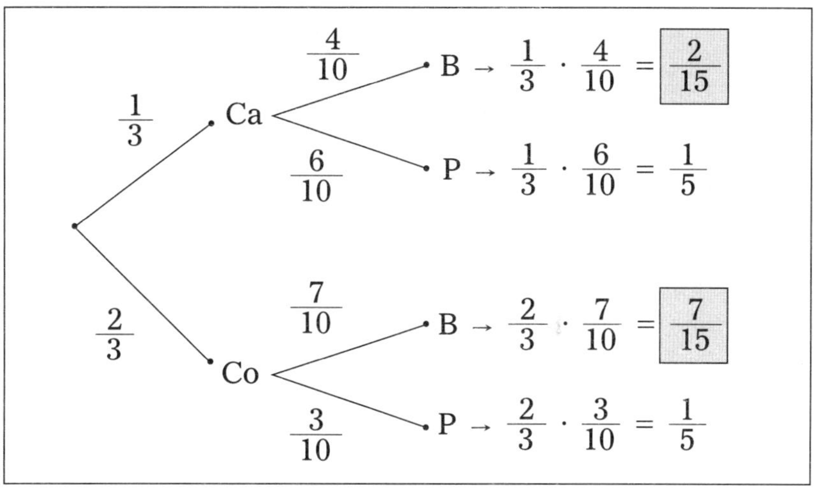

$P(Ca \text{ e } B) = P(Ca) \cdot P(B|Ca) = \frac{2}{15}$

$P(Ca \text{ e } P) = P(Ca) \cdot P(P|Ca) = \frac{1}{5}$

$P(Co \text{ e } B) = P(Co) \cdot P(B|Co) = \frac{7}{15}$

$P(Co \text{ e } P) = P(Co) \cdot P(P|Co) = \frac{1}{5}$

Como o evento que nos interessa é "sortear uma bola branca", temos:

P (branca) = P(Ca e B) + P(Co e B)

[Somamos as probabilidades pois os eventos (cara e branca) e (coroa e branca) são mutuamente exclusivos].

P (Branca) $= \frac{2}{15} + \frac{7}{15} = \frac{9}{15} = \frac{3}{5}$

Resposta: a probabilidade de se sortear uma bola branca é $\frac{3}{5}$ = 60%

Resp: 207 B 208 C 209 D

3) Eventos independentes

Dois eventos A e B, não vazios, de um espaço amostral E são **independentes** quando o fato de um ocorrer não afeta a probabilidade de que o outro ocorra e, portanto,

$P(A|B) = P(A)$ e $P(B|A) = P(B)$, então, temos:

$P(A \cap B) = P(A) \cdot P(B|A) = P(A) \cdot P(B)$

e, também, $P(A \cap B) = P(B) \cdot P(A|B) = P(B) \cdot P(A)$

Isto nos leva à seguinte definição:

Dois eventos A e B, não vazios, de um espaço amostral E **são independentes** se:

$$P(A \cap B) = P(A) \cdot P(B)$$

Observação: apropriedade da multiplicação de probabilidades pode ser estendida para mais que dois eventos, ou seja,

$P(A_1 \cap A_2 \cap A_3 \ldots \cap A_k) = P(A_1) \cdot P(A_2|A_1) \cdot P(A_3|A_1 \text{ e } A_2)\ldots$

Exemplo

Jogando-se dois dados, calcule a probabilidade dos eventos:

A = obter diferença dos pontos (maior menos o menor) igual a 3.

B = obter pelo menos um resultado igual a 2.

Verifique, a seguir, se os eventos são independentes.

Resolução:

$n(E) = 6 \cdot 6 = 36$

$A = \{(1,4), (2,5), (3,6), (4,1), (5,2), (6,3)\}$

$B = \{(1,2), (2,2), (3,2), (4,2), (5,2), (6,2), (2,1), (2,3), (2,4), (2,5), (2,6)\}$

$(A \cap B) = \{(2,5), (5,2)\}$

$P(A) = \frac{6}{36} = \frac{1}{6}$

$P(B) = \frac{11}{36}$

$P(A \cap B) = \frac{2}{36} = \frac{1}{18}$ ← diferentes

$P(A) \cdot P(B) = \frac{1}{6} \cdot \frac{11}{36} = \frac{11}{216}$ ←

e, como $P(A \cap B) \neq P(A) \cdot P(B)$

os eventos, **não são independentes**

Exemplos Resolvidos

Exemplo 1: Em uma fábrica, as máquinas A, B e C produzem um mesmo tipo de peça. Em um determinado dia, A produziu 24 peças das quais 2 eram defeituosas, B produziu 36, das quais 4 eram defeituosas e C produziu 42, das quais 6 eram defeituosas. Uma peça é escolhida ao acaso e percebe-se que é defeituosa.Qual é a probabilidade de ter sido fabricada pela máquina A?

Resolução:

1º modo: Usando o "espaço amostral reduzido".

Máquina A ⟶ produz 24 peças (sendo 2 defeituosas)

Máquina B ⟶ 36 peças (4 com defeito)

Máquina C ⟶ 42 peças (6 com defeito)

Espaço amostral = **E** = {conjunto de todas as peças} ⟶ n (E) = 24 + 36 + 42 = 102

Espaço amostral reduzido = **E'** = { conjunto das peças defeituosas} ⟶ é o evento que já ocorreu (a peça sorteada é defeituosa) ⟶ n(E') = 2 + 4 + 6 =12.

Evento pedido = M = { dentre as peças de E' são aquelas fabricadas por A} ⟶ n(M) = 2(peças com defeito **e** de A)

Então $$\mathbf{P(M)} = \frac{n(M)}{n(E')} = \frac{2}{12} = \frac{\mathbf{1}}{\mathbf{6}}$$

2º modo: Usando a definição $\mathbf{P(M|N) = \frac{P(M \cap N)}{P(N)}}$

P(M | N) ⟶ probabilidade de M dado N

$P(M \cap N)$ ⟶ probabilidade de M **e** N

P(N) ⟶ probabilidade do evento que já ocorreu (a peça sorteada é defeituosa)

n(N) = 2 + 4 + 6 = 12

$M \cap N = \{$peças defeituosas **e** fabricadas por A$\} \Rightarrow n(M \cap N) = 2$

E = {conjunto de todas as peças} ⇒ n(E) = 24 + 36 + 42 = 102

Então $$P(M|N) = \frac{P(M \cap N)}{P(N)} = \frac{\frac{2}{102}}{\frac{12}{102}} = \frac{2}{12} = \frac{\mathbf{1}}{\mathbf{6}}$$

Exemplo 2: Numa cidade, 40% da população possui cabelos castanhos, 25% olhos castanhos e 15% olhos e cabelos castanhos.

Seleciona-se uma pessoa ao acaso. Se esta pessoa tem olhos castanhos, qual a probabilidade de não ter cabelos castanhos?

Resolução: Vamos fazer um diagrama para representar os conjuntos

CC ⟶ cabelos castanhos (40%)

OC ⟶ olhos castanhos (25%)

CC ∩ OC ⟶ olhos e cabelos castanhos (15%)

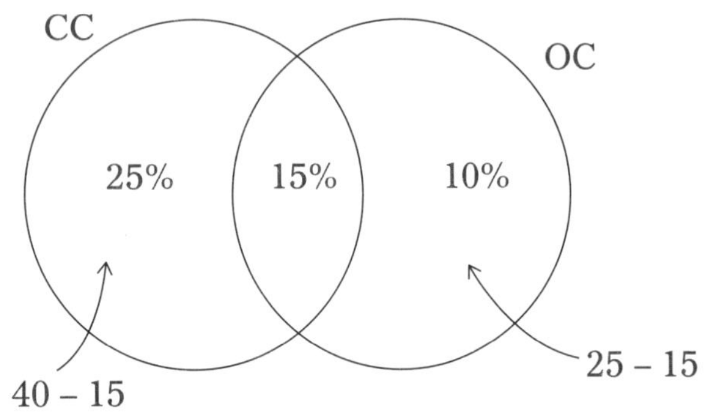

N ⟶ evento que já ocorreu (a pessoa tem olhos castanhos)

M ⟶ evento procurado (a pessoa não ter cabelos castanhos dentre os elementos de OC)

P(M|N) ⟶ probabilidade de não ter cabelos castanhos **sabendo que** tem olhos castanhos.

1º modo: Usando o espaço amostral reduzido.

E = espaço amostral = CC ∪ OC ⇒ n(E) = 50%

E' = espaço amostral reduzido (já ocorreu) = OC

n (E') = 25%

M = { conjunto dos elementos de OC que não são de CC} ⇒ n(M) = 10%

Portanto, $P(M) = \dfrac{n(M)}{n(E')} = \dfrac{10\%}{25\%} = \dfrac{2}{5}$

2º modo: Usando a definição $\mathbf{P(M|N) = \dfrac{P(M \cap N)}{P(N)}}$

n(E) = 50%

M ∩ N = { conjunto das pessoas que têm olhos castanhos e não têm cabelos castanhos} ⇒ n (M ∩ N) = 10%

N = { conjunto das pessoas que têm olhos castanhos} ⇒ n(N) = 15% + 10% = 25%

Portanto, $P(M|N) = \dfrac{P(M \cap N)}{P(N)} = \dfrac{\dfrac{n(M \cap N)}{n(E)}}{\dfrac{n(N)}{n(E)}} = \dfrac{\dfrac{10}{50}}{\dfrac{25}{50}} = \dfrac{10}{25} = \mathbf{\dfrac{2}{5}}$

Exemplo 3: Uma máquina A produz 40% do total de peças de uma fábrica e 2% destas são defeituosas. Uma máquina B produz 35% das peças, das quais 4% são defeituosas e uma C produz o restante, das quais 6% são defeituosas. Uma peça é escolhida ao acaso e é defeituosa, qual é a probabilidade de ter sido produzida pela máquina A?

Resolução: n ⟶ total de peças produzidas

Máquina A ⟶ produz 40% das peças (2% destas são defeituosas)

Máquina B ⟶ produz 35% (4% destas, defeituosas)

Máquina C ⟶ produz os restantes 25% (6% destas, defeituosas)

N = E' = { a peça é defeituosa} ⟶ evento que já ocorreu

$$n(E') = \overbrace{(2\%)\cdot(40\%)\cdot n}^{A} + \overbrace{(4\%)\cdot(35\%)\cdot n}^{B} + \overbrace{(6\%)\cdot(25\%)\cdot n}^{C} =$$

Evento pedido ⟶ M = { Conjunto dos elementos de E' produzidos por A}

$$\Rightarrow n(M) = (2\%)\cdot(40\%)n$$

Então,

$$\mathbf{P(M|N)} = \frac{n(M)}{n(E')} = \frac{\frac{2}{100}\cdot\frac{40}{100}\cdot \cancel{n}}{\left(\frac{2}{100}\cdot\frac{40}{100}+\frac{4}{100}\cdot\frac{35}{100}+\frac{6}{100}\cdot\frac{25}{100}\right)\cdot \cancel{n}} = \frac{\frac{80}{100\cdot 100}}{\frac{80+140+150}{100\cdot 100}} = \frac{80}{370} = \mathbf{\frac{8}{37}}$$

Exemplo 4: Três atiradores, A, B e C atiram em um alvo, dando, cada um, um único tiro e o alvo é atingido uma única vez.

A probabilidade de A acertar é $\frac{1}{5}$, a de B acertar é $\frac{2}{3}$ e a de C acertar é $\frac{1}{4}$. Qual é a probabilidade de que quem tenha atingido o alvo seja o atirador A?

Resolução: Cada atirador atira uma vez.

Atirador A → acerta $\left(\frac{1}{5}\right)$; erra $\left(1-\frac{1}{5}=\frac{4}{5}\right)$

Atirador B → acerta $\left(\frac{2}{3}\right)$; erra $\left(\frac{1}{3}\right)$

Atirador C → acerta $\left(\frac{1}{4}\right)$; erra $\left(\frac{3}{4}\right)$

N = E' = evento que já ocorreu = {o alvo foi atingido uma única vez}

M = evento pretendido = {o alvo foi atingido por A}

$M \cap N$ ={ o alvo foi atingido uma única vez **e** foi por A}

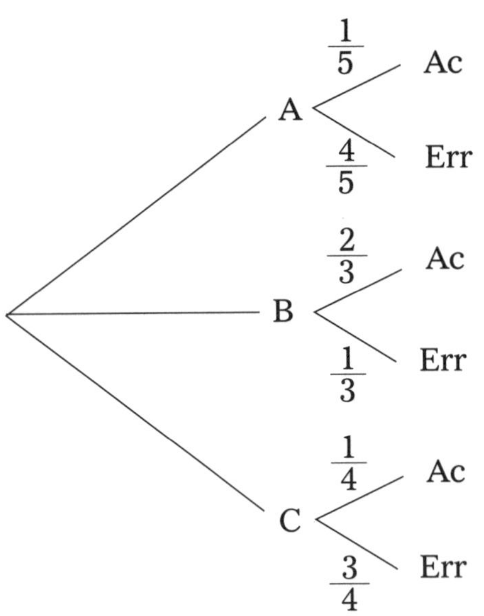

Como o alvo é atingido um única vez:

- Probabilidade de A acertar e os outros errarem:

$$P_1 = \frac{1}{5} \cdot \frac{1}{3} \cdot \frac{3}{4}$$

- Probabilidade de B acertar e os outros errarem:

$$P_2 = \frac{4}{5} \cdot \frac{2}{3} \cdot \frac{3}{4}$$

- Probabilidade de C acertar e os outros errarem:

$$P_3 = \frac{4}{5} \cdot \frac{1}{3} \cdot \frac{1}{4}$$

Probabilidade do único tiro certeiro vir de A:

Então, $\mathbf{P(M|N) = \frac{P(M \cap N)}{P(N)} = \frac{P_1}{P_1 + P_2 + P_3}} =$

$$= \frac{\frac{1}{5} \cdot \frac{1}{3} \cdot \frac{3}{4}}{\frac{1}{5} \cdot \frac{1}{3} \cdot \frac{3}{4} + \frac{4}{5} \cdot \frac{2}{3} \cdot \frac{3}{4} + \frac{4}{5} \cdot \frac{1}{3} \cdot \frac{1}{4}} =$$

$$= \frac{\frac{1}{20}}{\frac{1}{20} + \frac{2}{5} + \frac{1}{15}} = \frac{\frac{1}{20}}{\frac{3+24+4}{60}} = \frac{1}{\cancel{20}_{1}} \cdot \frac{\cancel{60}^{3}}{31} = \mathbf{\frac{3}{31}}$$

210 A probabilidade de um atirador A acertar um alvo é $\frac{1}{3}$ e a de um atirador B acertar o mesmo alvo é $\frac{1}{5}$. Se cada um atira uma vez, pergunta-se:

a) Qual é a propabilidade do alvo ser atingido?

b) Se o alvo foi atingido apenas uma vez, qual é a probabilidade de ter sido pelo atirador B?

---

211 Colocam-se 5 livros ao acaso em uma estante (livros: A, B, C, D e E). Pergunta-se:

a) Se os livros A e B iniciam a ordem de colocação, qual a probabilidade do livro C ser o último colocado?

b) Se A, C e D iniciam a ordem de colocação, qual a probabilidade de E ser o penúltimo?

212 Dois atiradores M e N estão treinando e sabe-se que quando M atira, tem probabilidade $\frac{3}{4}$ de acertar e N, quando atira, tem probabilidade $\frac{5}{6}$ de acertar.

Quando cada um deles dá um único tiro, pergunta-se:

a) Qual é a probabilidade de M errar?

b) Qual é a probabilidade de N errar?

c) Qual é a probabilidade de que ambos errem?

d) Qual é a probabilidade de um errar e o outro acertar?

e) Qual é a probabilidade de que o alvo seja atingido, isto é, pelo menos um acertar o alvo?

---

213 Numa urna há 5 bolas azuis e 7 verdes, num total de 12 bolas. Retirando-se 5 bolas ao acaso, sucessivamente e sem reposição, pergunta-se:

a) Qual é a probabilidade de sairem 3 bolas azuis e 2 verdes?

b) Qual é a probabilidade de sairem duas bolas verdes e 3 azuis, nesta ordem?

c) Qual é a probabilidade de que se obtenha todas bolas verdes?

d) Qual é a probabilidade de obter-se pelo menos uma bola azul?

214 As probabilidades de 3 alunos A, B e C resolverem separadamente, um determinado problema são respectivamente 40%, 50% e 60%. Qual a probabilidade do problema ser resolvido?

---

215 Dados os eventos A e B de um espaço amostral E, sabe-se que:

$P(A|B)=\frac{3}{5}; P(B)=\frac{11}{20}$ e $P(B|A)=\frac{7}{3}$. Pergunta-se:

a) Quanto vale $P(A \cap B)$?

b) Esses eventos são independentes?

c) Esses eventos são mutuamente exclusivos?

Resp: **210** a) $\frac{7}{15}$ b) $\frac{1}{3}$ **211** a) $\frac{1}{3}$ b) $\frac{1}{2}$

216 Numa fábrica, a máquina X produz 35% do total da produção, a máquina Y, 40% e a máquina Z, os restantes 25%. Da produção de X, 2% apresentam defeito, da produção de Y 1,5% apresenta defeito e da produção de A, 0,8% apresentam defeito. Num dia em que a produção total das 3 máquinas foi de 20.000 peças, uma delas foi tirada ao acaso e verificou-se que era defeituosa. Qual a probabilidade de que essa peça tenha sido produzida na máquina X?

---

217 Um atirador acerta o alvo com uma probalidade igual a $\frac{3}{4}$ em cada tiro. Supondo que ele atire **n** vezes em seguida, qual é o número **n** mínimo de tiros que ele deve dar, de modo que a probabilidade de que ele atinja o alvo seja maior que 99, 21875%

Dado: $99{,}21875\% = \frac{127}{128}$

218 Escolhe-se um número ao acaso entre 1 e 300. Determine a probabilidade

a) do número ser divisível po 4, sabendo-se que termina em 4.

b) do número terminar em 5 sabendo-se que tal número é ímpar.

c) do número ser 50, sabendo-se que está entre 35 e 60 (inclusives).

d) do número ser 25, sabendo-se que é menor que 40.

---

219 Uma urna possui 5 bolas brancas e 8 amarelas. Retiram-se duas bolas da urna, uma de cada vez, sem reposição da bola retirada. Sabendo-se que a primeira bola retirada foi branca, qual a probabilidade da segunda ser amarela?

Resp: **212** a) $\frac{1}{4}$ b) $\frac{1}{6}$ c) $\frac{1}{24}$ d) $\frac{1}{3}$ e) $\frac{23}{24}$ **213** a) $\frac{35}{132}$ b) $\frac{7}{264}$ c) $\frac{7}{264}$ d) $\frac{257}{264}$

214 $\frac{22}{25} = 88\%$ **215** a) $\frac{33}{100}$ b) não c) não

220 Duas caixas A e B são tais que A possui 8 objetos dos quais 3 são defeituosos e a caixa B contém 5 dos quais 2 são defeituosos. Um objeto é retirado aleatoriamente de cada caixa. Se um deles é defeituoso e o outro não, qual a probabilidade do defeituoso ter vindo da caixa A?

---

221 Numa cidade, 25% das pessoas frequentam um clube A, 15% frequentam um clube B e 10% frequentam A e B. Escolhe-se uma pessoa aleatoriamente.Pergunta-se:

a) Se a pessoa escolhida frequenta o clube B, qual a probabilidade de frequentar A?

b) Se a pessoa frequenta o clube A, qual a probabilidade de frequentar B?

---

222 Jogam-se 4 moedas. Qual a probabilidade de obtermos pelo menos três “coroas” sabendo-se que na primeira vez obtivemos cara?

223 Retiram-se de um baralho de 52 cartas, 5 cartas (todas de uma só vez).

Sabendo-se que todas são vermelhas, qual a probabilidade de serem do mesmo naipe (copas ou ouros)?

---

224 Uma urna possui bolas numeradas de 1 a 100. Retira-se uma bola aleatoriamente. Sabendo-se que o número da bola sorteada é par, qual a probabilidade de ser múltiplo de 5?

---

225 Joga-se um dado 3 vezes. Sabendo-se que a soma dos resultados é 7, qual a probabilidade de ter ocorrido primeiro resultado igual a 2?

Resp: **216** $\frac{7}{15}$ **217** $n > 3,5 \Rightarrow n_{min} = 4$ **218** a) $\frac{1}{2}$ b) $\frac{1}{5}$ c) $\frac{1}{26}$ d) $\frac{1}{39}$ **219** $\frac{2}{3}$

226 Um time de futebol vence com probabilidade 0,30, perde com probabilidade 0,50 e empata com probabilidade 0,2. Se tal time joga duas vezes, qual a probabilidade de vencer pelo menos uma vez?

---

227 Um urna possui 2 bolas pretas e 4 verdes, outra possui 1 preta e 3 verdes.

Passa-se uma bola da primeira para a segunda urna, e retiramos uma bola dessa segunda urna. Qual a probabilidade de que esta seja verde?

---

228 Com as urnas do problema anterior, se uma delas é escolhida ao acaso e uma bola é retirada dela, qual é a probabilidade de que esta seja preta?

229 Uma urna possui 3 moedas, 2 não viciadas, uma com duas caras. Seleciona-se uma moeda ao acaso e joga-se esta moeda duas vezes. Pergunta-se:

a) Qual a probabilidade de obtermos cara duas vezes?

b) Qual a probabilidade de obtermos cara na segunda vez?

c) Dado que obtivermos cara duas vezes, qual a probabilidade de ter sido a moeda de duas caras?

---

230 Um dado "viciado" é tal que a probabilidade de ocorrer um dos resultados é inversamente proporcional ao mesmo. Lançando-se tal dado uma vez, qual a probabilidade de obtermos resultado 4, sabendo-se que tal resultado é par?

Resp: **220** $\frac{9}{19}$ **221** a) $\frac{2}{3}$ b) $\frac{2}{5}$ **222** $\frac{1}{8}$ **223** $\frac{2C_{13,5}}{C_{26,5}} = \frac{9}{230}$ **224** $\frac{1}{5}$ **225** $\frac{4}{15}$

231 Quatro pessoas A, B, C e D recebem cada uma 13 cartas de um baralho de 52 cartas. Se a pessoa B tem exatamente um rei, qual a probabilidade da pessoa C ter os outros reis?

---

232 (CESCEM) De um total de 100 alunos que se destinam aos cursos de Matemática, Física e Química sabe-se que:

1. 30 destinam-se a Matemática e destes, 20 são do sexo masculino.
2. O total de alunos do sexo masculino é 50, dos quais 10 destinam-se à Química.
3. Existem 10 moças que se destinam ao curso de Química.

Nestas condições, sorteando-se um aluno ao acaso do grupo total e sabendo-se que é do sexo feminimo, a probabilidade de que ele se destine ao curso de Matemática vale:

a) $\frac{1}{5}$ b) $\frac{1}{4}$ c) $\frac{1}{3}$ d) $\frac{1}{2}$ e) 1

---

233 (CESCEM) Dois indivíduos A e B vão jogar cara ou coroa com uma moeda honesta. Eles combinam lançar a moeda 5 vezes e ganha o jogo aquele que ganhar em 3 ou mais lançamentos. Cada um aposta 28 reais. Feitos os dois primeiros lançamentos, em ambos dos quais A vence, eles resolvem encerrar o jogo. Do ponto de vista probabilístico, de que forma devem ser repartidos os 56 reais?

a) metade para cada um
b) 42 para A e 14 para B
c) 49 para A e 7 para B
d) tudo para A
e) nenhuma das anteriores

O enunciado seguinte se refere aos exercícios 234 e 235:

Sabendo-se que os erros de impressão tipográfica, por página impressa, se distribuem de acordo com as seguintes probabilidades:

Nº de erros por página	**Probabilidades**
0	0,70
1	0,15
2	0,10
3	0,02
4	0,02
5 ou mais	0,01

Nestas condições,

234 (CESCEM) A probabilidade de que numa página impressa existam estritamente mais do que três erros tipográficos vale:

a) 0,05 b) 0,03 c) 0,02 d) 0,0003 e) 0,0002

235 (CESCEM) A probabilidade de que em duas páginas impressas existam no total exatamente quatro erros tipográficos vale:

a) 0,0200 b) 0,0270 c) 0,0440 d) 0,4900 e) 0,7000

236 (CESCEM) uma urna contém 1 bola preta e 9 brancas. Uma segunda urna contèm x bolas pretas e as restantes brancas, num total de 10 bolas. Uma bola é extraída ao acaso da primeira urna e colocada sem que se veja sua cor na segunda urna. Então, uma bola é extraída da segunda urna. A probalidade de que esta seja preta vale:

a) $\frac{x}{10} + \frac{1}{10}$ b) $\frac{x}{11} + \frac{1}{10}$ c) $\frac{x+1}{11}$ d) $\frac{x}{10} + \frac{1}{110}$ e) $\frac{x}{11} + \frac{1}{110}$

Resp: **226** 0,51 **227** $\frac{11}{15}$ **228** $\frac{7}{24}$ **229** a) $\frac{1}{2}$ b) $\frac{2}{3}$ c) $\frac{2}{3}$ **230** $\frac{3}{11}$

237 (CESCEM) Uma urna contém 1 bola preta e 9 brancas. Uma segunda urna contém x bolas pretas e as restantes brancas num total de 10 bolas. Um primeiro experimento consiste em retirar, ao acaso, uma bola de cada urna. Num segundo experimento, as bolas das duas urnas são reunidas e destas, duas bolas são retiradas ao acaso. O valor mínimo de x a fim de que a probabilidade de saírem duas bolas pretas seja maior no segundo do que no primeiro experimento é:

a) 1 b) 2 c) 3 d) 4 e) 5

---

238 (CESCEM) Em uma sala existem 5 crianças: uma brasileira, uma italiana, uma japonesa, uma inglesa e uma francesa. Em uma urna existem 5 bandeiras correspondentes aos países de origem destas crianças: Brasil, Itália, Japão, Inglaterra e França. Uma criança e uma bandeira são selecionadas ao acaso, respectivamente, da sala e da urna. A probalidade de que a criança sorteada não receba sua bandeira vale:

a) $\frac{1}{25}$ b) $\frac{5}{25}$ c) $\frac{25}{25}$ d) $\frac{20}{25}$ e) $\frac{5}{20}$

---

239 (CESCEM) Têm-se duas moedas das quais uma é perfeita e a outra tem duas caras. Uma das moedas, tomada ao acaso, é lançada. A probabilidade de se obter cara é:

a) 1 b) $\frac{1}{2}$ c) estritamente maior do $\frac{1}{2}$, não se podendo afirmar mais nada

d) $\frac{3}{4}$ e) $\frac{5}{6}$

240 (SANTA CASA - SP) Numa gaveta há 10 pares distintos de meias, mas ambos pés de um dos pares estão rasgados. Tirando-se da gaveta um pé de meia por vez, ao acaso, a probabilidade de tirarmos dois pés de meia do mesmo par, não rasgados, fazendo 2 retiradas é

a) $\frac{379}{380}$ b) $\frac{306}{380}$ c) $\frac{1}{10}$ d) $\frac{1}{380}$ e) $\frac{18}{380}$

241 (SANTA CASA - SP) Dispõe-se de um mapa. Dispõe-se também de um dado com 3 faces vermelhas e 3 faces azuis. Considerando as regras:

I – partindo do quadro 1, pode-se caminhar no sentido indicado pelas setas para os demais quadros, a cada lançamento do dado.

II – lançando-se o dado, se sair face azul, segue-se pela seta da direita até o quadro seguinte.

III – lançando-se o dado, se sair face vermelha, segue-se pela seta da esquerda até o quadro seguinte.

A probabilidade de chegar ao quadro 13, partindo-se de 1, é

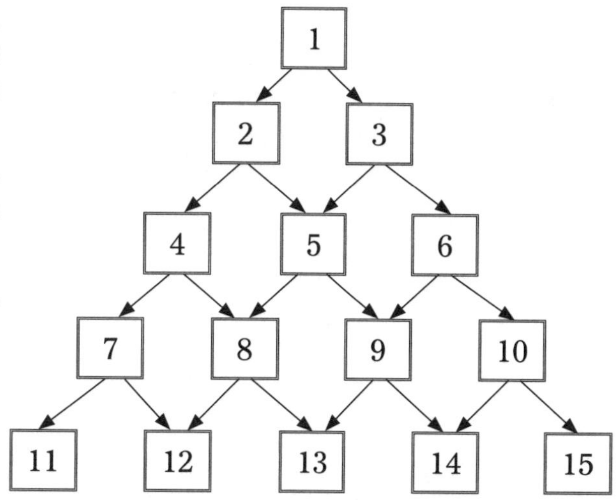

a) $\frac{1}{16}$ b) $\frac{4}{16}$ c) $\frac{6}{16}$ d) $\frac{8}{16}$ e) $\frac{12}{16}$

242 (FEI) Uma urna contém 5 bolas vermelhas e dez bolas verdes não discerníveis quando tocadas. Retiram-se simultaneamente quatro bolas da urna. Calcule a probabilidade de se retirar exatamente duas bolas verdes.

Resp: **231** $\frac{22}{703}$ **232** A **233** C **234** B **235** C **236** E

243 (CESGRANRIO) Um juiz de futebol possui três cartões no bolso. Um é todo amarelo, outro é todo vermelho e o terceiro é vermelho de um lado e amarelo do outro. Num determinado lance o juiz retira, ao acaso, um cartão do bolso e mostra a um jogador. A probabilidade da face que o juiz vê ser vermelha e da outra face, mostrada ao jogador, ser amarela é

a) $\frac{1}{2}$ b) $\frac{2}{5}$ c) $\frac{1}{5}$ d) $\frac{2}{3}$ e) $\frac{1}{6}$

---

244 (FUVEST) Uma urna contém 3 bolas: uma verde, uma azul e uma branca. Tira-se uma bola ao acaso, registra-se a cor e coloca-se a bola de volta na urna. Repete-se essa experiência mais duas vezes. Qual a probabilidade de serem registradas três cores distintas?

---

245 (FUVEST – 1ª Fase) Escolhendo-se ao acaso duas arestas de um cubo, a probabilidade delas serem reversas é

a) $\frac{1}{3}$ b) $\frac{1}{4}$ c) $\frac{2}{11}$ d) $\frac{4}{11}$ e) $\frac{5}{11}$

246 (FUVEST – 2ª Fase) Em uma loteria com 30 bilhetes, 4 são premiados.

Comprando-se 3 bilhetes, qual a probabilidade de

a) nenhum deles ser premiado?

b) apenas um ser premiado?

---

247 (FUVEST – 2ª Fase) Uma urna contém cinco bolas brancas, três vermelhas e duas pretas. As bolas são retiradas ao acaso da urna, uma de cada vez, sem reposição.

a) Qual é a probabilidade de que a última bola a ser retirada da urna seja preta?

b) Qual é a probabilidade de que a primeira bola retirada da urna seja branca e a última seja vermelha?

---

248 (FUVEST – 2ª Fase) Considere o experimento que consiste no lançamento de um dado perfeito(todas as seis faces têm probabilidades iguais). Com relação a esse experimento, considere os seguintes eventos:

I) O resultado do lançamento é par.

II) O resultado do lançamento é estritamente maior do que 4.

III) O resultado é múltiplo de 3.

a) I e II são eventos independentes?

b) II e III são eventos independentes?

Justifique suas respostas.

Resp: **237** C **238** D **239** D **240** E **241** C **242** $\frac{30}{91}$

249 (CESCEM)Um dado de 6 faces é construído de tal forma que, se P(j) indica a probabilidade de cair o número j $(j = 1, 2, 3, 4, 5, 6)$, temos que $P(1) = P(2)$, $P(6) = 4\,P(1)$, $P(3) = P(4) = P(5) = 2P(1)$. Jogando-se este dado duas vezes, a probabilidade de obtermos um par de 6 é

a) $\frac{1}{10}$ b) $\frac{1}{8}$ c) $\frac{1}{9}$ d) zero e) n. r. a

---

250 (CESCEM) Em um jogo de cara ou coroa, em cada tentativa, a moeda é lançada 3 vezes consecutivas. Uma tentativa é considerada um sucesso se o número de vezes que se obtém cara supera estritamente o número de vezes que se obtém coroa. A probabilidade de se obterem 2 sucessos nas 2 primeiras tentativas é

a) $\frac{1}{4}$ b) $\frac{1}{2}$ c) $\frac{3}{16}$ d) $\frac{13}{16}$ e) $\frac{1}{64}$

---

251 (FUVEST – 1ª Fase) Uma folha quadrada de papel quadriculado contém n^2 quadradinhos $(n \geq 2)$. Escolhendo-se, ao acaso, dois quadradinhos distintos, a probabilidade de que eles tenham um lado comum é

a) $\frac{2}{n+1}$ b) $\frac{4}{n(n+1)}$ c) $\frac{2}{n(n+1)}$ d) $\frac{1}{4n(n+1)}$ e) $\frac{n-1}{n(n+1)}$

252 (FUVEST – 2ª Fase) a) Construa o espaço amostral formado pelas oito possibilidades de distribuição de sexo (M ou F) dos três filhos de um casal. Determine nesse espaço os subconjuntos correspondentes aos eventos:

A – existem crianças de sexos diferentes.

B – existem pelo menos duas meninas.

b) Supondo que as oito possibilidades são igualmente prováveis, mostre que A e B são eventos independentes.

---

253 (FUVEST – 1ª Fase) Duas pessoas A e B jogam dado alternadamente, começando com A, até que uma delas obtenha um 6; a primeira que obtiver o 6 ganha o jogo.

a) Qual a probabilidade de A ganhar na 1ª jogada?

b) Qual a probabilidade de B ganhar na 2ª jogada?

c) Calcule a probabilidade de A ganhar o jogo.

---

254 (FUVEST – 1ª Fase) Numa urna são depositadas **n** etiquetas numeradas de **1 a n**. Três etiquetas são sorteadas (sem reposição). Qual a probabilidade de que os números sorteados sejam consecutivos?

a) $\frac{(n-2)!}{n!}$ b) $\frac{(n-3)!}{n!}$ c) $\frac{(n-2)!}{3!n!}$ d) $\frac{(n-2)!3!}{n!}$ e) $6(n-2)(n-1)$

Resp: **243** E **244** $\frac{2}{9}$ **245** D **246** a) $\frac{130}{203}$ b) $\frac{65}{203}$ **247** a) $\frac{1}{5}$ b) $\frac{1}{6}$ **248** a) sim b) não

255 (FUVEST - 2ª Fase) Duas pessoas A e B arremessam moedas. Se A faz dois arremessos e B faz um, qual a probabilidade de A obter o mesmo número de "coroas" que B?

ENEM e Vestibulares

256 (ENEM/2019) O dono de um restaurante situado às margens de uma rodovia percebeu que, ao colocar uma placa de propaganda de seu restaurante ao longo da rodovia, as vendas aumentaram. Pesquisou junto aos seus clientes e concluiu que a probabilidade de um motorista perceber uma placa de anúncio é $\frac{1}{2}$. Com isso, após autorização do órgão competente, decidiu instalar novas placas com anúncios de seu restaurante ao longo dessa rodovia, de maneira que a probabilidade de um motorista perceber pelo menos uma das placas instaladas fosse superior a $\frac{99}{100}$.

A quantidade mínima de novas placas de propaganda a serem instaladas é

a) 99. b) 51. c) 50. d) 6. e) 1.

---

257 (ENEM/2019) Em um determinado ano, os computadores da receita federal de um país identificaram como inconsistentes 20% das declarações de imposto de renda que lhe foram encaminhadas. Uma declaração é classificada como inconsistente quando apresenta algum tipo de erro ou conflito nas informações prestadas. Essas declarações consideradas inconsistentes foram analisadas pelos auditores, que constataram que 25% delas eram fraudulentas. Constatou-se ainda que, dentre as declarações que não apresentaram inconsistências, 6,25% eram fraudulentas.

Qual é a probabilidade de, nesse ano, a declaração de um contribuinte ser considerada inconsistente, dado que ela era fraudulenta?

a) 0,0500 b) 0,1000 c) 0,1125 d) 0,3125 e) 0,5000

---

258 (ENEM/2018) Um rapaz estuda em uma escola que fica longe de sua casa, e por isso precisa utilizar o transporte público. Como é muito observador, todos os dias ele anota a hora exata (sem considerar os segundos) em que o ônibus passa pelo ponto de espera. Também notou que nunca consegue chegar ao ponto de ônibus antes de 6h15min da manhã. Analisando os dados coletados durante o mês de fevereiro, o qual teve 21 dias letivos, ele concluiu que 6h21min. foi o que mais se repetiu, e que mediana do conjunto de dados é 6h22 min.

A probabilidade de que, em algum dos dias letivos de fevereiro, esse rapaz tenha apanhado o ônibus antes de 6h21min. da manhã é, no máximo,

a) $\frac{4}{21}$ b) $\frac{5}{21}$ c) $\frac{6}{21}$ d) $\frac{7}{21}$ e) $\frac{8}{21}$

259 (ENEM/2018) O gerente do setor de recursos humanos de uma empresa está organizando uma avaliação em que uma das etapas é um jogo de perguntas e respostas. Para essa etapa, ele classificou as perguntas, pelo nível de dificuldade, em fácil, médio e difícil, e escreveu cada pergunta em cartões para colocação em uma urna.

Contudo, após depositar vinte perguntas de diferentes níveis na urna, ele observou que 25% delas eram de nível fácil. Querendo que as perguntas de nível fácil sejam a maioria, o gerente decidiu acrescentar mais perguntas de nível fácil à urna, de modo que a probabilidade de o primeiro participante retirar, aleatoriamente, uma pergunta de nível fácil seja de 75%.

Com essas informações, a quantidade de perguntas de nível fácil que o gerente deve acrescentar à urna é igual a

a) 10. b) 15. c) 35. d) 40. e) 45.

---

260 (ENEM/2018) O salto ornamental é um esporte em que cada competidor realiza seis saltos. A nota em cada salto é calculada pela soma das notas dos juízes, multiplicada pela nota de partida (o grau de dificuldade de cada salto). Fica em primeiro lugar o atleta que obtiver a maior soma das seis notas recebidas.

O atleta 10 irá realizar o último salto da final. Ele observa no Quadro 1, antes de executar o salto, o recorte do quadro parcial de notas com a sua classificação e a dos três primeiros lugares até aquele momento.

Quadro 1

Classificação	Atleta	6º Salto	Total
1º	3	135,0	829,0
2º	4	140,0	825,2
3º	8	140,4	824,2
6º	10		687,5

Ele precisa decidir com seu treinador qual salto deverá realizar. Os dados dos possíveis tipos de salto estão no Quadro 2.

Quadro 2

Tipo de salto	Nota de partida	Estimativa da soma das notas dos juízes	Probabilidade de obter a nota
T1	2,2	57	89,76%
T2	2,4	58	93,74%
T3	2,6	55	91,88%
T4	2,8	50	95,38%
T5	3,0	53	87,34%

O atleta optará pelo salto com a maior probabilidade de obter a nota estimada, de maneira que lhe permita alcançar o primeiro lugar.

Considerando essas condições, o salto que o atleta deverá escolher é o de tipo

a) T1. b) T2. c) T3. d) T4. e) T5.

Resp: **249** C **250** A **251** B **252** a) A ={(M, M, F)}, (M, F, M), (F, M, M), (F , F, M), (F, M, F), (M, F, F)} B = {(M, F, F), (F, M, F),(F, F, M), (F, F, F)}

b) $P(A \cap B) = \frac{3}{8}$ e $P(A) \cdot P(B) = \frac{6}{8} \cdot \frac{4}{8} = \frac{3}{8} \Rightarrow P(A \cap B) = P(A) \cdot P(B)$ **253** a) $\frac{1}{6}$ b) $\frac{5}{36}$ c) $\frac{6}{11}$ **254** D

261 (ENEM/2018) Para ganhar um prêmio, uma pessoa deverá retirar, sucessivamente e sem reposição, duas bolas pretas de uma mesma urna.

Inicialmente, as quantidades e cores das bolas são como descritas a seguir:

- Urna A – Possui três bolas brancas, duas bolas pretas e uma bola verde;
- Urna B – Possui seis bolas brancas, três bolas pretas e uma bola verde;
- Urna C – Possui duas bolas pretas e duas bolas verdes;
- Urna D – Possui três bolas brancas e três bolas pretas.

A pessoa deve escolher uma entre as cinco opções apresentadas:

- Opção 1 – Retirar, aleatoriamente, duas bolas da uma A;
- Opção 2 – Retirar, aleatoriamente, duas bolas da urna B;
- Opção 3 – Passar, aleatoriamente, uma bola da urna C para a urna A; após isso, retirar, aleatoriamente, duas bolas da urna A;
- Opção 4 – Passar, aleatoriamente, uma bola da urna D para a urna C; após isso, retirar, aleatoriamente, duas bolas da urna C;
- Opção 5 – Passar, aleatoriamente, uma bola da urna C para a urna D; após isso, retirar, aleatoriamente, duas bolas da urna D.

Com o objetivo de obter a maior probabilidade possível de ganhar o prêmio, a pessoa deve escolher a opção

a) 1. b) 2. c) 3. d) 4. e) 5.

---

262 (ENEM/2018) Um *designer* de jogos planeja um jogo que faz uso de um tabuleiro de dimensão n × n, com $n \geq 2$, no qual cada jogador, na sua vez, coloca uma peça sobre uma das casas vazias do tabuleiro. Quando uma peça é posicionada, a região formada pelas casas que estão na mesma linha ou coluna dessa peça é chamada de zona de combate dessa peça. Na figura está ilustrada a zona de combate de uma peça colocada em uma das casas de um tabuleiro de dimensão 8 × 8.

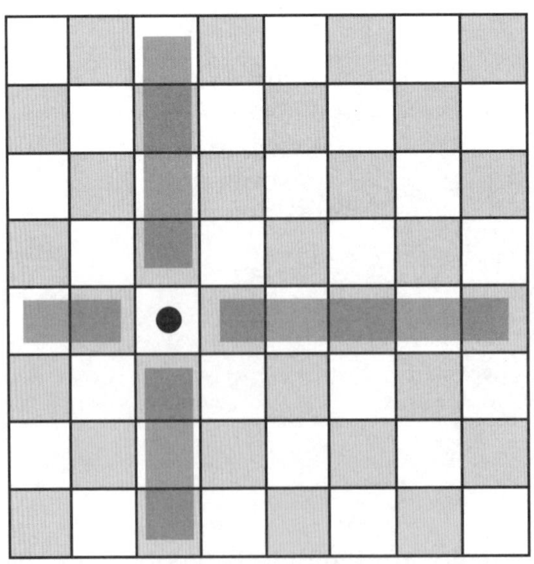

O tabuleiro deve ser dimensionado de forma que a probabilidade de se posicionar a segunda peça aleatoriamente, seguindo a regra do jogo, e esta ficar sobre a zona de combate da primeira, seja inferior a $\frac{1}{5}$.

A dimensão mínima que o *designer* deve adotar para esse tabuleiro é

a) 4×4. b) 6×6. c) 9×9. d) 10×10. e) 11×11.

263 (ENEM/2017) A figura ilustra uma partida de Campo Minado, o jogo presente em praticamente todo computador pessoal. Quatro quadrados em um tabuleiro 16 × 16 foram abertos, e os números em suas faces indicam quantos dos seus 8 vizinhos contêm minas (a serem evitadas). O número 40 no canto inferior direito é o número total de minas no tabuleiro, cujas posições foram escolhidas ao acaso, de forma uniforme, antes de se abrir qualquer quadrado.

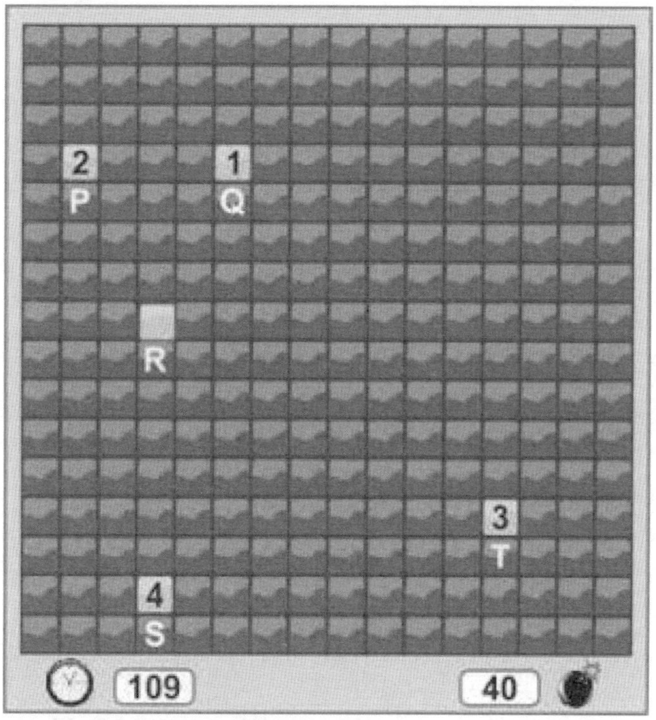

Em sua próxima jogada, o jogador deve escolher dentre os quadrados marcados com as letras P, Q, R, S e T um para abrir, sendo que deve escolher aquele com a menor probabilidade de conter uma mina.

O jogador deverá abrir o quadrado marcado com a letra

a) P. b) Q. c) R. d) S. e) T.

---

264 (ENEM/2017) Numa avenida existem 10 semáforos. Por causa de uma pane no sistema, os semáforos ficaram sem controle durante uma hora, e fixaram suas luzes unicamente em verde ou vermelho. Os semáforos funcionam de forma independente; a probabilidade de acusar a cor verde é de $\frac{2}{3}$ e a de acusar a cor vermelha é de $\frac{1}{3}$. Uma pessoa percorreu a pé toda essa avenida durante o período da pane, observando a cor da luz de cada um desses semáforos.

Qual a probabilidade de que esta pessoa tenha observado exatamente um sinal na cor verde?

a) $\frac{10 \times 2}{3^{10}}$ b) $\frac{10 \times 2^9}{3^{10}}$ c) $\frac{2^{10}}{3^{100}}$ d) $\frac{2^{90}}{3^{100}}$ e) $\frac{2}{3^{10}}$

---

265 (ENEM/2017) Um morador de uma região metropolitana tem 50% de probabilidade de atrasar-se para o trabalho quando chove na região; caso não chova, sua probabilidade de atraso é de 25%. Para um determinado dia, o serviço de meteorologia estima em 30% a probabilidade da ocorrência de chuva nessa região.

Qual é a probabilidade de esse morador se atrasar para o serviço no dia para o qual foi dada a estimativa de chuva?

a) 0,075 b) 0,150 c) 0,325 d) 0,600 e) 0,800

Resp: **255** $\frac{3}{8}$ **256** D **257** E **258** D **259** D **260** C

266 (ENEM/2015) Em uma escola, a probabilidade de um aluno compreender e falar inglês é de 30%. Três alunos dessa escola, que estão em fase final de seleção de intercâmbio, aguardam, em uma sala, serem chamados para uma entrevista. Mas, ao invés de chamá-los um a um, o entrevistador entra na sala e faz, oralmente, uma pergunta em inglês que pode ser respondida por qualquer um dos alunos.

A probabilidade de o entrevistador ser entendido e ter sua pergunta oralmente respondida em inglês é

a) 23,7% b) 30,0% c) 44,1% d) 65,7% e) 90,0%

---

267 (ENEM/2015) Uma competição esportiva envolveu 20 equipes com 10 atletas cada. Uma denúncia à organização dizia que um dos atletas havia utilizado substância proibida.

Os organizadores, então, decidiram fazer um exame **antidoping**. Foram propostos três modos diferentes para escolher os atletas que irão realizá-lo:

Modo I: sortear três atletas dentre todos os participantes;

Modo II: sortear primeiro uma das equipes e, desta, sortear três atletas;

Modo III: sortear primeiro três equipes e, então, sortear um atleta de cada uma dessas três equipes.

Considere que todos os atletas têm igual probabilidade de serem sorteados e que P(I), P(II) e P(III) sejam as probabilidades de o atleta que utilizou a substância proibida seja um dos escolhidos para o exame no caso do sorteio ser feito pelo modo I, II ou III.

Comparando-se essas probabilidades, obtém-se

a) $P(I) < P(III) < P(II)$ b) $P(II) < P(I) < P(III)$ c) $P(I) < P(II) = P(III)$

d) $P(I) = P(II) < P(III)$ e) $P(I) = P(II) = P(III)$

---

268 (ENEM/2015) Em uma central de atendimento, cem pessoas receberam senhas numeradas de 1 até 100. Uma das senhas é sorteada ao acaso.

Qual é a probabilidade de a senha sorteada ser um número de 1 a 20?

a) $\frac{1}{100}$ b) $\frac{19}{100}$ c) $\frac{20}{100}$ d) $\frac{21}{100}$ e) $\frac{80}{100}$

Vestibulares recentes

269 (UNICAMP/ 2020) Um atleta participa de um torneio composto por três provas. Em cada prova, a probabilidade de ele ganhar é de $\frac{2}{3}$ independentemente do resultado das outras provas. Para vencer o torneio, é preciso ganhar pelo menos duas provas. A probabilidade de o atleta vencer o torneio é igual a

a) $\frac{2}{3}$. b) $\frac{4}{9}$. c) $\frac{20}{27}$. d) $\frac{16}{81}$.

---

270 (FUVEST/ 2020) Um jogo educativo possui 16 peças nos formatos: círculo, triângulo, quadrado e estrela, e cada formato é apresentado em 4 cores: amarelo, branco, laranja e verde. Dois jogadores distribuem entre si quantidades iguais dessas peças, de forma aleatória.

O conjunto de 8 peças que cada jogador recebe é chamado de **coleção**.

a) Quantas são as possíveis coleções que um jogador pode receber?

b) Qual é a probabilidade de que os dois jogadores recebam a mesma quantidade de peças amarelas?

c) A regra do jogo estabelece pontuações para as peças, da seguinte forma: círculo = 1 ponto, triângulo = 2 pontos, quadrado = 3 pontos e estrela = 4 pontos. Quantas são as possíveis coleções que valem 26 pontos ou mais?

271 (ITA/ 2020) Considere o conjunto M(n, k) de todas as matrizes quadradas de ordem $n \times n$ com exatamente k elementos iguais a 1, e os demais iguais a 0 (zero). Escolhendo aleatoriamente matrizes $L \in M(3,1)$ e $R \in M(4,2)$ a probabilidade de que $L^2 = 0$ e $R^2 = 0$ é igual a

a) $\frac{1}{3}$. b) $\frac{1}{5}$. c) $\frac{4}{15}$. d) $\frac{13}{30}$. e) $\frac{29}{30}$.

---

272 (FUVEST/2020) Carros que saem da cidade A rumo a alguma das cidades turísticas E, F e G fazem caminhos diversos, passando por pelo menos uma das cidades B, C e D, apenas no sentido indicado pelas setas, como mostra a figura. Os números indicados nas setas são as probabilidades, dentre esses carros, de se ir de uma cidade a outra.

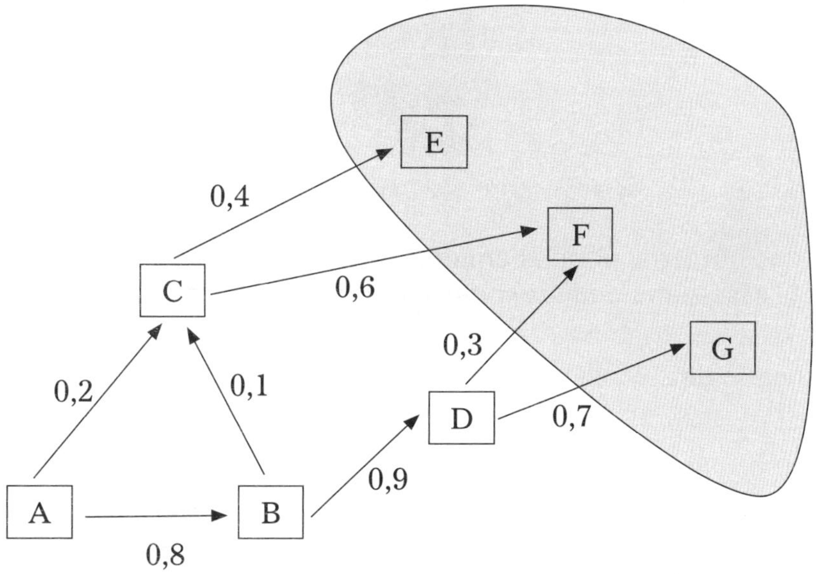

Nesse cenário, a probabilidade de um carro ir de A a F é

a) 0,120. b) 0,216. c) 0,264. d) 0,336. e) 0,384.

---

273 (UNIFESP/2020) A figura indica seis tipos de tomadas e os pinos projetados para nelas se encaixarem (1-A, 2-B, 3-C, 4-D, 5-E e 6-F).

Além dessa correspondência, sabe-se que:

- O pino A também se encaixa na tomada 2.
- O pino D também se encaixa nas tomadas 3 e 5.
- O pino E também se encaixa nas tomadas 3 e 4.

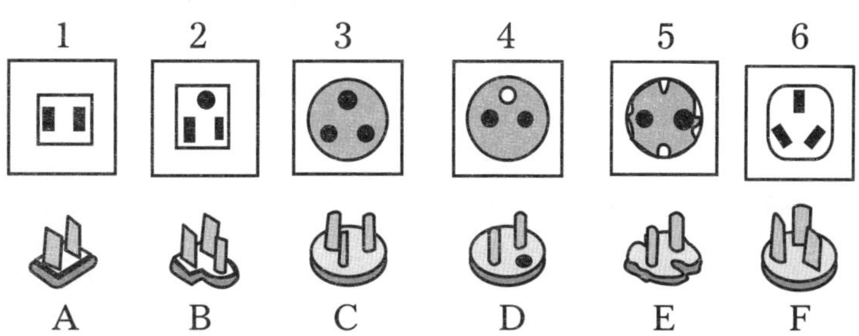

a) Sorteando-se aleatoriamente um tipo de pino e um tipo de tomada, qual é a probabilidade de que o encaixe entre eles possa ser feito?

b) Sorteando-se aleatoriamente dois tipos de tomadas e dois tipos de pinos, qual é a probabilidade de que seja possível conectar um deles a uma tomada e o outro a outra?

Resp: **261** E **262** D **263** B **264** A **265** C

274 (ITA/2020) Lançando três dados de 6 faces, numeradas de 1 a 6 sem ver o resultado, você é informado de que a soma dos números observados na face superior de cada dado é igual a 9. Determine a probabilidade de o número observado em cada uma dessas faces ser um número ímpar.

---

275 (UNICAMP/2019) A figura abaixo representa um dado na forma de um tetraedro regular com os vértices numerados de 1 a 4. Em um lançamento desse dado, deve ser observado o número estampado no vértice superior.

a) Considere a soma dos números obtidos em dois lançamentos de um dado tetraédrico. Determine de quantas maneiras essa soma pode resultar em um número primo.

b) Seja p_n a probabilidade de se observar o número n no lançamento de um dado tetraédrico tendencioso para o qual $p_1 = 2p_2 = 3p_3 = 4p_4$. Calcule essas quatro probabilidades.

---

276 (ITA/2019) As faces de dez moedas são numeradas de modo que: a primeira moeda tem faces 1 e 2; a segunda, 2 e 3; a terceira, 3 e 4, e assim sucessivamente até a décima moeda, com faces 10 e 11. As dez moedas são lançadas aleatoriamente e os números exibidos são somados. Então, a probabilidade de que essa soma seja igual a 60 é

a) $\frac{63}{128}$. b) $\frac{63}{256}$. c) $\frac{63}{512}$. d) $\frac{180}{512}$. e) $\frac{189}{1024}$.

---

277 (ITA-2019) Escolhem-se aleatoriamente três números distintos no conjunto $\{1,2,3,...,29, 30\}$. Determine a probabilidade da soma desses três números ser divisível por 3.

---

278 (UNESP/2019) Dois números reais de 0 a 4 e que podem ser iguais, serão sorteados ao acaso. Denotando-se esses números por x e y, a probabilidade de que eles sejam tais que $x^2 + y^2 \leq 1$ é igual a

a) $\frac{1}{20}$. b) $\frac{\pi}{64}$. c) $\frac{\pi}{20}$. d) $\frac{\pi}{16}$. e) $\frac{\pi}{8}$.

---

279 (UNICAMP/2019) O sistema de segurança de um aeroporto consiste de duas inspeções. Na primeira delas, a probabilidade de um passageiro ser inspecionado é de $\frac{3}{5}$. Na segunda, a probabilidade se reduz para $\frac{1}{4}$. A probabilidade de um passageiro ser inspecionado pelo menos uma vez é igual a

a) $\frac{17}{20}$. b) $\frac{7}{10}$. c) $\frac{3}{10}$. d) $\frac{3}{20}$.

280 (FUVEST/2019) Uma urna tem A bolas azuis e B bolas brancas. Ao serem retiradas duas delas de uma só vez, aleatoriamente, a probabilidade de saírem duas bolas azuis é denotada por p_A, a probabilidade de saírem duas bolas brancas é denotada por p_B e a probabilidade de saírem duas bolas de cores diferentes é denotada por p_M.

a) Se A = 2 e B = 5, determine p_B.

b) Se o total de bolas da urna é 21 e p_M é o triplo de p_A, quantas bolas azuis e quantas bolas brancas há na urna?

c) Se A = 3, para quais valores de B o valor de p_M é estritamente maior do que $\frac{1}{2}$?

---

281 (UNIFESP/2019) A imagem ilustra três dados, A, B e C. O dado A é convencional, o dado B tem duas faces numeradas com 2 e quatro faces numeradas com 6, e o dado C possui as seis faces numeradas com 5. As faces de cada dado são equiprováveis.

a) Calcule a probabilidade de que a soma dos números obtidos em um lançamento dos três dados seja múltiplo de 3.

b) Considere que dois dos três dados sejam sorteados ao acaso e que, em seguida, os dados sorteados sejam lançados ao acaso. Qual a probabilidade de que a soma dos números obtidos no lançamento seja um múltiplo de três?

---

282 (FUVEST/2019) Uma seta aponta para a posição zero no instante inicial. A cada rodada, ela poderá ficar no mesmo lugar ou mover-se uma unidade para a direita ou mover-se uma unidade para a esquerda, cada uma dessas três possibilidades com igual probabilidade.

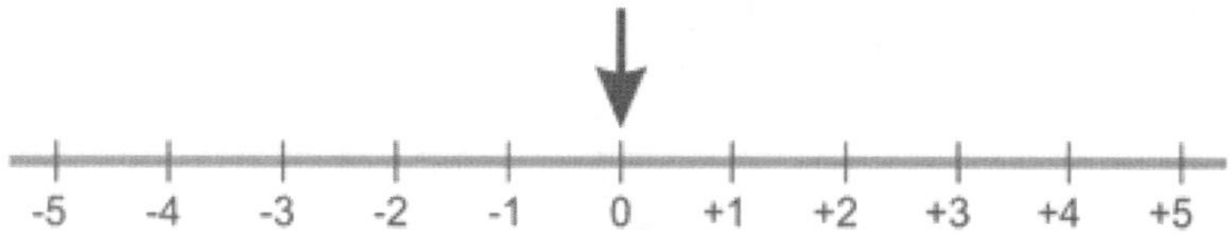

Qual é a probabilidade de que, após 5 rodadas, a seta volte à posição inicial?

a) $\frac{1}{9}$ b) $\frac{17}{81}$ c) $\frac{1}{3}$ d) $\frac{51}{125}$ e) $\frac{125}{243}$

---

283 (UNIFESP/2018) Em uma classe de 16 alunos, todos são fluentes em português. Com relação à fluência em línguas estrangeiras, 2 são fluentes em francês e inglês, 6 são fluentes apenas em inglês e 3 são fluentes apenas em francês.

a) Dessa classe, quantos grupos compostos por 2 alunos podem ser formados **sem** alunos fluentes em francês?

b) Sorteando ao acaso 2 alunos dessa classe, qual é a probabilidade de que ao menos um deles seja fluente em inglês?

Resp: **266** D **267** E **268** C **269** C **270** a) 12.870 b) $\frac{28}{65}$ c) 85 **271** B **272** E **273** a) $\frac{11}{36}$ b) $\frac{13}{75}$

284 (UNESP/2018) Dois dados convencionais e honestos foram lançados ao acaso. Sabendo-se que saiu o número 6 em pelo menos um deles, a probabilidade de que tenha saído o número 1 no outro é igual a

a) $\frac{2}{9}$ b) $\frac{8}{11}$ c) $\frac{2}{11}$ d) $\frac{1}{6}$ e) $\frac{1}{18}$

---

285 (FUVEST/2018) Em uma urna, há bolas amarelas, brancas e vermelhas. Sabe-se que:

I. A probabilidade de retirar uma bola vermelha dessa urna é o dobro da probabilidade de retirar uma bola amarela.

II. Se forem retiradas 4 bolas amarelas dessa urna, a probabilidade de retirar uma bola vermelha passa a ser $\frac{1}{2}$.

III. Se forem retiradas 12 bolas vermelhas dessa urna, a probabilidade de retirar uma bola branca passa a ser $\frac{1}{2}$.

A quantidade de bolas brancas na urna é

a) 8. b) 10. c) 12. d) 14. e) 16.

---

286 (ITA/2018) De uma caixa que contém 10 bolas brancas e 6 bolas pretas, são selecionadas ao acaso k bolas.

a) Qual a probabilidade de que exatamente r bolas sejam brancas, nas condições

$0 \leq k - r \leq 6$ e $0 \leq k \leq 10$

b) Use o item (a) para calcular a soma

$$\sum_{r=0}^{6} \binom{10}{r}\binom{6}{6-r}.$$

---

287 (FUVEST/2018) Em uma competição de vôlei, estão inscritos 5 times. Pelo regulamento, todos os times devem se enfrentar apenas uma vez e, ao final da competição, eles serão classificados pelo número de vitórias. Dois ou mais times com o mesmo número de vitórias terão a mesma classificação. Em cada jogo, os times têm probabilidade $\frac{1}{2}$ de vencer.

a) Explique por que 2 times não podem empatar na classificação com 4 vitórias cada um.

b) Qual é a probabilidade de que o primeiro classificado termine a competição com 4 vitórias?

c) Qual é a probabilidade de que os 5 times terminem empatados na classificação?

---

288 (UNICAMP/2018) Lançando-se determinada moeda tendenciosa, a probabilidade de sair cara é o dobro da probabilidade de sair coroa. Em dois lançamentos dessa moeda, a probabilidade de sair o mesmo resultado é igual a

a) $\frac{1}{2}$. b) $\frac{5}{9}$. c) $\frac{2}{3}$. d) $\frac{3}{5}$.

289 (ITA/2018) São dadas duas caixas, uma delas contém três bolas brancas e duas pretas e a outra contém duas bolas brancas e uma preta. Retira-se, ao acaso, uma bola de cada caixa. Se P_1 é a probabilidade de que pelo menos uma bola seja preta e P_2 a probabilidade de as duas bolas serem da mesma cor, então $P_1 + P_2$ vale

a) $\frac{8}{15}$.　　b) $\frac{7}{15}$.　　c) $\frac{6}{15}$.　　d) 1.　　e) $\frac{17}{15}$.

---

290 (FUVEST/2018) Em um torneio de xadrez, há 2n participantes.

a) Na primeira rodada, há n jogos. Calcule, em função de n, o número de possibilidades para se fazer o emparceiramento da primeira rodada, sem levar em conta a cor das peças.

b) Suponha que 12 jogadores participem do torneio, dos quais 6 sejam homens e 6 sejam mulheres. Qual é a probabilidade de que, na primeira rodada, só haja confrontos entre jogadores do mesmo sexo?

Resp: **274** $\frac{7}{25}$　**275** a) 9 maneiras; b) $p_1 = \frac{12}{25}, p_2 = \frac{6}{25}, p_3 = \frac{4}{25}$ e $p_4 = \frac{3}{25}$　**276** B　**277** $P(E) = \frac{68}{203}$

278 B　**279** B　**280** a) $\frac{10}{21}$ b) 9 azuis e 12 brancas c) $B \in \{2, 3, 4, 5\}$　**281** a) $\frac{1}{3}$ b) $\frac{2}{9}$　**282** B

283 a) 55 grupos b) $\frac{23}{30}$

IV – TÓPICOS DE ESTATÍSTICA

1 – Distribuições de frequência

Ao anotar os dados numéricos de uma pesquisa, obtemos o que chamamos de **dados brutos**. Se colocarmos estes dados em ordem crescente ou decrecente, obtemos o que chamamos de **rol**. No rol fica mais fácil a análise dos dados.

Exemplo: Em uma segunda-feira um professor perguntou para 20 alunos de uma de suas turmas, o número de dias da semana anterior que cada um tinha estudado para o Enem que se aproximava e obteve as seguintes respostas:

Dados brutos: 0, 7, 1, 3, 2, 0, 4, 6, 5, 2, 1, 4, 2, 4, 5, 6, 4, 5, 4, 3

Rol: 0, 0, 1, 1, 2, 2, 2, 3, 3, 4, 4, 4, 4, 4, 5, 5, 5, 6, 6, 7

A diferença entre o maior e o menor valor do **rol** é chamada **amplitude** dos dados. Neste caso: 7 – 0 = 7

Neste caso o número **D** de dias que o aluno estudou por semana, que varia de 0 até 7, é chamado variável quantitativa.

D = variável, **n** = número de respostas obtida (nº de alunos).

n_i = frequência absoluta = número de vezes que um valor aparece.

f_i = frequência relativa = razão entre n_i e n

f_{ac} = frequência acumulada = soma da frequência de uma linha com as das linhas anteriores. Isto quando os valores estão em ordem crescente.

Tabela de frequência para esta variável D

D	n_i	$f_i = \frac{n_i}{n}$	f_i (em %)	f_{ac}
0	2	$\frac{2}{20} = 0,1$	10%	0,1 = 10%
1	2	$\frac{2}{20} = 0,1$	10%	0,2 = 20%
2	3	$\frac{3}{20} = 0,15$	15%	0,35 = 35%
3	2	$\frac{2}{20} = 0,1$	10%	0,45 = 45%
4	5	$\frac{5}{20} = 0,25$	25%	0,70 = 70%
5	3	$\frac{3}{20} = 0,15$	15%	0,85 = 85%
6	2	$\frac{2}{20} = 0,1$	10%	0,95 = 95%
7	1	$\frac{1}{20} = 0,05$	5%	1 = 100%
Total	20	1	100%	

Dados agrupados: Quando tivermos um grande número de dados brutos, é usual colocarmos estes dados em faixas, classe ou categorias, colocando em cada classe o número de elementos correspondentes, que é a frequência desta classe. Obtemos desta forma uma tabela de frequência. Os dados organizados desta forma são denominados **dados agrupados**.

Vejamos um exemplo cuja variável é a massa (em kg) de 100 pessoas. É uma variável quantitativa contínua.

Exemplo: De um grupo de 100 alunos que cursavam educação física foi observado que 10 tinham massa entre 50 kg e 60kg, 50kg inclusive, 15 entre 60 kg e 70 kg, 60 kg inclusive, 40 entre 70 kg e 80kg, 70kg inclusive, 20 entre 80kg e 90kg, 80kg inclusive e 15 entre 90kg e 100kg, 90kg inclusive. Observe a **tabela de frequência**, o **histograma** e o **polígono de frequência**.

Sendo a e b números reais com a < b: $a \vdash b = [a, b[= \{x \in R \mid a \leqslant x < b\}$

m(kg)	n_i	$f_i = \frac{n_i}{n}$	$f_i(\%)$	f_{ac}
$50 \vdash 60$	10	$\frac{10}{100} = 0,10$	10%	10%
$60 \vdash 70$	15	$\frac{15}{100} = 0,15$	15%	25%
$70 \vdash 80$	40	$\frac{40}{100} = 0,40$	40%	65%
$80 \vdash 90$	20	$\frac{20}{100} = 0,20$	20%	85%
$90 \vdash 100$	15	$\frac{15}{100} = 0,15$	15%	100%
Total	100	1	100%	

O histograma é a união de retângulos com bases nas faixas (classes) e alturas numericamente iguais ou proporcionais às frequências das faixas.

O polígono de frequência é determinado pelos pontos médios dos topos dos retângulos do histograma e os pontos médios das faixas anterior e posterior ao histograma.

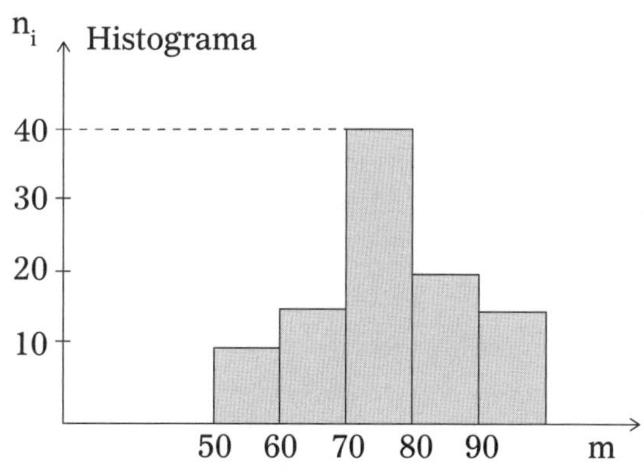

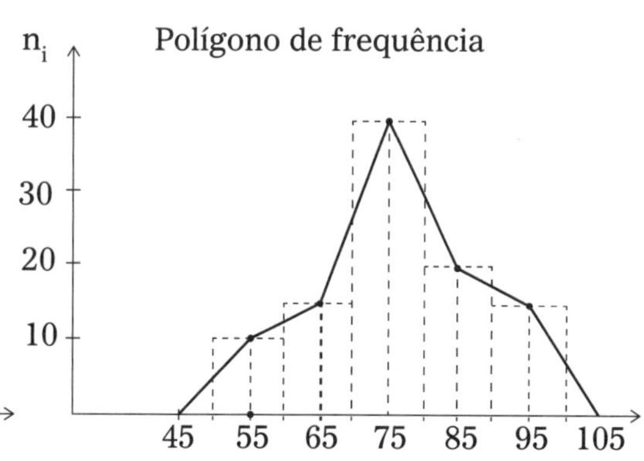

Note que a soma das áreas dos retângulos do histograma é igual a área da região limitada pelo polígono de frequência.

Resp: **284** C **285** C **286** a) A probabilidade pedida é $\frac{\binom{10}{r}\cdot\binom{6}{k-r}}{\binom{16}{k}}$; b) $\sum_{r=0}^{6}\binom{10}{r}\cdot\binom{6}{6-r} = 8008$

287 a) Cada time fará 5 – 1 = 4 jogos e, portanto, se um time possui quatro vitórias não pode haver outro time com o mesmo número de vitórias , já que todos os outros possuem no mínimo uma derrota.

b) $\frac{5}{16}$ c) $\frac{3}{128}$ **288** B **289** E **290** a) $\frac{(2n)!}{2n \cdot n!}$ b) $\frac{5}{231}$

2 – Medidas de tendência central

1) Média aritmética: Sendo x uma variável quantitativa onde $x_1, x_2, ..., x_n$ são os valores observados, a média aritmética desses valores (indicada por $\bar{x}$) é a razão entre a soma dos valores e o número n de valores observados

$$\bar{x} = \frac{x_1 + x_2 + ... + x_n}{n} \quad \text{ou} \quad \bar{x} = \frac{1}{n}\sum_{i=1}^{n} x_i$$

Exemplo: Determinar média dos seguintes valores: 3; 7; 8; 4 e 6

obs.: Quando falarmos apenas média, estaremos nos referindo a média aritmética.

$$\bar{x} = \frac{3+7+8+4+6}{5} = \frac{28}{5} = \frac{56}{10} \Rightarrow \boxed{\bar{x} = 5,6}$$

Se os valores $x_1, x_2, ..., x_k$ aparecem com frequências $n_1, n_2, ..., n_k$, respectivamente, então:

$$\bar{x} = \frac{n_1x_1 + n_2x_2 + ... + n_kx_k}{n_1 + n_2 + ... + n_k} \quad \text{ou} \quad \bar{x} = \frac{\sum_{i=1}^{k} n_ix_i}{\sum_{i=1}^{k} n_i}$$

Exemplo: Determinar a média entre 2; 2; 5; 5; 3; 3; 2; 5; 2; 2

Rol: 2, 2, 2, 2, 2, 3, 3, 5, 5, 5

$$\bar{x} = \frac{5 \cdot 2 + 2 \cdot 3 + 3 \cdot 5}{5+2+3} = \frac{10+6+15}{10} = \frac{31}{10} \Rightarrow \boxed{\bar{x} = 3,1}$$

2) Média aritmética ponderada

Se os valores $x_1, x_2, ..., x_n$, são multiplicados por fatores (ou pesos) $P_1, P_2, ..., P_n$, respectivamente, chamamos de média aritmética ponderada, a seguinte média:

$$\bar{x} = \frac{P_1x_1 + P_2x_2 + ... + P_nx_n}{P_1 + P_2 + ... + P_n} \quad \text{ou} \quad \bar{x} = \frac{\sum_{i=1}^{n} P_ix_i}{\sum_{i=1}^{n} P_i}$$

Exemplo: Um professor fez 4 avaliações com seus alunos com pesos 1, 2, 3 e 4.
Um aluno tirou de acordo com este pesos, respectivamente 6,5; 5,5; 7,5 e 8,0.
Qual a média deste aluno?

$$\bar{x} = \frac{1(6,5) + 2(5,5) + 3(7,5) + 4 \cdot (8,0)}{1+2+3+4} \Rightarrow \bar{x} = \frac{6,5 + 11 + 22,5 + 32}{10} = \frac{72}{10} \Rightarrow \boxed{\bar{x} = 7,2}$$

3) Mediana: Fazendo um rol com os valores de um conjunto de dados, se este conjunto tiver número ímpar de elementos, a mediana (me) desses valores é o termo central. Se o número de termos for par a mediana será a média aritmética entre os dois termos centrais.

Exemplo: Determinar a mediana do valores

2; 4; 5; 12; 6; 8 e 9

São 7 valores. Rol: 2, 4, 5, 6, 8, 9, 12

A mediana é o termo central $\Rightarrow \boxed{me = 6}$

Exemplo: Determinar a mediana dos valores

3; 1; 2; 3; 5; 12; 21; 12; 11 e 9

São 10 valores. Rol:1, 2, 3, 3, 5, 9, 11, 12, 12, 21

Termos centrais: 5 e 9 $\Rightarrow$ $me = \frac{5+9}{2} \Rightarrow \boxed{me = 7}$

4) Moda: A moda de um conjunto de valores , quando houver, é o valor que aparece um maior número de vezes.

Um conjunto de valores pode ter mais que uma moda

Exemplos: 1) 5; 6; 7; 7; 9; 9; 9; 11; 12; 17 e 17 $\Rightarrow \boxed{mo = 9}$

2) 1; 3; 5; 5; 6; 7; 8; 8; 9 e 10 $\Rightarrow$ modas: 5 e 8

3) 1; 2; 3; 5; 7; 8 e 9 $\Rightarrow$ não tem moda

5) Média geométrica: A média geométrica (G) de **n** números positivos é a raiz índice n do produto destes números.

Exemplo: Dados 12; 45 e 50 a média geométricas deles é:

3 número $\Rightarrow$ raiz cúbica $\Rightarrow$ $G = \sqrt[3]{12 \cdot 45 \cdot 50} = \sqrt[3]{2^2 \cdot 3 \cdot 3^2 \cdot 5 \cdot 2 \cdot 5^2} \Rightarrow$

$\Rightarrow G = \sqrt[3]{2^3 \cdot 3^3 \cdot 5^3} \Rightarrow G = 2 \cdot 3 \cdot 5 \Rightarrow \boxed{G = 30}$

6) Média harmônica: A média harmônica H de n números é o inverso da média aritmética dos inversos desses números

$$H = \left(\frac{\frac{1}{x_1} + \frac{1}{x_2} + \ldots + \frac{1}{x_n}}{n} \right)^{-1} \quad \text{ou} \quad H = \frac{n}{\frac{1}{x_1} + \frac{1}{x_2} + \ldots + \frac{1}{x_n}}$$

Exemplo: A média harmônica H dos números 1, 4, 5 e 10 é $H = \left(\frac{1 + \frac{1}{4} + \frac{1}{5} + \frac{1}{10}}{4} \right)^{-1} \Rightarrow$

$$H = \left(\frac{\frac{20+5+4+2}{20}}{4} \right)^{-1} \Rightarrow H = \left(\frac{31}{80} \right)^{-1} \Rightarrow H = \frac{80}{31} \Rightarrow H \cong 2{,}58$$

7) **Média quadrática**: Dados n valores, a média quadrática ou também chamada **raiz da média quadrática** desses números é definida pela raiz quadrada da média aritmética dos quadrados desses números. Dados $x_1, x_2, ..., x_n$, temos:

$$RMQ = \sqrt{\frac{1}{n}\sum_{i=1}^{n} x_1^2}$$

Exemplo: A média quadrática dos números 3, 4, 5, 7 e 14 é

$$RMQ = \sqrt{\frac{3^2+4^2+5^2+7^2+14^2}{5}} = \sqrt{\frac{9+16+25+49+196}{5}} = \sqrt{\frac{295}{5}} = \sqrt{59} \cong 7,7$$

3 – Medidas de dispersão

1) Desvio médio: Dados os números $x_1, x_2, ..., x_n$, onde $\bar{x}$ é a média aritmética deles, chamamos de desvio médio DM a seguinte média:

$$DM = \frac{|x_1-\bar{x}|+|x_2-\bar{x}|+...+|x_n-\bar{x}|}{n} \quad \text{ou} \quad DM = \frac{1}{n}\sum_{i=1}^{n}|x_i-\bar{x}|$$

Exemplo: Determinar o desvio médio de 2, 3, 7, 8 e 0

1) $\bar{x} = \frac{2+3+7+8+0}{5} \Rightarrow \bar{x} = \frac{20}{5} \Rightarrow \bar{x} = 4$

2) $DM = \frac{|2-4|+|3-4|+|7-4|+|8-4|+|0-4|}{5} = \frac{2+1+3+4+4}{5} = \frac{14}{5} = 2,8$

2) Variância (var): A média aritmética dos quadrados das diferenças entre os valores observados e a média aritmética deles é chamada variância.

$$var = \frac{(x1-\bar{x})^2+(x_2-\bar{x})^2+...+(x_n-\bar{x})^2}{n} \quad \text{ou} \quad var = \frac{1}{n}\sum_{i=1}^{n}(x_i-\bar{x})^2$$

3) Desvio padrão (dp): A raiz quadrada da variância é chamada desvio padrão

$$\boxed{dp = \sqrt{var}}$$

Exemplo: Determinar a variância e o desvio padrão 2; 4; 6; 8; e 10

1) $\bar{x} = \frac{2+4+6+8+10}{5} = \frac{30}{5} \Rightarrow \boxed{\bar{x}=6}$

2) $var = \frac{(2-6)^2+(4-6)^2+(6-6)^2+(8-6)^2+(10-6)^2}{5} = \frac{16+4+0+4+16}{5} \Rightarrow \boxed{var = 8}$

3) $dp = \sqrt{var} \Rightarrow dp = \sqrt{8} \Rightarrow dp = 2\sqrt{2} \Rightarrow dp \cong 2(1,43) \Rightarrow \boxed{dp \cong 2,86}$

Exemplo 1: Determinar a soma dos desvios dos números

3; 8; 4; 5 e 10 em relação à média aritmética deles

Resolução: 1) $\bar{x} = \frac{3+8+4+5+10}{5} \Rightarrow \bar{x} = \frac{30}{5} \Rightarrow \boxed{\bar{x} = 6}$

2) Soma dos desvios (S)

$S = (3-6) + (8-6) + (4-6) + (5-6) + (10-6) \Rightarrow$

$S = -3 + 2 - 2 - 1 + 4 = -6 + 6 \Rightarrow \boxed{S = 0}$

A soma dos desvios de vários números em relação à média aritmética deles é sempre **zero**.

Exemplo 2: Se n números têm média (aritmética) p e m números têm média q, determinar a média entre estes (n + m) números.

Resolução: 1) $\frac{n_1 + n_2 + \ldots + n_n}{n} = p$ e $\frac{m_1 + m_2 + \ldots + m_m}{m} = q \Rightarrow$

$n_1 + n_2 + \ldots + n_n = np$ e $m_1 + m_2 + \ldots + m_m = mq$

2) média dos (m + n) números (x números)

$$\bar{x} = \frac{n_1 + n_2 + \ldots + n_n + m_1 + m_2 + \ldots + m_m}{m+n} \Rightarrow \boxed{\bar{x} = \frac{np + mq}{m+n}}$$

Exemplo 3: dados três números reais x_1, x_2, e x_3, mostre que $y = \sum_{i=1}^{3} (x_i - m)^2$ tem o valor mínimo para $m = \bar{x}$, isto é, quando $m = \frac{x_1 + x_2 + x_3}{3}$.

Resolução:

$$y = \sum_{i=1}^{3} (x_i - m)^2 = (x_1 - m)^2 + (x_2 - m)^2 + (x_3 - m)^2 \Rightarrow$$

$$y = x_1^2 - 2mx_1 + m^2 + x_2^2 - 2mx_2 + m^2 + x_3^2 - 2mx_3 + m^2 \Rightarrow$$

$$y = 3m^2 - 2(x_1 + x_2 + x_3)m + x_1^2 + x_2^2 + x_3^2 \Rightarrow$$

y é um trinômio do 2º grau em **m** , $y = am^2 + bm + c$, cujo valor mínimo, pois **a** é maior que zero,

é quando $m = \frac{-b}{2a}$. Então:

$$m = \frac{-b}{2a} = \frac{-[-2(x_1 + x_2 + x_3)]}{2(3)} \Rightarrow \mathbf{m} = \frac{\mathbf{x_1 + x_2 + x_3}}{\mathbf{3}}$$

Exemplo 4: Dados dois números positivos a e b sabemos que a média aritmética (M) deles é $M = \frac{a+b}{2}$, a média geométrica (G) deles é $G = \sqrt{ab}$. Mostre que a média harmônica(H) deles é $H = \frac{2ab}{a+b}$ e que $H \leqslant G \leqslant M$

Resolução: 1) H é o inverso da média aritmética dos inversos deles. Então:

$$H = \left(\frac{\frac{1}{a} + \frac{1}{b}}{2} \right)^{-1} \Rightarrow H = \left[\frac{1}{2} \left(\frac{1}{a} + \frac{1}{b} \right) \right]^{-1} \Rightarrow$$

$$H = \left[\frac{1}{2} \cdot \frac{a+b}{ab} \right]^{-1} \Rightarrow H = \left[\frac{a+b}{2ab} \right]^{-1} \Rightarrow \boxed{H = \frac{2ab}{a+b}}$$

2) Provemos que $G \leqslant M$.

Determinemos M – G:

$$M - G = \frac{a+b}{2} - \sqrt{ab} = \frac{a+b-2\sqrt{ab}}{2} = \frac{1}{2}\left(a - 2\sqrt{ab} + b\right) \Rightarrow$$

$$M - G = \frac{1}{2}\left[(\sqrt{a})^2 - 2\sqrt{a}\sqrt{b} + (\sqrt{b})^2 \right] \Rightarrow M - G = \frac{1}{2}\left(\sqrt{a} - \sqrt{b}\right)^2$$

Como $\left(\sqrt{a} - \sqrt{b}\right)^2 \geqslant 0$, obtemos: $M - G \geqslant 0 \Rightarrow M \geqslant G \Rightarrow \boxed{G \leqslant M}$

3) Provemos que $H \leqslant G$

Determinemos G – H:

$$G - H = \sqrt{ab} - \frac{2ab}{a+b} = \frac{\sqrt{ab}(a+b) - 2\left(\sqrt{ab}\right)^2}{a+b} \Rightarrow$$

$$G - H = \frac{\sqrt{ab}\left(a+b-2\sqrt{ab}\right)}{a+b} = \frac{\sqrt{ab}}{a+b}\left(\sqrt{a} - \sqrt{b}\right)^2$$

Como $\sqrt{ab} > 0, a+b > 0$ e $\left(\sqrt{a} - \sqrt{b}\right)^2 \geqslant 0$, obtemos:

$G - H \geqslant 0 \Rightarrow G \geqslant H \Rightarrow \boxed{H \leqslant G}$

Então: $H \leqslant G \leqslant M$ ou $\frac{2ab}{a+b} \leqslant \sqrt{ab} \leqslant \frac{a+b}{2}$

Note que $H = G = M$ apenas para $a = b$

$$H = \frac{2a \cdot a}{a+a} = \frac{2a^2}{2a} = a \,,\ \sqrt{aa} = \sqrt{a^2} = a \,,\ \frac{a+a}{2} = \frac{2a}{2} = a \Rightarrow$$

$H = G = M = a$

Exemplo 5: Os pontos **A**, **B** e **C** estão sobre uma estrada, com AB = BC. um carro vai de **A** até **B** com velocidade média de a km/h e em seguida de **B** até **C** com velocidade média de **b** km/h. Mostre que a velocidade média V para ir de A até C, deste carro, é a média harmônica de a e b, isto é: $V = \frac{2ab}{a+b}$.

Obs.: Considere a estrada retilínea, com B entre A e C.

Resolução: Sejam t_1 o tempo gasto para ir de A até B e t_2 o tempo gasto para ir de B até C e

AB = BC = s

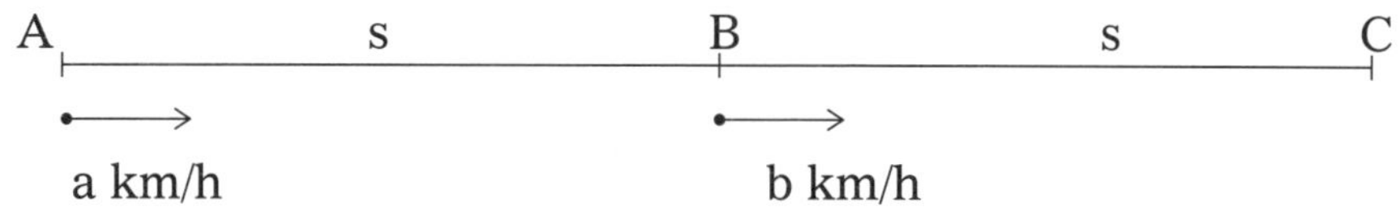

1) $\begin{cases} s = a \cdot t_1 \\ s = b \cdot t_2 \end{cases} \Rightarrow at_1 = bt_2 \Rightarrow t_2 = \frac{a}{b}t_1$

2) $(t_1 + t_2)$ é o tempo gasto para ir de A até C com velocidade V $\Rightarrow$

$$2s = V(t_1 + t_2) \Rightarrow 2(at_1) = V\left(t_1 + \frac{a}{b}t_1\right) \Rightarrow$$

$$2a\,t_1 = Vt_1\left(1 + \frac{a}{b}\right) \Rightarrow 2a = V \cdot \frac{b+a}{b} \Rightarrow \boxed{V = \frac{2ab}{a+b}}$$

Note que $\frac{2ab}{a+b} = \left(\frac{a+b}{2ab}\right)^{-1} = \left(\frac{\frac{a+b}{ab}}{2}\right)^{-1} = \left(\frac{\frac{a}{ab} + \frac{a}{ab}}{2}\right)^{-1} = \left(\frac{\frac{1}{a} + \frac{1}{b}}{2}\right)^{-1}$

291 Determinar a moda e a mediana dos valores dados, nos casos:

a) 4; 5; 2; 1; 7; 6; 2

b) 8; 1; 9; 4; 3; 2; 0; 7

c) 2; 3; 4; 8; 3; 2; 7; 2; 4; 7; 5; 8; 9; 8; 23; 21

292 Determinar a média aritmética e a mediana dos valores dados, nos casos:

a) 6; 5; 2; 8; 5; 3; 8; 0; 1; 2; 4

b) 4; 2; 1; 7; 9; 4; 3; 2; 1; 2

293 Determinar a média aritmética (M), a média geométrica (G) e a média harmônica (H) dos números dados, nos casos:

a) 8 e 18

b) 1; 3 e 9

294 De 100 valores obtidos em uma pesquisa, 15 eram 8, 20 eram 9, 30 eram 6 e 35 eram 4. Determinar a média aritmética deles.

295 As notas finais de um estudante em português, inglês, matemática, física e química foram 8: 9; 7; 5 e 6, respectivamente, com pesos correspondentes 2, 3, 6, 4 e 5. Qual a média final obtida por este aluno?

296 Um exame de seleção é feito em 3 etapas. A 1ª com peso 2, a 2ª com peso 3 e a 3ª com peso 5. O estudante tem que alcançar a média mínima de 66. Se ele tirar 80 na 1ª etapa e 50 na 2ª , quanto ele deve tirar no mínimo na 3ª etapa para alcançar a nota mínima?

297 Determinar a média quadrática dos números 2; 3; 4; 5 e 6

Resp: **291** a) mo =2 e me = 4 b) Não tem moda; me = 3,5 c) modas: 2 e 8; me = 6

298 Determinar o desvio médio dos números 5; 4; 3; 8 e 15

299 Determinar a variância (**var**) e o desvio padrão (**dp.**) dos valores dados, nos casos:

a) 2; 5; 6; 8 e 9

b) 2; 3; 5 e 6

300 (ENEM – 2018) Os alunos da disciplina de estatística, em um curso universitário, realizam quatro avaliações por semestre com os pesos de 20%, 10%, 30% e 40%, respectivamente. No final do semestre, precisam obter uma média nas quatro avaliações de, no mínimo, 60 pontos para serem aprovados. Um estudante dessa disciplina obteve os seguintes pontos nas três primeiras avaliações: 46, 60 e 50, respectivamente.

O mínimo de pontos que esse estudante precisa obter na quarta avaliação para ser aprovado é

a) 29,8. b) 71,0. c) 74,5. d) 75,5. e) 84,0.

---

301 (ENEM – 2018) A Comissão Interna de Prevenção de Acidentes (CIPA) de uma empresa, observando os altos custos com os frequentes acidentes de trabalho ocorridos, fez, a pedido da diretoria, uma pesquisa do número de acidentes sofridos por funcionários. Essa pesquisa, realizada com uma amostra de 100 funcionários, norteará as ações da empresa na política de segurança no trabalho. A média do número de acidentes por funcionário na amostra que a CIPA apresentará à diretoria da empresa é

Os resultados obtidos estão no quadro.

Número de acidentes sofridos	Número de trabalhadores
0	50
1	17
2	15
3	10
4	6
5	2

a) 0,15. b) 0,30. c) 0,50. d) 1,11. e) 2,22.

---

302 (ENEM – 2018) Um rapaz estuda em uma escola que fica longe de sua casa, e por isso precisa utilizar o transporte público. Como é muito observador, todos os dias ele anota a hora exata (sem considerar os segundos) em que o ônibus passa pelo ponto de espera. Também notou que nunca consegue chegar ao ponto de ônibus antes de 6h15min da manhã. Analisando os dados coletados durante o mês de fevereiro, o qual teve 21 dias letivos, ele concluiu que 6h21min. foi o que mais se repetiu, e que mediana do conjunto de dados é 6h22 min.

A probabilidade de que, em algum dos dias letivos de fevereiro, esse rapaz tenha apanhado o ônibus antes de 6h21min. da manhã é, no máximo,

a) $\frac{4}{21}$ b) $\frac{5}{21}$ c) $\frac{6}{21}$ d) $\frac{7}{21}$ e) $\frac{8}{21}$

Resp: **292** a) me = 4, $\overline{x} = 4$ b) me = 2,5 e $\overline{x} = 3,5$ **293** a) M = 13, G = 12 e H = 11,08 b) M = 4,33; G=3; H =2,08

294 6,2 **295** 6,75 **296** x = 70 **297** 4,24

303 (ENEM – 2018) O gráfico apresenta a taxa de desemprego (em %) para o período de março de 2008 a abril de 2009, obtida com base nos dados observados nas regiões metropolitanas de Recife, Salvador, Belo Horizonte, Rio de Janeiro, São Paulo e Porto Alegre..

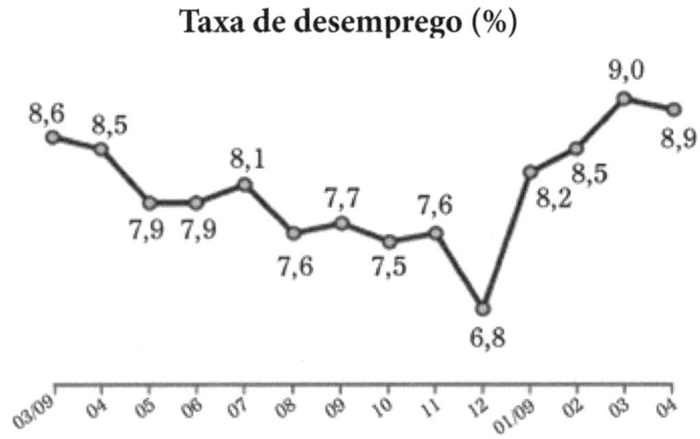

IBGE. Pesquisa mensal de emprego. Disponível em: www.ibge.gov.br. Acesso em: 30 jul. 2012 (adaptado).

A mediana dessa taxa de desemprego, no período de março de 2008 a abril de 2009, foi de

a) 8,1% b) 8,0% c) 7,9% d) 7,7% e) 7,6%

---

304 (ENEM – 2017) A avaliação de rendimento de alunos de um curso universitário baseia-se na média ponderada das notas obtidas nas disciplinas pelos respectivos números de créditos, como mostra o quadro ao lado:

Avaliação	Média de notas (M)
Excelente	$9 < M \leq 10$
Bom	$7 \leq M \leq 9$
Regular	$5 \leq M < 7$
Ruim	$3 \leq M < 5$
Péssimo	$M < 3$

Quanto melhor a avaliação de um aluno em determinado período letivo, maior sua prioridade na escolha de disciplinas para o período seguinte.

Determinado aluno sabe que se obtiver avaliação “Bom” ou “Excelente” conseguirá matrícula nas disciplinas que deseja. Ele já realizou as provas de 4 das 5 disciplinas em que está matriculado, mas ainda não realizou a prova da disciplina I, conforme o quadro ao lado.

Disciplinas	Notas	Número de créditos
I		12
II	8,00	4
III	6,00	8
IV	5,00	8
V	7,50	10

Para que atinja seu objetivo, a nota mínima que ele deve conseguir na disciplina I é

a) 7,00. b) 7,38. c) 7,50. d) 8,25. e) 9,00.

---

305 (ENEM – 2016) Ao iniciar suas atividades, um ascensorista registra tanto o número de pessoas que entram quanto o número de pessoas que saem do elevador em cada um dos andares do edifício onde ele trabalha. O quadro apresenta os registros do ascensorista durante a primeira subida do térreo, de onde partem ele e mais três pessoas, ao quinto andar do edifício.

Número de pessoas	Térreo	1º andar	2º andar	3º andar	4º andar	5º andar
que entram no elevador	4	4	1	2	2	2
que saem do elevador	0	3	1	2	0	6

Com base no quadro, qual é a moda do número de pessoas no elevador durante a subida do térreo ao quinto andar?

a) 2 b) 3 c) 4 d) 5 e) 6

306 (ENEM – 2016) O procedimento de perda rápida de "peso" é comum entre os atletas dos esportes de combate. Para participar de um torneio, quatro atletas da categoria até 66 kg, Peso-Pena, foram submetidos a dietas balanceadas e atividades físicas. Realizaram três "pesagens" antes do início do torneio. Pelo regulamento do torneio, a primeira luta deverá ocorrer entre o atleta mais regular e o menos regular quanto aos "pesos". As informações com base nas pesagens dos atletas estão no quadro.

Atleta	1ª pesagem (kg)	2ª pesagem (kg)	3ª pesagem (kg)	Média	Mediana	Desvio padrão
I	78	72	66	72	72	4,90
II	83	65	65	71	65	8,49
III	75	70	65	70	70	4,08
IV	80	77	62	73	77	7,87

Após as três "pesagens", os organizadores do torneio informaram aos atletas quais deles se enfrentariam na primeira luta. A primeira luta foi entre os atletas

a) I e III b) l e IV c) II e III d) II e IV e) III e IV

---

307 (ENEM – 2015) Um concurso é composto por cinco etapas. Cada etapa vale 100 pontos. A pontuação final de cada candidato é a média de suas notas nas cinco etapas. A classificação obedece à ordem decrescente das pontuações finais. O critério de desempate baseia-se na maior pontuação na quinta etapa.

Candidato	Média nas quatro primeiras etapas	Pontuação na quinta etapa
A	90	60
B	85	85
C	80	95
D	60	90
E	60	100

A ordem de classificação final desse concurso é

a) A, B, C, E, D. b) B, A, C, E, D. c) C, B, E, A, D. d) C, B, E, D, A. e) E, C, D, B, A.

---

308 (ENEM – 2015) Em uma seletiva para a final dos 100 metros livres de natação, numa olimpíada, os atletas, em suas respectivas raias, obtiveram os seguintes tempos:

Raia	1	2	3	4	5	6	7	8
Tempo (segundos)	20,90	20,90	20,50	20,80	20,60	20,60	20,90	20,96

A mediana dos tempos apresentados no quadro é

a) 20,70. b) 20,77. c) 20,80. d) 20,85. e) 20,90.

Resp: **298** 3,6 **299** a) var = 6, dp = 2,45 b) var = 2,5; dp = 1,58 **300** C **301** D **302** D

309 (ENEM - 2014) Os candidatos K, L, M, N e P estão disputando uma única vaga de emprego em uma empresa e fizeram provas de português, matemática, direito e informática. A tabela apresenta as notas obtidas pelos cinco candidatos.

Candidatos	Português	Matemática	Direito	Informática
K	33	33	33	34
L	32	39	33	34
M	35	35	36	34
N	24	37	40	35
P	36	16	26	41

Segundo o edital de seleção, o candidato aprovado será aquele para o qual a mediana das notas obtidas por ele nas quatro disciplinas for a maior.

O candidato aprovado será

a) K. b) L. c) M. d) N. e) P.

---

310 (ENEM - 2014) Um pesquisador está realizando várias séries de experimentos com alguns reagentes para verificar qual o mais adequado para a produção de um determinado produto. Cada série consiste em avaliar um dado reagente em cinco experimentos diferentes. O pesquisador está especialmente interessado naquele reagente que apresentar a maior quantidade dos resultados de seus experimentos acima da média encontrada para aquele reagente. Após a realização de cinco séries de experimentos, o pesquisador encontrou os seguintes resultados:

	Reagente 1	Reagente 2	Reagente 3	Reagente 4	Reagente 5
Experimento 1	1	0	2	2	1
Experimento 2	6	6	3	4	2
Experimento 3	6	7	8	7	9
Experimento 4	6	6	10	8	10
Experimento 5	11	5	11	12	11

Levando-se em consideração os experimentos feitos, o reagente que atende às expectativas do pesquisador é o

a) 1. b) 2. c) 3. d) 4. e) 5.

---

311 (ENEM - 2014) Ao final de uma competição de ciências em uma escola, restaram apenas três candidatos. De acordo com as regras, o vencedor será o candidato que obtiver a maior média ponderada entre as notas das provas finais nas disciplinas química e física, considerando, respectivamente, os pesos 4 e 6 para elas. As notas são sempre números inteiros. Por questões médicas, o candidato II ainda não fez a prova final de química. No dia em que sua avaliação for aplicada, as notas dos outros dois candidatos, em ambas as disciplinas, já terão sido divulgadas.O quadro apresenta as notas obtidas pelos finalistas nas provas finais.

Candidato	Química	Física
I	20	23
II	X	25
III	21	18

A menor nota que o candidato II deverá obter na prova final de química para vencer a competição é

a) 18. b) 19. c) 22. d) 25. e) 26.

312 (ENEM - 2013) As notas de um professor que participou de um processo seletivo, em que a banca avaliadora era composta por cinco membros, são apresentadas no gráfico. Sabe-se que cada membro da banca atribuiu duas notas ao professor, uma relativa aos conhecimentos específicos da área de atuação e outra, aos conhecimentos pedagógicos, e que a média final do professor foi dada pela média aritmética de todas as notas atribuídas pela banca avaliadora.

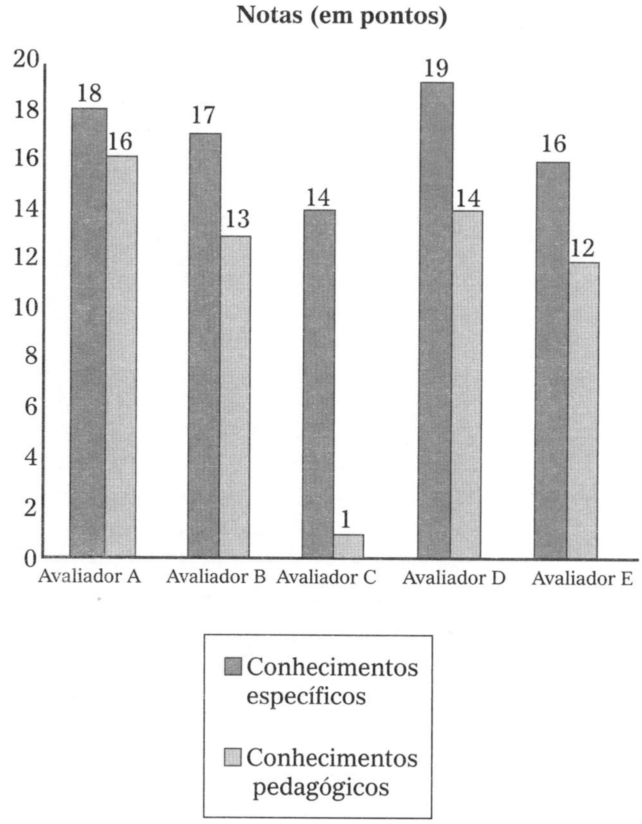

Utilizando um novo critério, essa banca avaliadora resolveu descartar a maior e a menor notas atribuídas ao professor.

A nova média, em relação à média anterior, é

a) 0,25 ponto maior.
b) 1,00 ponto maior,
c) 1,00 ponto menor.
d) 1,25 ponto maior.
e) 2,00 pontos menor.

---

313 (ENEM - 2013) Foi realizado um levantamento nos 200 hotéis de uma cidade, no qual foram anotados os valores, em reais, das diárias para um quarto padrão de casal e a quantidade de hotéis para cada valor da diária. Os valores das diárias foram: A = R$ 200,00; B = R$ 300,00; C = R$ 400,00 e D = R$ 600,00. No gráfico, as áreas representam as quantidades de hotéis pesquisados, em porcentagem, para cada valor da diária.

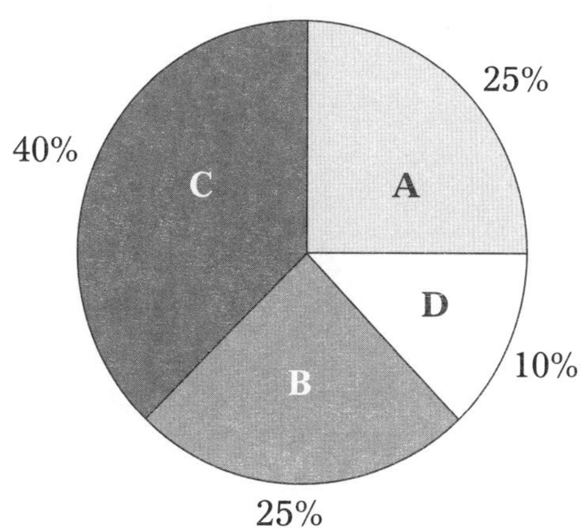

O valor mediano da diária, em reais, para o quarto padrão de casal nessa cidade, é

a) 300,00.
b) 345,00.
c) 350,00.
d) 375,00.
e) 400,00.

Resp: **303** B **304** D **305** D **306** C **307** B **308** D

314 (ENEM - 2012) O gráfico apresenta o comportamento de emprego formal surgido, segundo o CAGED, no período de janeiro de 2010 a outubro de 2010.

Com base no gráfico, o valor da parte inteira da mediana dos empregos formais surgidos no período é

BRASIL - Comportamento do Emprego Formal no periodo de janeiro a outubro de 2010 - CAGED

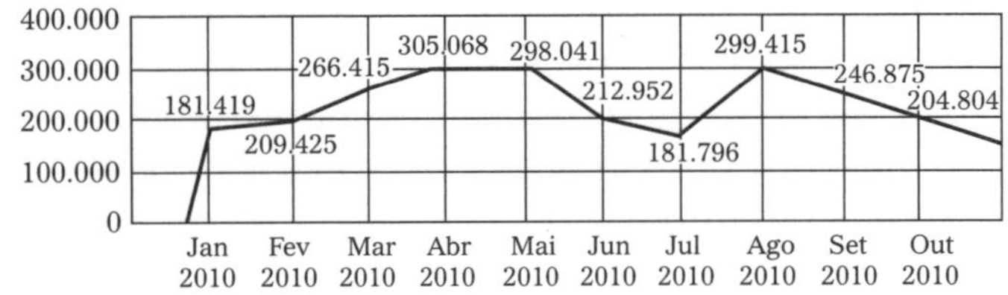

Disponível em: www.mte.gov.br. Acesso em: 28 fev. 2012 (adaptado)

a) 212 952.
b) 229 913.
c) 240 621.
d) 255 496.
e) 298 041.

---

315 (ENEM - 2012) Um produtor de café irrigado em Minas Gerais recebeu um relatório de consultoria estatística, constando, entre outras informações, o desvio padrão das produções de uma safra dos talhões de suas propriedades. Os talhões têm a mesma área de 30 000 m^2 e o valor obtido para o desvio padrão foi de 90 kg/talhão. O produtor deve apresentar as informações sobre a produção e a variância dessas produções em sacas de 60 kg por hectare (10 000 m^2). A variância das produções dos talhões expressa em $(\text{sacas/hectare})^2$ é

a) 20,25.
b) 4,50.
c) 0,71
d) 0,50.
e) 0,25.

---

316 (ENEM–2012) Uma equipe de especialistas do centro meteorológico de uma cidade mediu a temperatura do ambiente, sempre no mesmo horário, durante 15 dias intercalados, a partir do primeiro dia de um mês. Esse tipo de procedimento é frequente, uma vez que os dados coletados servem de referência para estudos e verificação de tendências climáticas ao longo dos meses e anos.

As medições ocorridas nesse período estão indicadas no quadro:

Dia do mês	Temperatura (em °C)
1	15,5
3	14
5	13,5
7	18
9	19,5
11	20
13	13,5
15	13,5
17	18
19	20
21	18,5
23	13,5
25	21,5
27	20
29	16

Em relação à temperatura, os valores da média, mediana e moda são, respectivamente, iguais a

a) 17°C, 17°C e 13,5°C
b) 17°C, 18°C e 13,5°C
c) 17°C, 13,5°C e 18°C
d) 17°C, 18°C e 21,5°C
e) 17°C, 13,5°C e 21,5°C

---

317 (ENEM - 2010) Marco e Paulo foram classificados em um concurso. Para a classificação no concurso o candidato deveria obter média aritmética na pontuação igual ou superior a 14. Em caso de empate na média, o desempate seria em favor da pontuação mais regular. No quadro a seguir são apresentados os pontos obtidos nas provas de Matemática, Português e Conhecimentos Gerais, a média, a mediana e o desvio padrão dos dois candidatos.

Dados dos candidatos no concurso

	Matemática	Português	Conhecimentos Gerais	Média	Mediana	Desvio Padrão
Marco	14	15	16	15	15	0,32
Paulo	8	19	18	15	18	4,97

O candidato com pontuação mais regular, portanto mais bem classificado no concurso, é

a) Marco, pois a média e a mediana são iguais.
b) Marco, pois obteve menor desvio padrão.
c) Paulo, pois obteve a maior pontuação da tabela, 19 em Português
d) Paulo, pois obteve maior mediana.
e) Paulo, pois obteve maior desvio padrão.

318 (Enem PPL 2014) Em uma escola, cinco atletas disputam a medalha de ouro em uma competição de salto em distância. Segundo o regulamento dessa competição, a medalha de ouro será dada ao atleta mais regular em uma série de três saltos. Os resultados e as informações dos saltos desses cinco atletas estão no quadro. A medalha de ouro foi conquistada pelo atleta número

Atleta	1º salto	2º salto	3º salto	Média	Mediana	Desvio padrão
I	2,9	3,4	3,1	3,1	3,1	0,25
II	3,3	2,8	3,6	3,2	3,3	0,40
III	3,6	3,3	3,3	3,4	3,3	0,17
IV	3,6	3,3	3,4	3,0	3,3	0,60
V	3,7	3,5	2,2	3,1	3,5	0,81

a) I. b) II. c) III. d) IV. e) V.

---

319 (Enem 2ª aplicação 2010) Em uma corrida de regularidade, a equipe campeã é aquela em que o tempo dos participantes mais se aproxima do tempo fornecido pelos organizadores em cada etapa. Um campeonato foi organizado em 5 etapas, e o tempo médio de prova indicado pelos organizadores foi de 45 minutos por prova. No quadro, estão representados os dados estatísticos das cinco equipes mais bem classificadas.

Equipes	Média	Moda	Desvio-Padrão
Equipe I	45	40	5
Equipe II	45	41	4
Equipe III	45	44	1
Equipe IV	45	44	3
Equipe V	45	47	2

Dados estatísticos das equipes mais bem classificadas (em minutos).Utilizando os dados estatísticos do quadro, a campeã foi a equipe

a) I. b) II. c) III. d) IV. e) V.

---

320 (Ueg 2016) Os números de casos registrados de acidentes domésticos em uma determinada cidade nos últimos cinco anos foram: 100, 88, 112, 94 e 106. O desvio padrão desses valores é aproximadamente

a) 3,6 b) 7,2 c) 8,5 d) 9,0 e) 10,0

---

321 (Upe 2015) O quadro abaixo mostra o número de gols marcados em cada uma das partidas do grupo do Brasil na primeira fase da Copa do Mundo de 2014.O desvio médio de gols marcados por partida nos jogos desse grupo foi de, aproximadamente,

Partida	Gols marcados
Brasil × Croácia	4
México × Camarões	1
Brasil × México	0
Croácia × Camarões	4
Camarões × Brasil	5
Croácia × México	4

a) 3,0 b) 2,0 c) 1,7 d) 1,5 e) 1,2

Resp: **309** D **310** B **311** A **312** B **313** C

322 (Fgv 2018) Uma lista de quatro números inteiros tem média 7 e diferença entre o maior e o menor dos números igual a 24. A moda e a mediana da lista são, ambas, iguais a 8. Assim, o desvio padrão da lista é igual a

a) $\sqrt{69}$ b) $\sqrt{70}$ c) $\sqrt{71}$ d) $\sqrt{72}$ e) $\sqrt{73}$

---

323 (Fgv 2016) A tabela mostra a série de um indicador econômico de um país, em bilhões de US$, nos 12 meses de 2013.

Jan	Fev	Mar	Abr	Mai	Jun	Jul	Ago	Set	Out	Nov	Dez
21	24	20	23	22	22	18	17	16	17	16	18

a) Calcule a média, a(s) moda(s), a mediana e a maior taxa mensal de crescimento (em porcentagem) dessa série.

b) Sabe-se que, em janeiro de 2014, esse indicador econômico atingiu um valor positivo para o qual a nova série (de janeiro de 2013 até janeiro de 2014) passou a ter mediana de 18 bilhões de US$ e um número inteiro de bilhões de US$ como média mensal. Calcule o desvio médio (DM) dessa nova série.

Dado:

Desvio Médio $\frac{\sum_{i=1}^{n}|x_i - \overline{x}|}{n}$, sendo $\overline{x}$ a média aritmética.

---

324 (Udesc 2016) Sejam a e b $\in \mathbb{R}$. O valor do desvio padrão, de modo que o conjunto de dados ordenados $\{14, 17, 22, a, b, 37\}$ tenha média e mediana iguais a 24, é:

a) $\sqrt{59}$ b) $\sqrt{62}$ c) $\sqrt{58}$ d) $\sqrt{57}$ e) $\sqrt{\frac{19}{3}}$

---

325 (Upe 2014) Numa competição esportiva, cinco atletas estão disputando as três primeiras colocações da prova de salto em distância. A classificação será pela ordem decrescente da média aritmética de pontos obtidos por eles, após três saltos consecutivos na prova. Em caso de empate, o critério adotado será a ordem crescente do valor da variância. A pontuação de cada atleta está apresentada na tabela a seguir:

Atleta	Pontuação - 1º salto	Pontuação - 2º salto	Pontuação - 3º salto
A	6	6	6
B	7	3	8
C	5	7	6
D	4	6	8
E	5	8	5

Com base nas informações apresentadas, o primeiro, o segundo e o terceiro lugares dessa prova foram ocupados, respectivamente, pelos atletas

a) A; C; E b) B; D; E c) E; D; B d) B; D; C e) A; B; D

326 (Unifesp 2020) A tabela indica o quadro de medalhas dos seis países primeiros colocados nos jogos Pan-Americanos realizados na cidade de Lima, que terminaram em agosto de 2019. Essa edição marcou a conquista do maior número de medalhas pelo Brasil, desde sua primeira participação nos jogos.

Posição	Pais	Ouro	Prata	Bronze	Total
1	Estados Unidos	120	88	85	293
2	Brasil	55	45	71	171
3	México	37	36	63	136
4	Canadá	35	64	53	152
5	Cuba	33	27	38	98
6	Argentina	32	35	34	101

(www.uol.com.br.Adaptado.)

a) Admita um novo critério para a classificação dos países no quadro de medalhas, em que a medalha de bronze vale 1 ponto, a de prata vale 2 pontos e a de ouro vale 3 pontos, ordenando-se os países pelo total de pontos obtidos com suas medalhas. Por esse novo critério, Argentina, Brasil, Cuba e EUA passam a totalizar 200, 326, 191 e 621 pontos, respectivamente. Calcule a pontuação do México e do Canadá pelo novo critério, e compare a classificação desses seis países no critério atual com o novo critério.

b) Sabe-se que os jogos Pan-Americanos acontecem de quatro em quatro anos e que na edição do Rio de Janeiro, em 2007, o Brasil conquistou 157 medalhas. Considerando-se o total de medalhas conquistadas pelo Brasil nas últimas cinco edições desses jogos que aconteceram no século XXI, a mediana e a moda são, ambas, iguais a 141 e a média é igual a 146,6. Determine a sequência crescente do total de medalhas conquistadas pelo Brasil nessas cinco edições dos jogos e calcule o desvio padrão entre o maior (em Lima) e o menor (em Santo Domingo) número de medalhas conquistadas.

Resp: **314** B **315** E **316** B **317** B **318** C **319** C **320** C **321** C

327 (Ufpr 2006) O serviço de atendimento ao consumidor de uma concessionária de veículos recebe as reclamações dos clientes via telefone. Tendo em vista a melhoria nesse serviço, foram anotados os números de chamadas durante um período de sete dias consecutivos. Os resultados obtidos foram os seguintes:

Dia	Número de chamadas
domingo	3
segunda	4
terça	6
quarta	9
quinta	5
sexta	7
sábado	8

Sobre as informações contidas nesse quadro, considere as seguintes afirmativas:

I. O número médio de chamadas dos últimos sete dias foi 6.

II. A variância dos dados é 4.

III. O desvio padrão dos dados é $\sqrt{2}$.

Assinale a alternativa correta.

a) Somente as afirmativas I e III são verdadeiras.

b) Somente as afirmativas I e II são verdadeiras.

c) Somente as afirmativas II e III são verdadeiras.

d) Somente a afirmativa I é verdadeira.

e) As afirmativas I, II e III são verdadeiras.

---

328 (Ufpel 2008) Em um concurso, as notas finais dos candidatos foram as seguintes:

Número de Candidatos	Nota final
7	6,0
2	7,0
1	9,0

Com base na tabela anterior, é CORRETO afirmar que a variância das notas finais dos candidatos foi de:

a) 0,75. b) 0,65. c) $\sqrt{0,65}$. d) $\sqrt{0,85}$. e) 0,85.

329 (Fgv 2003) Um conjunto de dados numéricos tem variância igual a zero. Podemos concluir que:

a) a média também vale zero.

b) a mediana também vale zero.

c) a moda também vale zero.

d) o desvio padrão também vale zero.

e) todos os valores desse conjunto são iguais a zero.

---

330 (Fgv 2005)

a) Considere **n** números reais não nulos $x_1, x_2, x_3, ..., x_n$. Em que condição a variância desses números é nula. Justifique.

b) Dados três números reais x_1, x_2 e x_3 qual o valor de m que minimiza a expressão $\sum_{i=1}^{3}(x_i - m)^2$?

Resp: **322** E **323** a) Média = 19,5 ;modas: 16,17,18 e 22; 15% entre março e abril b) $\frac{36}{13}$ **324** D **325** A

326 a) México com 246 e Canadá com 286. México e Canadá trocariam de posição e Cuba e Argentina também.

b) sequência: (123, 141, 141, 157, 171); dp = 24

Resp: **327** B **338** E **339** D **330** a) $x_1 = x_2 = \ldots = x_n = \overline{x}$ b) $m = \overline{x} = \frac{x_1 + x_2 + x_3}{3}$

V | INEQUAÇÕES TRIGONOMÉTRICAS

1) Introdução

Inequações trigonométricas são inequações que podem ser reduzidas às inequações sen x > sen α, sen x < senα , cos x < cosα, etc. Neste capítulo vamos ver como resolver as inequações fundamentais e consequentemente também as outras que se reduzem a elas.

2) Inequação sen x > senα, com $0 < \alpha < \frac{\pi}{2}$

Para resolvermos esta inequação nos baseamos no fato de que a função seno tem período 2π e que $\text{sen}(\pi - \alpha) = \text{sen}\,\alpha$.

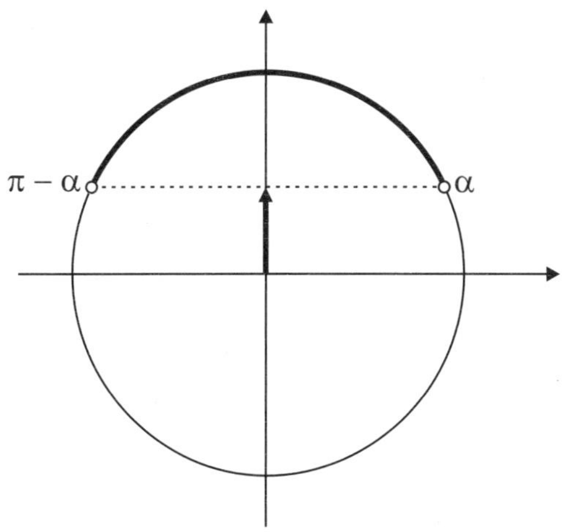

No intervalo $[0,\ 2\pi]$ temos:

$\text{sen}\,x > \text{sen}\alpha \Leftrightarrow \alpha < x < \pi - \alpha$

Em $\mathbb{R}$ teremos:

$$\text{sen}\,x > \text{sen}\alpha \Leftrightarrow \alpha + 2k\pi < x < \pi - \alpha + 2k\pi,\ k \in \mathbb{Z}$$

Exemplo: Resolver a inequação sen x > sen$\frac{\pi}{5}$

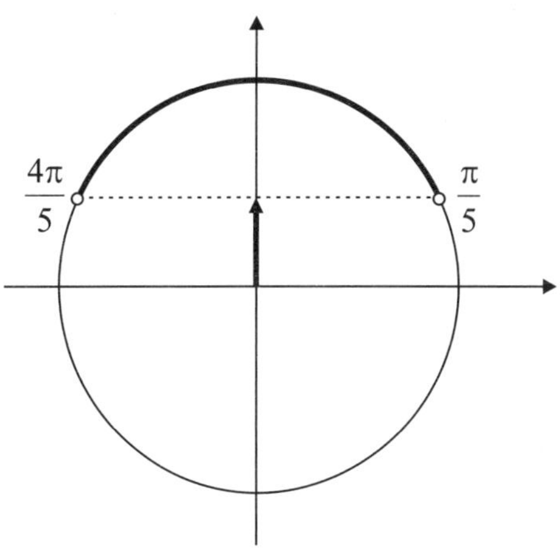

No intervalo $[0,\ 2\pi]$ temos:

$\text{sen}\,x > \text{sen}\frac{\pi}{5} \Leftrightarrow \frac{\pi}{5} < x < \frac{4\pi}{5}$

Em $\mathbb{R}$ teremos:

$\text{sen}\,x > \text{sen}\frac{\pi}{5} \Leftrightarrow \frac{\pi}{5} + 2k\pi < x < \frac{4\pi}{5} + 2k\pi,\ k \in \mathbb{Z}$

$S = \left\{x \in \mathbb{R} \mid \frac{\pi}{5} + 2k\pi < x < \frac{4\pi}{5} + 2k\pi,\ k \in \mathbb{Z}\right\}$

3) Inequação sen x < senα, com $0 < \alpha < \frac{\pi}{2}$

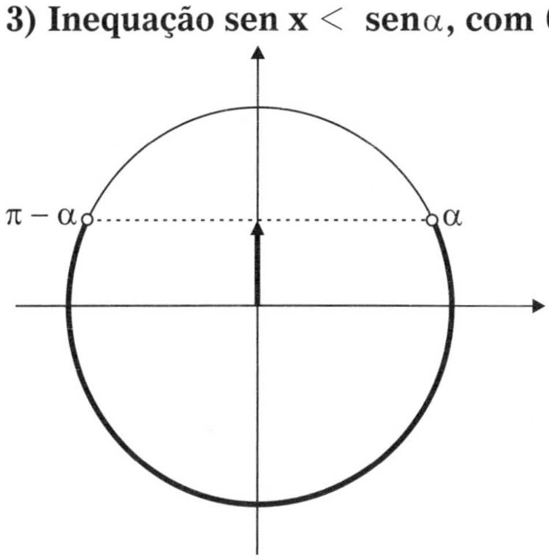

No intervalo $[0,\ 2\pi]$ temos:

$\text{sen}\,x < \text{sen}\alpha \Leftrightarrow 0 \leqslant x < \alpha \ \vee\ \pi - \alpha < x \leq 2\pi,$

Em $\mathbb{R}$ podemos fazer:

$$2k\pi \leqslant x < \alpha + 2k\pi \vee \pi - \alpha + 2k\pi < x < (2k+2)\pi,\ k \in \mathbb{Z}$$

Mas é mais simples fazermos:

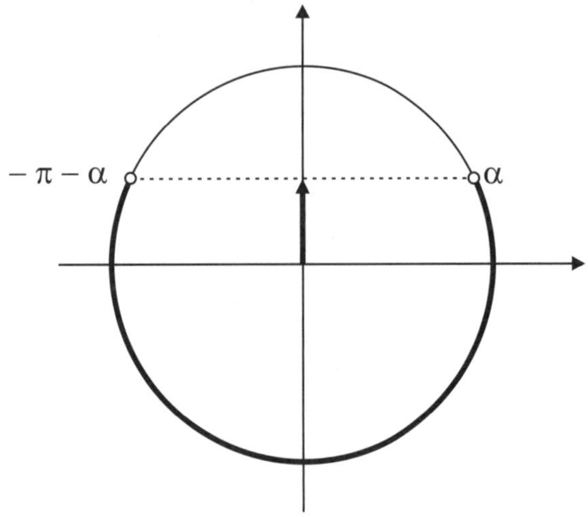

Com $(\pi-\alpha)-2\pi=-\pi-\alpha$, teremos:

$$\text{sen } x<\text{sen}\alpha \Leftrightarrow (-\pi-\alpha)+2k\pi<x<\alpha+2k\pi, k\in\mathbb{Z}$$

Exemplo: Resolver a inequação $\text{sen}x<\text{sen}\frac{\pi}{7}$

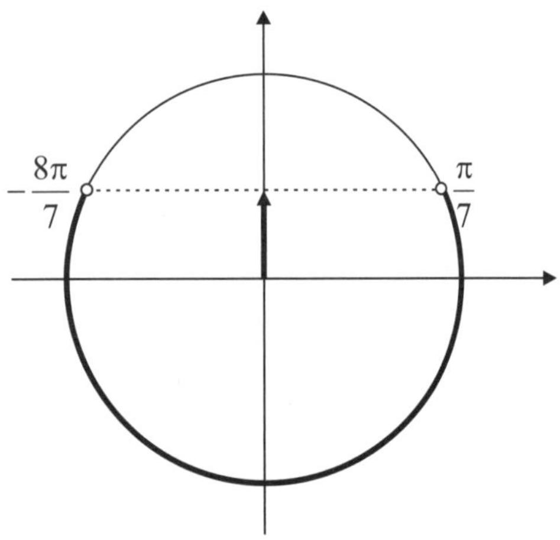

Note que $\left(\pi-\frac{\pi}{7}\right)-2\pi=\frac{6\pi}{7}-2\pi=-\frac{8\pi}{7}$

$\text{sen } x<\text{sen}\frac{\pi}{7} \Leftrightarrow$

$-\frac{8\pi}{7}+2k\pi<x<\frac{\pi}{7}+2k\pi$

$S=\left\{x\in\mathbb{R}\,|-\frac{8\pi}{7}+2k\pi<x<\frac{\pi}{7}+2k\pi,\ k\in\mathbb{Z}\right\}$

Outra maneira de dar a resposta é:

$$S=\left\{x\in\mathbb{R}\,|\,2k\pi\leqslant x<\frac{\pi}{7}+2k\pi \vee \frac{6\pi}{7}+2k\pi<x<2\pi+2k\pi, k\in\mathbb{Z}\right\}$$

4) Inequação $\cos x<\cos\alpha$, com $0<\alpha<\pi$

Para resolvermos esta inequação nos baseamos no fato de que a função cosseno tem período 2π e que $\cos(\alpha)=\cos(-\alpha)=\cos(2\pi-\alpha)$

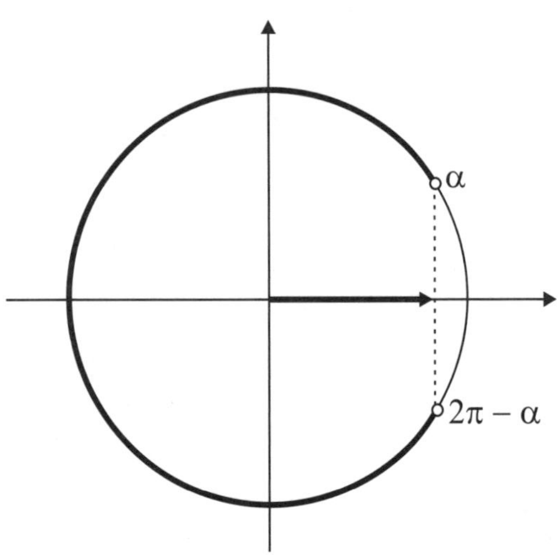

No intervamo $[0, 2\pi]$ temos:

$\cos x<\cos\alpha \Leftrightarrow \alpha<x<2\pi-\alpha$

Em $\mathbb{R}$ teremos:

$$\cos x<\cos\alpha \Leftrightarrow \alpha+2k\pi<x<2\pi-\alpha+2k\pi, k\in\mathbb{Z}$$

Exemplo: Resolver a inequação $\cos x < \cos \frac{2\pi}{11}$

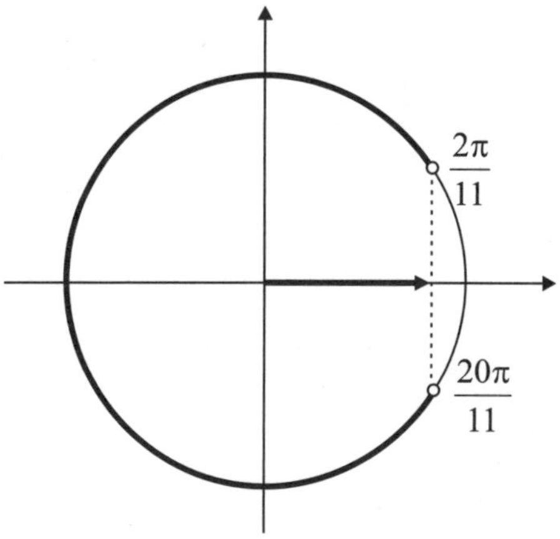

Note que $2\pi - \frac{2\pi}{11} = \frac{20\pi}{11}$

No intervalo $[0,\ 2\pi]$ temos:

$$\cos x < \cos \frac{2\pi}{11} \Leftrightarrow \frac{2\pi}{11} < x < \frac{20\pi}{11}$$

Em $\mathbb{R}$ teremos:

$$\cos x < \cos \frac{2\pi}{11} \Leftrightarrow \frac{2\pi}{11} + 2k\pi < x < \frac{20\pi}{11} + 2k\pi$$

$$S = \left\{x \in \mathbb{R} \mid \frac{2\pi}{11} + 2k\pi < x < \frac{20\pi}{11} + 2k\pi,\ k \in \mathbb{Z}\right\}$$

5) Inequação $\cos x > \cos\alpha$, com $0 < \alpha < \pi$

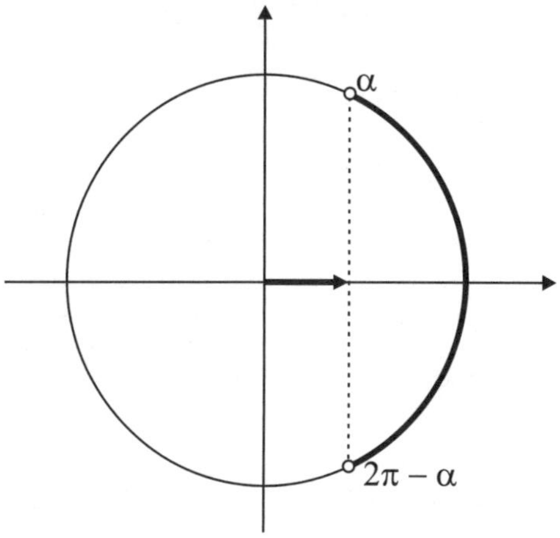

No intervalo $[0,\ 2\pi]$ temos:

$$\cos x > \cos\alpha \Leftrightarrow 0 < x < \alpha \vee 2\pi - \alpha < x \leqslant 2\pi$$

Em $\mathbb{R}$ podemos fazer:

$$2k\pi \leqslant x < \alpha + 2k\pi \vee (2\pi - \alpha) + 2k\pi < x < 2\pi + 2k\pi$$

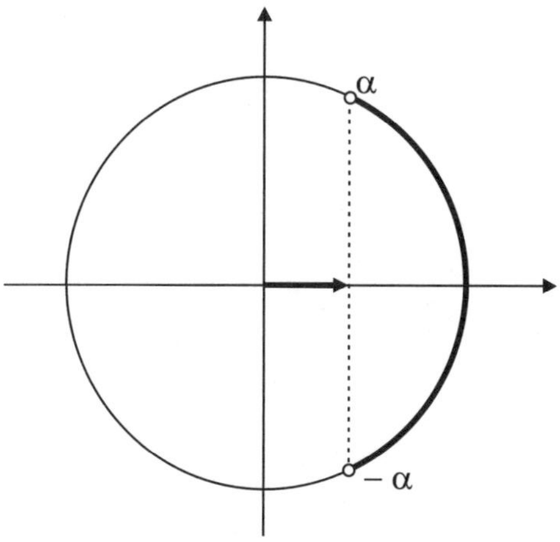

Mas é mais simples fazermos:

$$\cos x > \cos\alpha \Leftrightarrow -\alpha + 2k\pi < x < \alpha + 2k\pi,\ k \in \mathbb{Z}$$

Exemplo: Resolver a inequação $\cos x > \cos \frac{3\pi}{7}$

$$\cos x > \cos \frac{3\pi}{7} \Leftrightarrow -\frac{3\pi}{7} + 2k\pi < x < \frac{3\pi}{7} + 2k\pi$$

$$S = \left\{x \in \mathbb{R} \mid -\frac{3\pi}{7} + 2k\pi < x < \frac{3\pi}{7} + 2k\pi,\ k \in \mathbb{Z}\right\}$$

Outra maneira de dar a resposta é :

$$S = \left\{x \in \mathbb{R} \mid 2k\pi \leqslant x < \frac{3\pi}{7} + 2k\pi \vee \frac{11\pi}{7} + 2k\pi < x < 2\pi + 2k\pi,\ k \in \mathbb{Z}\right\}$$

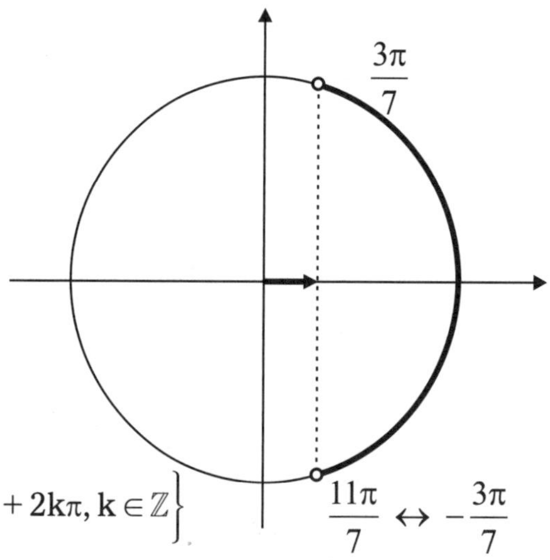

6) Inequação tg x > tgα, com $0 < \alpha < \frac{\pi}{2}$

Para resolvermos esta inequação nos baseamos no fato de que a função tangente tem período π e que $tg\alpha = tg(\pi + \alpha)$.

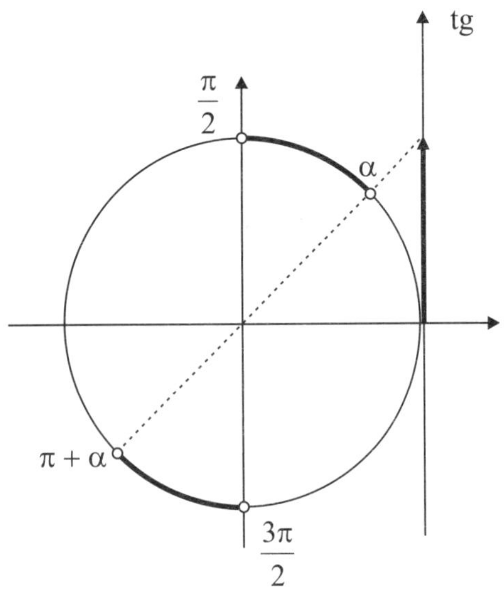

No intervalo $\left[0, \frac{\pi}{2}\right[$ temos:

$$tg\,x > tg\alpha \Leftrightarrow \alpha < x < \frac{\pi}{2}$$

O conjunto das soluções no intervalo $[0, 2\pi]$ é:

$$\left\{x \in \mathbb{R} \mid \alpha < x < \frac{\pi}{2} \vee \pi + \alpha < x < \frac{3\pi}{2}\right\}$$

Em $\mathbb{R}$ teremos:

$$tg\,x > tg\alpha \Leftrightarrow \alpha + k\pi < x < \frac{\pi}{2} + k\pi, k \in \mathbb{Z}$$

Exemplo: Resolver a inequação $tg\,x > tg\frac{2\pi}{5}$

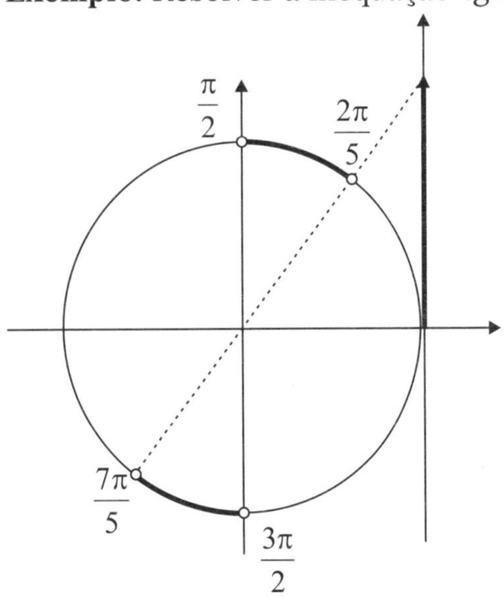

O conjunto das soluções contido em $\left[0, \frac{\pi}{2}\right[$ é

$$\left\{x \in \mathbb{R} \mid \frac{2\pi}{5} < x < \frac{\pi}{2}\right\}$$

O conjunto das soluções contido em $[0, 2\pi]$ é

$$\left\{x \in \mathbb{R} \mid \frac{2\pi}{5} < x < \frac{\pi}{2} \vee \frac{7\pi}{5} < x < \frac{3\pi}{2}\right\}$$

Em $\mathbb{R}$ teremos:

$$S = \left\{x \in \mathbb{R} \mid \frac{2\pi}{5} + k\pi < x < \frac{\pi}{2} + k\pi, k \in \mathbb{Z}\right\}$$

7) Inequação tg x < tgα, com $0 < \alpha < \frac{\pi}{2}$

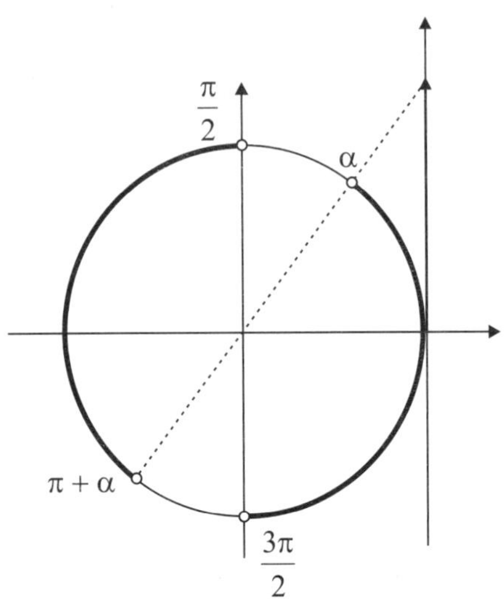

Podemos escrever o intervalo dos valores de x de vários modos, igualmente simples:

$$tg\,x < tg\alpha \Leftrightarrow \frac{\pi}{2} + k\pi < x < (\pi + \alpha) + k\pi, k \in \mathbb{Z}$$

$$tg\,x < tg\alpha \Leftrightarrow \frac{3\pi}{2} + k\pi < x < (2\pi + \alpha) + k\pi, k \in \mathbb{Z}$$

$$tg\,x < tg\alpha \Leftrightarrow -\frac{\pi}{2} + k\pi < x < \alpha + k\pi, k \in \mathbb{Z}$$

Exemplo: Resolver a inequação $\text{tg}\, x < \text{tg}\frac{4\pi}{9}$

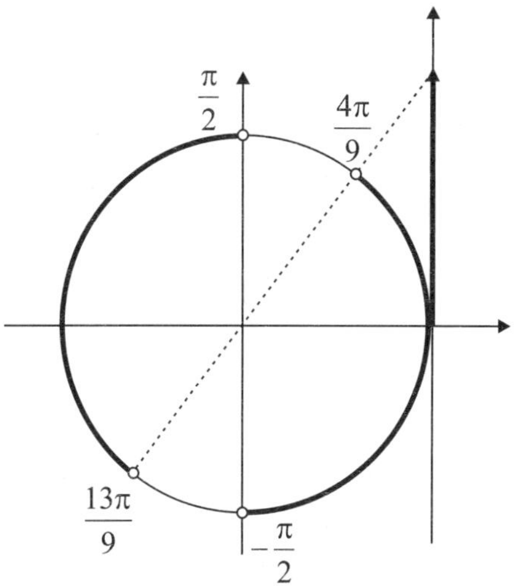

Como resposta podemos escolher qualquer uma das seguintes:

$$S = \left\{x \in \mathbb{R} \mid \frac{\pi}{2} + k\pi < x < \frac{13\pi}{9} + k\pi,\ k \in \mathbb{Z}\right\}$$

$$S = \left\{x \in \mathbb{R} \mid \frac{3\pi}{2} + k\pi < x < \frac{22\pi}{9} + k\pi,\ k \in \mathbb{Z}\right\}$$

$$S = \left\{x \in \mathbb{R} \mid -\frac{\pi}{2} + k\pi < x < \frac{4\pi}{9} + k\pi,\ k \in \mathbb{Z}\right\}$$

Obs: Baseando-se nos casos anteriores pode-se obter as soluções das inequações $\text{cotg}\, x > \text{cotg}\, \alpha$, $\sec x > \sec \alpha$, etc.

Exemplo 1: Resolver a inequação $\frac{1}{2} < \text{sen} x \leq \frac{\sqrt{3}}{2}$

Vamos primeiramente indicar a solução no ciclo trigonométrico.

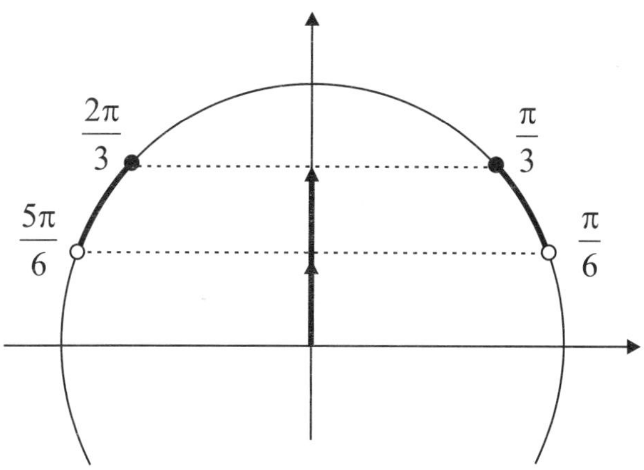

Solução em $[0,\ 2\pi]$:

$$S = \left\{x \in \mathbb{R} \mid \frac{\pi}{6} < x \leqslant \frac{\pi}{3} \vee \frac{2\pi}{3} \leqslant x < \frac{5\pi}{6}\right\}$$

Solução em $\mathbb{R}$:

$$S = \left\{x \in \mathbb{R} \mid \frac{\pi}{6} + 2k\pi < x \leqslant \frac{\pi}{3} + 2k\pi \vee \frac{2\pi}{3} + 2k\pi \leqslant x < \frac{5\pi}{6} + 2k\pi,\ k \in \mathbb{Z}\right\}$$

Exemplo 2: Resolver o sistema $\begin{cases} \cos x < \frac{\sqrt{3}}{2} \\ -\frac{\sqrt{3}}{2} < \text{sen} x \leqslant \frac{\sqrt{3}}{2} \end{cases}$

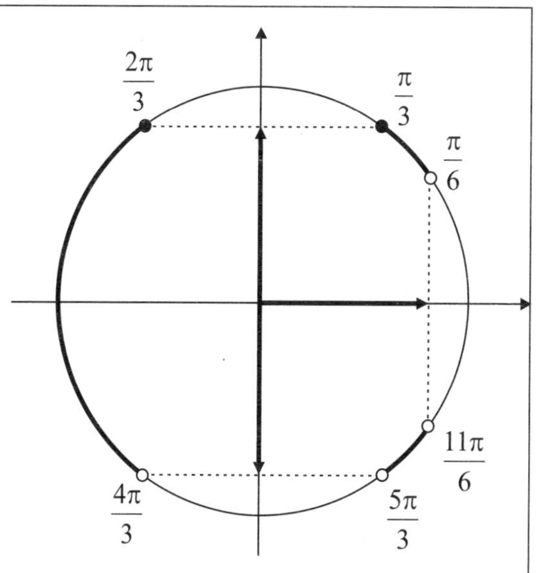

$S = \left\{x \in \mathbb{R} \mid \frac{\pi}{6} + 2k\pi < x \leqslant \frac{\pi}{3} + 2k\pi \vee \right.$

$\frac{2\pi}{3} + 2k\pi \leqslant x < \frac{4\pi}{3} + 2k\pi \vee$

$\left. \frac{5\pi}{3} + 2k\pi < x < \frac{11x}{6} + 2k\pi,\ k \in \mathbb{Z}\right\}$

Exemplo 3: Resolver a inequação $\cot g \geqslant \sqrt{3}$

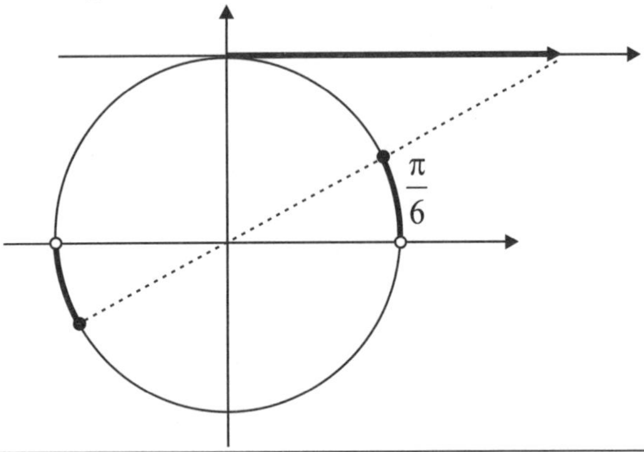

Lembrando que $\cot g \frac{\pi}{6} = \sqrt{3}$ e que o período da função cotg é π, obtemos:

$$S = \left\{x \in \mathbb{R} \mid k\pi < x \leqslant \frac{\pi}{6} + k\pi,\ k \in \mathbb{Z}\right\}$$

Exemplo 4: Resolver a inequação $4\,\text{sen}^2 x + 2\,\text{sen}\,x \leqslant 2\sqrt{3}\ \text{sen}\,x + \sqrt{3}$.

Substituindo sen x por y obtemos:

$$4y^2 + 2y \leqslant 2\sqrt{3}y + \sqrt{3} \Leftrightarrow 2y(2y+1) \leqslant \sqrt{3}\ (2y+1) \Leftrightarrow$$

$$2y(2y+1) - \sqrt{3}\,(2y+1) \leqslant 0 \Leftrightarrow (2y+1)(2y-\sqrt{3}) \leq 0$$

$$(2y+1)(2y-\sqrt{3}) = 0 \Leftrightarrow y = -\frac{1}{2} \ \vee \ y = \frac{\sqrt{3}}{2}$$

$$(2y+1)(2y-\sqrt{3}) \leqslant 0 \Leftrightarrow -\frac{1}{2} \leqslant y \leqslant \frac{\sqrt{3}}{2} \Leftrightarrow \boxed{-\frac{1}{2} \leqslant \text{sen}\,x \leqslant \frac{\sqrt{3}}{2}}$$

Vamos sombrear no ciclo trigonométrico as extremidades dos arcos que satisfazem esta desigualdade e tirar daí a resposta.

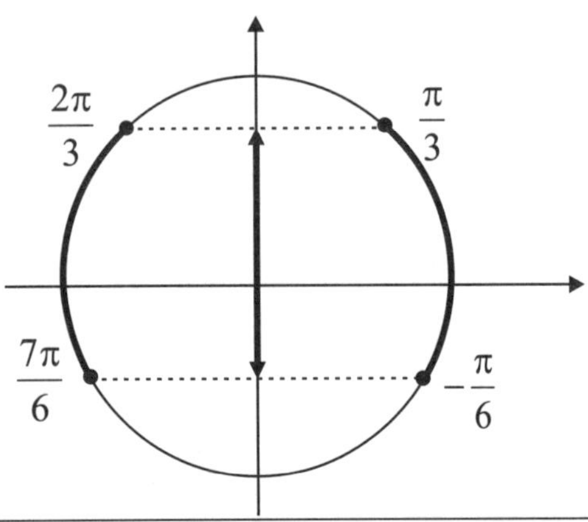

Da solução sombreada tiramos:

$$S = \left\{x \in \mathbb{R} \mid -\frac{\pi}{6} + 2k\pi \leqslant x \leqslant \frac{\pi}{3} + 2k\pi \ \vee \ \frac{2\pi}{3} + 2k\pi \leqslant x \leqslant \frac{7\pi}{6} + 2k\pi, k \in \mathbb{Z}\right\}$$

Exemplo 5: Resolver a inequação $|\cos x| > \frac{\sqrt{2}}{2}$.

Lembre-se de que $|\cos x| > \frac{\sqrt{2}}{2} \Leftrightarrow \cos x < -\frac{\sqrt{2}}{2} \ \vee \ \cos x > \frac{\sqrt{2}}{2}$

Da solução sombreada tiramos:

$$S = \left\{x \in \mathbb{R} \mid \frac{3\pi}{4} + k\pi < x < \frac{5\pi}{4} + k\pi,\ k \in \mathbb{Z}\right\}$$

Podemos também escrever o conjunto-solução:

$$S = \left\{x \in \mathbb{R} \mid -\frac{\pi}{4} + k\pi < x < \frac{\pi}{4} + k\pi,\ k \in \mathbb{Z}\right\}$$

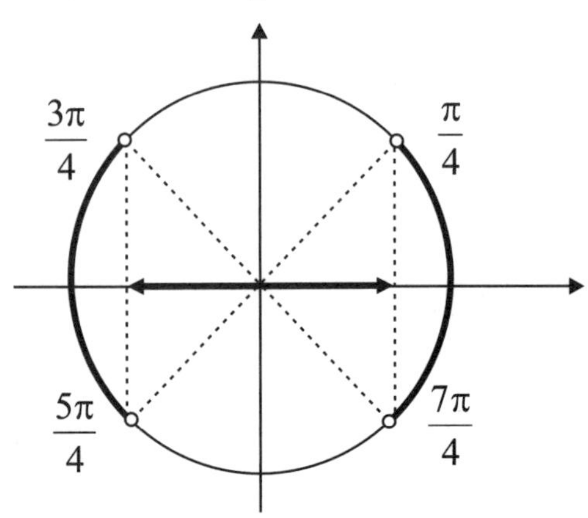

Exemplo 6: Resolver a inequação $\cos 2x + 2\cos^2 x + 10\cos x > 5$.

Vamos usar $\cos 2x = 2\cos^2 x - 1$. Então:

$$2\cos^2 x - 1 + 2\cos^2 x + 10\cos x - 5 > 0$$

$$4\cos^2 x + 10\cos x - 6 > 0$$

$$2\cos^2 x + 5\cos x - 3 > 0$$

$$\Delta = 25 + 24 = 49 \Rightarrow \cos x = \frac{-5 \pm 7}{4}$$

$$\Rightarrow \cos x = -3 \quad \text{ou} \quad \cos x = \frac{1}{2}$$

$$\Rightarrow \cos x < -3 \ \vee \ \cos x > \frac{1}{2} \Rightarrow \boxed{\cos x > \frac{1}{2}}$$

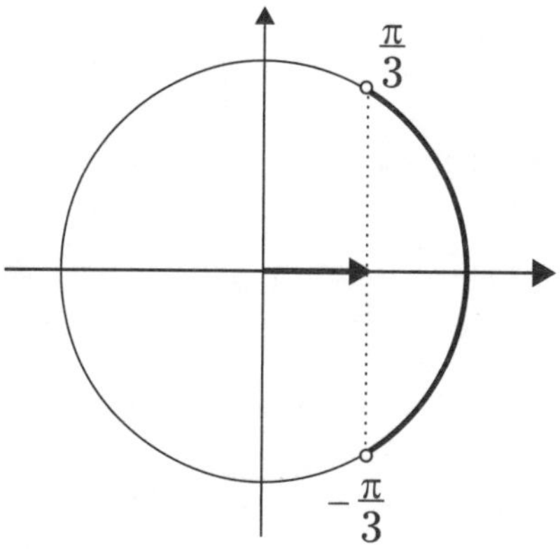

$$S = \left\{ x \in \mathbb{R} \mid -\frac{\pi}{3} + 2k\pi < x < \frac{\pi}{3} + 2k\pi,\ k \in \mathbb{Z} \right\}$$

Como $-\frac{\pi}{3} + 2\pi = \frac{5\pi}{3}$ e $\frac{\pi}{3} + 2\pi = \frac{7\pi}{3}$, podemos também escrever:

$$S = \left\{ x \in \mathbb{R} \mid \frac{5\pi}{3} + 2k\pi < x < \frac{7\pi}{3} + 2k\pi,\ k \in \mathbb{Z} \right\}$$

Exemplo 7: Resolver a inequação $6\cos 2x - \text{sen}\, x < 4 - 2\,\text{sen}^2 x$

É conveniente fazer $\cos 2x = 1 - 2\text{sen}^2 x$. Então:

$$6 \cdot (1 - 2\text{sen}^2 x) - \text{sen}\, x < 4 - 2\,\text{sen}^2 x \Rightarrow$$

$$6 - 12\text{sen}^2 x - \text{sen}\, x - 4 + 2\,\text{sen}^2 x < 0$$

$$-10\text{sen}^2 x - \text{sen}\, x + 2 < 0$$

$$10\text{sen}^2 x + \text{sen}\, x - 2 > 0$$

$$\Delta = 1 + 80 = 81 \Rightarrow \text{sen}\, x = \frac{-1 \pm 9}{20}$$

$$\Rightarrow \text{sen}\, x = -\frac{1}{2} \quad \text{ou} \quad \text{sen}\, x = \frac{2}{5}$$

$$\Rightarrow \text{sen}\, x < -\frac{1}{2} \quad \text{ou} \quad \text{sen}\, x > \frac{2}{5}$$

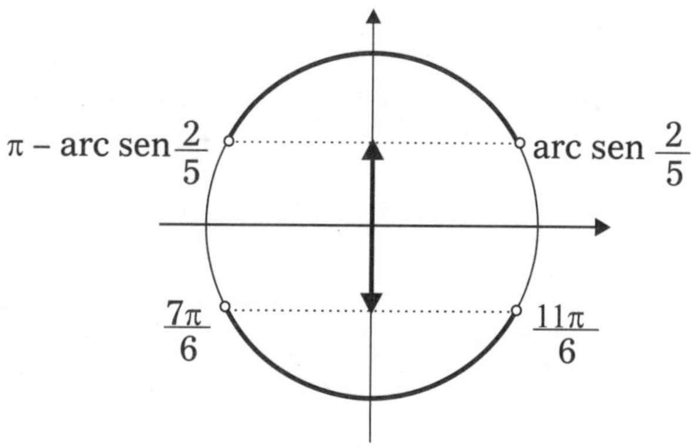

$$S = \left\{ x \in \mathbb{R} \mid \text{arcsen}\frac{2}{5} + 2k\pi < x < \pi - \text{arcsen}\,\frac{2}{5} + 2k\pi \vee \frac{7\pi}{6} + 2k\pi < x < \frac{11\pi}{6} + 2k\pi,\ k \in \mathbb{Z} \right\}$$

Exemplo 8: Resolver a inequação $\text{sen}\left(2x + \frac{\pi}{3}\right) \leqslant \frac{\sqrt{2}}{2}$.

$$\frac{3\pi}{4} - 2\pi = -\frac{5\pi}{4} \Rightarrow \frac{3\pi}{4} \text{ e } \frac{-5\pi}{4} \text{ são côngruos.}$$

$$-\frac{5\pi}{4} + 2k\pi \leqslant 2x + \frac{\pi}{3} \leqslant \frac{\pi}{4} + 2k\pi$$

$$-\frac{15\pi}{12} - \frac{4\pi}{12} + 2k\pi \leqslant 2x \leqslant \frac{3\pi}{12} - \frac{4\pi}{12} + 2k\pi$$

$$-\frac{19\pi}{12} + 2k\pi \leqslant 2x \leqslant -\frac{\pi}{12} + 2k\pi \Rightarrow$$

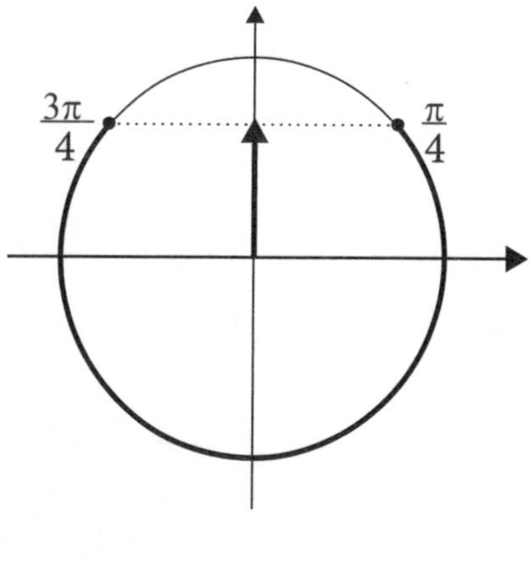

$$S = \left\{ x \in \mathbb{R} \mid -\frac{19\pi}{24} + k\pi \leqslant x \leqslant -\frac{\pi}{24} + k\pi,\ k \in \mathbb{Z} \right\}$$

Obs.: Neste exemplo 8 podemos também fazer:

$\frac{\pi}{4}+2\pi=\frac{9\pi}{4} \Rightarrow \frac{\pi}{4}$ e $\frac{9\pi}{4}$ são côngruos.

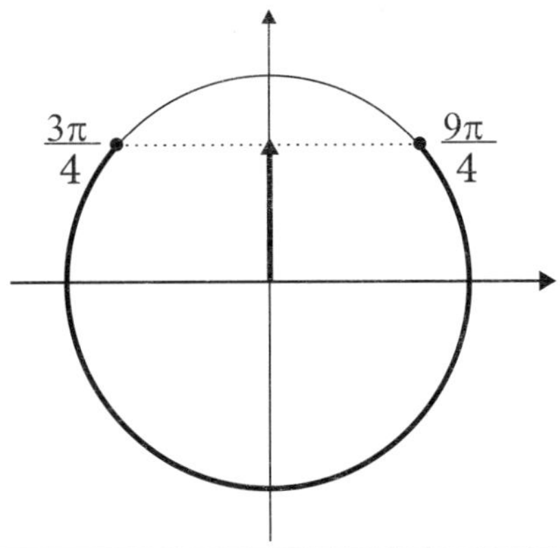

$$\frac{3\pi}{4}+2k\pi \leqslant 2x+\frac{\pi}{3} \leqslant \frac{9\pi}{4}+2k\pi$$

$$\frac{9\pi-4\pi}{12}+2k\pi \leqslant 2x \leqslant \frac{27\pi-4\pi}{12}+2k\pi$$

$$S=\left\{x \in \mathbb{R} \mid \frac{5\pi}{24}+k\pi \leqslant x \leqslant \frac{23\pi}{24}+k\pi,\ k \in \mathbb{Z}\right\}$$

Exemplo 9: Resolver $2\text{sen}^2 x+1+2\sqrt{2}\,\text{sen}\,x \geqslant \text{sen}\left(\frac{\pi}{2}-2x\right)+2\sqrt{3}\,\text{sen}\,x+\sqrt{6}$.

Como $\text{sen}\left(\frac{\pi}{2}-2x\right)=\cos 2x$ e $\cos 2x=1-2\,\text{sen}^2 x$, temos:

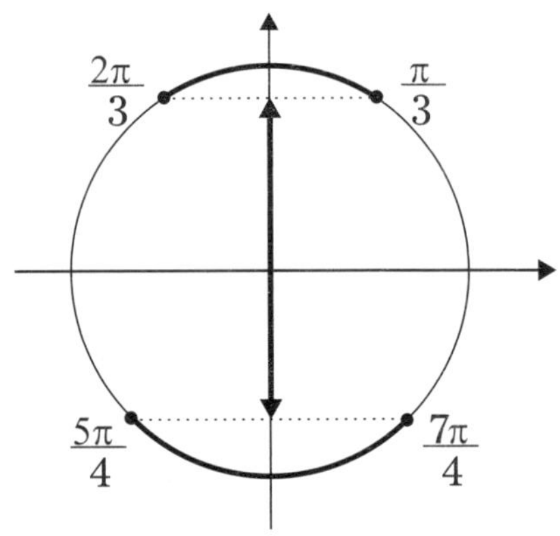

$$2\text{sen}^2 x+1+2\sqrt{2}\,\text{sen}\,x \geqslant \cos 2x+2\sqrt{3}\,\text{sen}\,x+\sqrt{6} \Rightarrow$$

$$2\text{sen}^2 x+1+2\sqrt{2}\,\text{sen}\,x \geqslant 1-2\text{sen}^2 x+2\sqrt{3}\,\text{sen}\,x+\sqrt{6} \Rightarrow$$

$$4\text{sen}^2 x+2\sqrt{2}\,\text{sen}\,x-2\sqrt{3}\,\text{sen}\,x-\sqrt{6} \geqslant 0 \Rightarrow$$

$$2\text{sen}\,x(2\,\text{sen}\,x+\sqrt{2})-\sqrt{3}(2\,\text{sen}\,x+\sqrt{2}) \geqslant 0 \Rightarrow$$

$$(2\,\text{sen}\,x+\sqrt{2})(2\,\text{sen}\,x-\sqrt{3}) \geqslant 0 \Rightarrow (2y+\sqrt{2})(2y-\sqrt{3}) \geqslant 0 \quad \text{para } y=\text{sen}\,x \Rightarrow$$

$$y \leqslant -\frac{\sqrt{2}}{2} \quad \text{ou} \quad y \geqslant \frac{\sqrt{3}}{2}$$

Note que não há necessidade de fazer sen x = y

$$\text{sen}\,x \leqslant -\frac{\sqrt{2}}{2} \quad \text{ou} \quad \text{sen}\,x \geqslant \frac{\sqrt{3}}{2}$$

$$S=\left\{x \in \mathbb{R} \mid \frac{\pi}{3}+2k\pi \leqslant x \leqslant \frac{2\pi}{3}+2k\pi \vee \frac{5\pi}{4}+2k\pi \leqslant x \leqslant \frac{7\pi}{4}+2k\pi, k \in \mathbb{Z}\right\}$$

Exemplo 10: Resolver $\frac{\sqrt{3}}{2}\text{sen}x+\frac{1}{2}\cos x < \frac{1}{2}$.

Vamos " preparar" para usar $\text{sen}\,a\cos b+\text{sen}\,b\cos a=\text{sen}\,(a+b)$

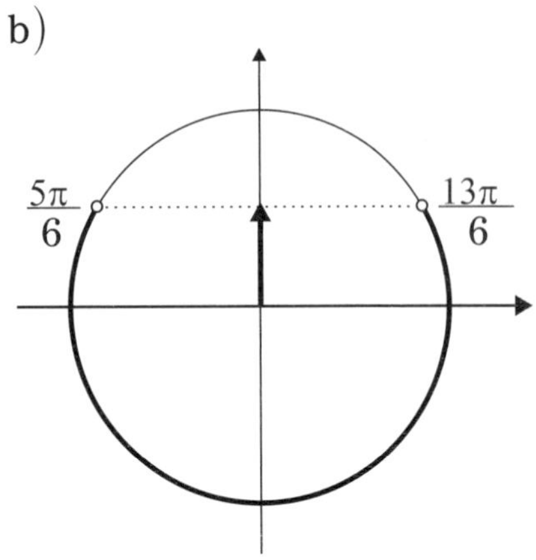

$$\text{sen}\,x\ \cos\frac{\pi}{6}+\text{sen}\frac{\pi}{6}\cos x < \frac{1}{2} \Rightarrow \text{sen}\left(x+\frac{\pi}{6}\right) < \frac{1}{2}$$

$$\frac{5\pi}{6}+2k\pi < x+\frac{\pi}{6} < \frac{13\pi}{6}+2k\pi \Rightarrow$$

$$\frac{4\pi}{6}+2k\pi < x < \frac{12\pi}{6}+2k\pi$$

$$\frac{2\pi}{3}+2k\pi < x < 2\pi + 2k\pi$$

$$S=\left\{x \in \mathbb{R} \mid \frac{2}{3}\pi+2k\pi < x < 2\pi+2k\pi,\ k \in \mathbb{Z}\right\}$$

Exemplo 11: Resolver $\cos x + \sqrt{3}\,\operatorname{sen} x \geqslant \sqrt{2}$

Dividindo por 2, obtemos: $\frac{1}{2}\cos x + \frac{\sqrt{3}}{2}\operatorname{sen} x \geqslant \frac{\sqrt{2}}{2} \Rightarrow$

$\cos\frac{\pi}{3}\cos x + \operatorname{sen}\frac{\pi}{3}\operatorname{sen} x \geqslant \frac{\sqrt{2}}{2}$.

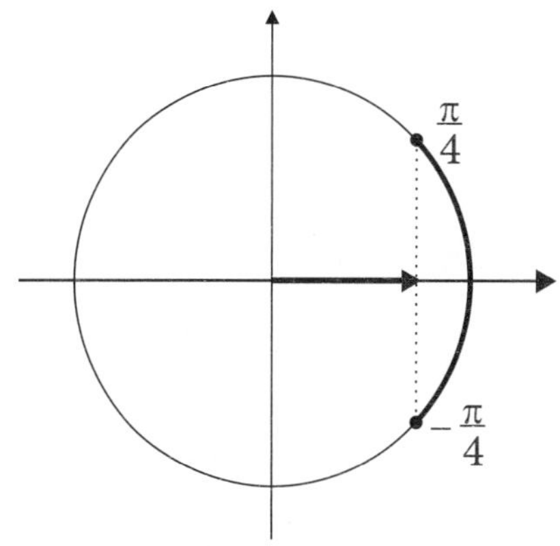

Vamos usar cos a cos b + sen a sen b = cos (a – b). Então:

$$\cos\left(x - \frac{\pi}{3}\right) \geqslant \frac{\sqrt{2}}{2}$$

$$-\frac{\pi}{4} + 2k\pi \leqslant x - \frac{\pi}{3} \leqslant \frac{\pi}{4} + 2k\pi$$

$$\frac{-3\pi + 4\pi}{12} + 2k\pi \leqslant x \leqslant \frac{3\pi + 4\pi}{12} + 2k\pi$$

$$S = \left\{x \in \mathbb{R} \mid \frac{\pi}{12} + 2k\pi \leqslant x \leqslant \frac{7\pi}{12} + 2k\pi, k \in \mathbb{Z}\right\}$$

Exemplo 12: Resolver a inequação

$\operatorname{sen}^2 x + \sqrt{3}\operatorname{sen} x \cos x < \operatorname{sen} x \cos x + \sqrt{3}\cos^2 x$.

$\operatorname{sen}^2 x + (\sqrt{3} - 1)\operatorname{sen} x \cos x - \sqrt{3}\cos^2 x < 0$

(I) Se cos x = 0 $\Rightarrow \operatorname{sen}^2 x < 0 \Rightarrow$ Não existe x

(II) Se $\cos x \neq 0$, vamos dividir os membros por $\cos^2 x$. Obtemos:

$\frac{\operatorname{sen}^2 x}{\cos^2 x} + (\sqrt{3} - 1)\frac{\operatorname{sen} x}{\cos x} - \sqrt{3} < 0$. Como $\frac{\operatorname{sen} x}{\cos x} = \operatorname{tg} x$, obtemos:

$\operatorname{tg}^2 x + (\sqrt{3} - 1)\operatorname{tg} x - \sqrt{3} < 0$. Fazendo tg x = y, temos:

$$y^2 + (\sqrt{3} - 1)y - \sqrt{3} < 0$$

$$\Delta = (\sqrt{3} - 1)^2 + 4\sqrt{3} = 3 - 2\sqrt{3} + 1 + 4\sqrt{3}$$

$$\Delta = 3 + 2\sqrt{3} + 1 = (\sqrt{3} + 1)^2$$

$$y = \frac{-(\sqrt{3} - 1) \pm (\sqrt{3} + 1)}{2} \Rightarrow$$

$$y = -\sqrt{3} \;\vee\; y = 1 \Rightarrow -\sqrt{3} < y < 1 \Rightarrow -\sqrt{3} < \operatorname{tg} x < 1$$

$$S = \left\{x \in \mathbb{R} \mid -\frac{\pi}{3} + k\pi < x < \frac{\pi}{4} + k\pi,\; k \in \mathbb{R}\right\}$$

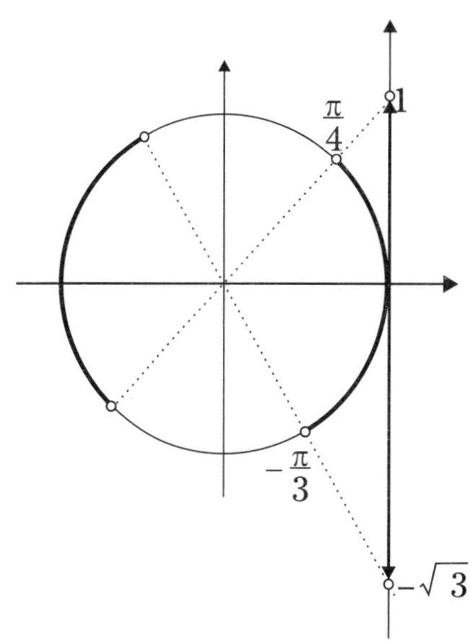

Exemplo 13: Resolver $2\text{sen}^2\left(x+\frac{\pi}{4}\right)+\sqrt{3}\cos 2x > 0$.

Na resolução deste exercício vamos usar: $\cos 2a = 1-2\,\text{sen}^2 a \Rightarrow 2\text{sen}^2 a = 1-\cos 2a$,

$\cos\left(\frac{\pi}{2}+a\right) = -\,\text{sen}\, a$ e $\text{sen}\, a\cos b + \text{sen}\, b\cos a = \text{sen}(a+b)$.

Então: $2\,\text{sen}^2\left(x+\frac{\pi}{4}\right) = 1-\cos\left[2\left(x+\frac{\pi}{4}\right)\right] = 1-\cos\left[2x+\frac{\pi}{2}\right] \Rightarrow$

$2\,\text{sen}^2\left(x+\frac{\pi}{4}\right) = 1-(-\,\text{sen}\, 2x) = 1+\text{sen}\, 2x \Rightarrow$

$1+\text{sen}\, 2x+\sqrt{3}\cos 2x > 0 \Rightarrow \text{sen}\, 2x+\sqrt{3}\cos 2x > -1 \Rightarrow$

$\frac{1}{2}\cdot\text{sen}\, 2x+\frac{\sqrt{3}}{2}\cos 2x > -\frac{1}{2} \Rightarrow$

$\text{sen}\, 2x\cdot\cos\frac{\pi}{3}+\text{sen}\frac{\pi}{3}\cdot\cos 2x > -\frac{1}{2} \Rightarrow$

$\text{sen}\left(2x+\frac{\pi}{3}\right) > -\frac{1}{2} \Rightarrow$

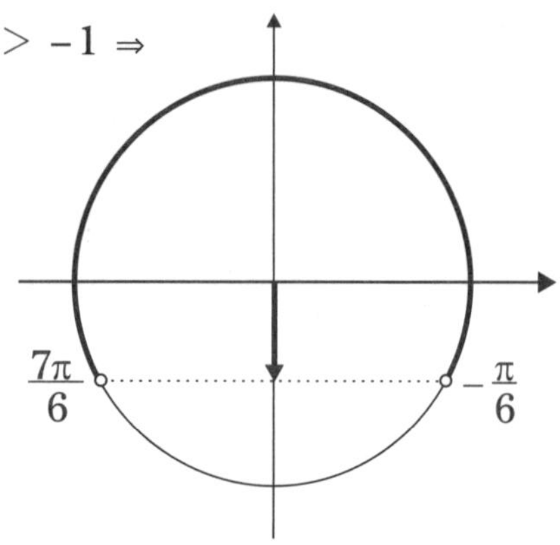

$-\frac{\pi}{6}+2k\pi < 2x+\frac{\pi}{3} < \frac{7\pi}{6}+2k\pi$

$-\frac{\pi}{6}-\frac{\pi}{3}+2k\pi < 2x < \frac{7\pi}{6}-\frac{\pi}{3}+2k\pi \Rightarrow$

$-\frac{\pi}{2}+2k\pi < 2x < \frac{5\pi}{6}+2k\pi \Rightarrow -\frac{\pi}{4}+k\pi < x < \frac{5\pi}{12}+k\pi$

$S=\left\{x\in\mathbb{R} \mid -\frac{\pi}{4}+k\pi < x < \frac{5\pi}{12}+k\pi,\ k\in\mathbb{Z}\right\}$

Exemplo 14: Resolver $\text{sen}\, x+\cos x > 1$.

Na resolução deste exercício vamos usar $\cos x = \text{sen}\left(\frac{\pi}{2}-x\right)$ e a fórmula de transformação em produto $\text{sen}\, a+\text{sen}\, b = 2\text{sen}\frac{a+b}{2}\cdot\cos\frac{a-b}{2}$.

Então: $\text{sen}\, x+\cos x > 1 \Rightarrow \text{sen}\, x+\text{sen}\left(\frac{\pi}{2}-x\right) > 1 \Rightarrow$

$2\,\text{sen}\frac{x+\frac{\pi}{2}-x}{2}\cdot\cos\frac{x-\left(\frac{\pi}{2}-x\right)}{2} > 1 \Rightarrow 2\,\text{sen}\frac{\pi}{4}\cdot\cos\left(x-\frac{\pi}{4}\right) > 1 \Rightarrow$

$\Rightarrow 2\cdot\frac{\sqrt{2}}{2}\cos\left(x-\frac{\pi}{4}\right) > 1 \Rightarrow \cos\left(x-\frac{\pi}{4}\right) > \frac{1}{\sqrt{2}}$

$\cos\left(x-\frac{\pi}{4}\right) > \frac{\sqrt{2}}{2}$

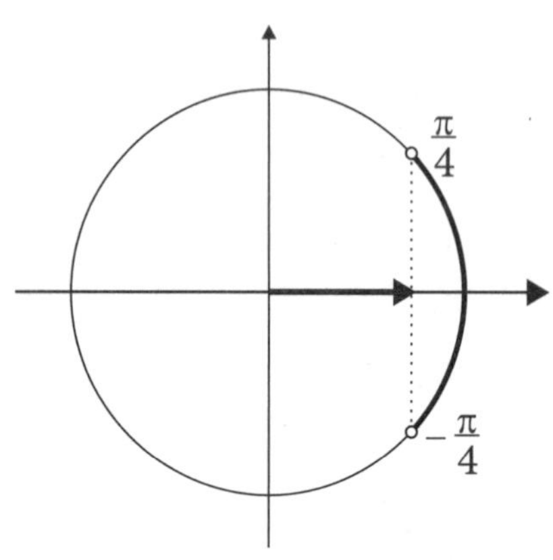

$-\frac{\pi}{4}+2k\pi < x-\frac{\pi}{4} < \frac{\pi}{4}+2k\pi$

$2k\pi < x < \frac{\pi}{2}+2k\pi$

$S=\left\{x\in\mathbb{R} \mid 2k\pi < x < \frac{\pi}{2}+2k\pi,\ k\in\mathbb{Z}\right\}$

Exemplo 15: Mostrar que para $x \neq \frac{\pi}{2} + k\pi,\ k \in \mathbb{Z}$, temos

$$\text{sen } 2x = \frac{2\text{tg } x}{1 + \text{tg}^2 x} \text{ e resolver } \text{sen } 2x + \text{tg } x \geqslant 2.$$

1) $\text{sen } 2x = 2\text{sen } x \cos x = \dfrac{2\text{sen } x \cos \cdot \cos x}{\cos x} = 2\dfrac{\text{sen } x}{\cos x} \cdot \cos^2 x \Rightarrow$

$\text{sen } 2x = 2\text{tg } x \cdot \dfrac{1}{\sec^2 x} \Rightarrow \text{sen } 2x = \dfrac{2\text{tg } x}{1 + \text{tg}^2 x}$

2) $\text{sen } 2x + \text{tg } x \geqslant 2 \Rightarrow \dfrac{2\text{tg } x}{1 + \text{tg}^2 x} + \text{tg } x \geqslant 2$

Como $1 + \text{tg}^2 x > 0$, obtemos: $2\text{tg } x + \text{tg } x + \text{tg}^3 x \geqslant 2 + 2\text{tg}^2 x \Rightarrow$

$\text{tg}^3 x - 2\text{tg}^2 x + 3\text{tg}x - 2 \geqslant 0$. Como $\text{tg}x = y$, obtemos:

$y^3 - 2y^2 + 3y - 2 \geqslant 0$. Notando que $y = 1$ é raiz, obtemos:

$y^3 - y^2 - y^2 + y + 2y - 2 \geqslant 0 \Rightarrow y^2(y-1) - y(y-1) + 2(y-1) \geqslant 0$

$(y-1)(y^2 - y + 2) \geqslant 0$. Como $y^2 - y + 2 > 0$, temos:

$y - 1 \geqslant 0 \Rightarrow \text{tg } x - 1 \geqslant 0 \Rightarrow \boxed{\text{tg}x \geqslant 1}$

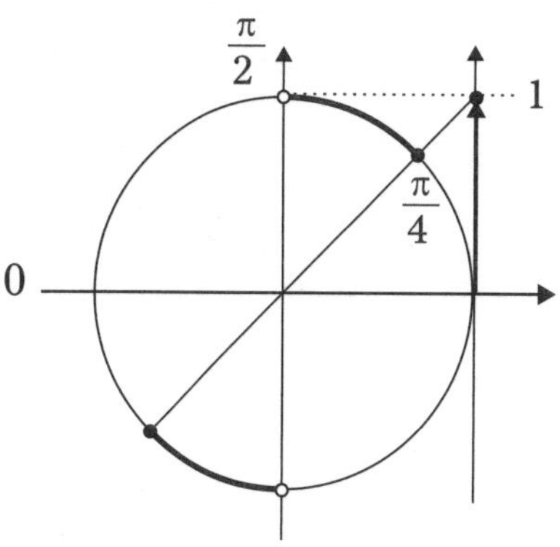

$S = \left\{x \in \mathbb{R} \mid \frac{\pi}{4} + k\pi \leqslant x < \frac{\pi}{2} + k\pi,\ k \in \mathbb{Z}\right\}$

Exemplo 16: Resolver $\text{sen } x + \cos x < \dfrac{1}{\cos x}$.

$\text{sen } x + \cos x - \dfrac{1}{\cos x} < 0 \Rightarrow \dfrac{\text{sen } x \cos x + \cos^2 x - 1}{\cos x} < 0 \Rightarrow$

$\dfrac{\text{sen } x \cdot \cos x + \cos^2 x - (\text{sen}^2 x + \cos^2 x)}{\cos x} < 0 \Rightarrow \dfrac{\text{sen } x \cdot \cos x - \text{sen}^2 x}{\cos x} < 0$, como $\text{sen } x \neq 0$,

temos: $\dfrac{\text{sen}^2 x\left(\frac{\cos x}{\text{sen } x} - 1\right)}{\cos x} < 0 \Rightarrow \dfrac{\text{cotg } x - 1}{\cos x} < 0$. Há dois casos:

$\begin{cases} \text{cotg } x - 1 > 0 \\ \cos x < 0 \end{cases} \Rightarrow \begin{cases} \text{cotg } x > 1 \\ \cos x < 0 \end{cases}$ ou $\begin{cases} \text{cotg } x - 1 < 0 \\ \cos x > 0 \end{cases} \Rightarrow \begin{cases} \text{cotg } x < 1 \\ \cos x > 0 \end{cases}$

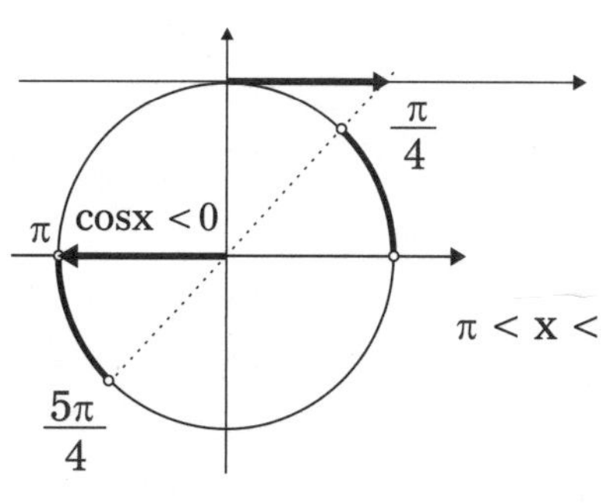

$\pi < x < \frac{5\pi}{4}$

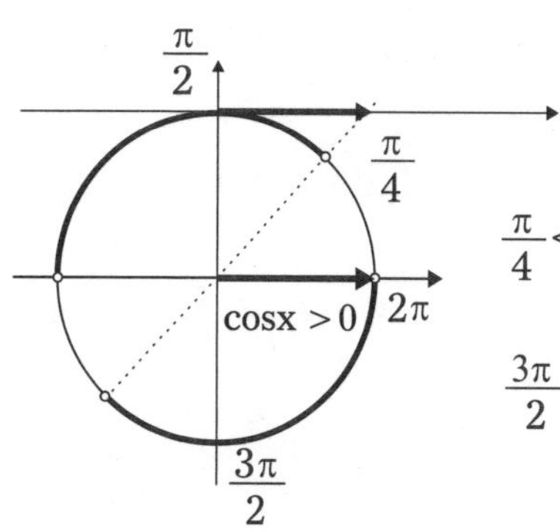

$\frac{\pi}{4} < x < \frac{\pi}{2} \vee$

$\frac{3\pi}{2} < x < 2\pi$

$S = \left\{x \in \mathbb{R} \mid \frac{\pi}{4} + 2k\pi < x < \frac{\pi}{2} + 2k\pi \vee \pi + 2k\pi < x < \frac{5\pi}{4} + 2k\pi \vee \frac{3\pi}{2} + 2k\pi < x < 2\pi + 2k\pi, k \in \mathbb{Z}\right\}$

331 Completar:

a) $\text{sen } 30^\circ = \cos 60^\circ =$	b) $\text{sen } 45^\circ = \cos 45^\circ =$	c) $\text{sen } 60^\circ = \cos 30^\circ =$
d) $\text{sen } \frac{\pi}{6} = \cos \frac{\pi}{3} =$	e) $\text{sen } \frac{\pi}{4} = \cos \frac{\pi}{4} =$	f) $\text{sen } \frac{\pi}{3} = \cos \frac{\pi}{6} =$

g) $\text{tg } 30^\circ =$	$\text{tg } 45^\circ =$	$\text{tg } 60^\circ =$	$\text{tg} \frac{\pi}{6} =$	$\text{tg} \frac{\pi}{4} =$	$\text{tg} \frac{\pi}{3} =$

332 Em cada caso é dado um ciclo trigonométrico, determinar:

I)

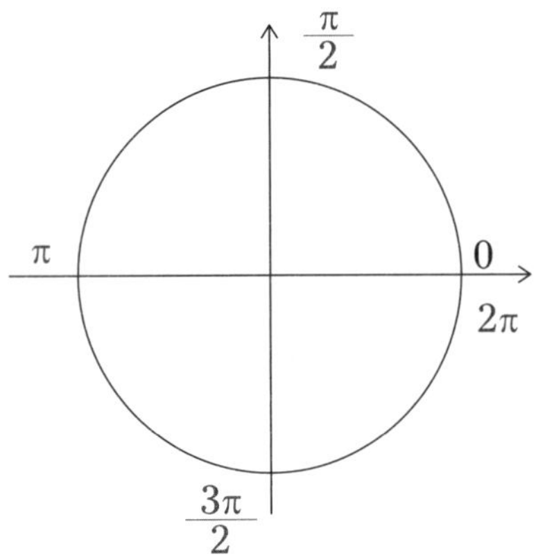

a) $\cos 0 =$

b) $\text{sen } 0 =$

c) $\text{sen } \frac{\pi}{2} =$

d) $\cos \frac{\pi}{2} =$

e) $\cos \pi =$

f) $\text{sen } \pi =$

g) $\text{sen } \frac{3\pi}{2} =$

h) $\cos \frac{3\pi}{2} =$

II)

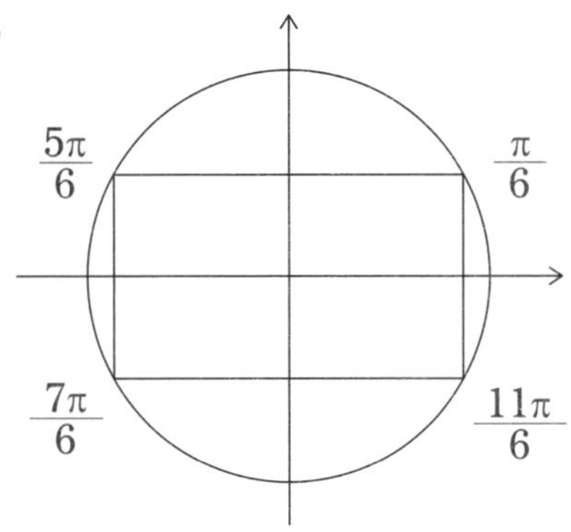

a) $\text{sen } \frac{\pi}{6} =$

b) $\text{sen } \frac{5\pi}{6} =$

c) $\cos \frac{\pi}{6} =$

d) $\cos \frac{5\pi}{6} =$

e) $\text{sen } \frac{7\pi}{6} =$

f) $\text{sen } \frac{11\pi}{6} =$

g) $\cos \frac{7\pi}{6} =$

h) $\cos \frac{11\pi}{6} =$

III)

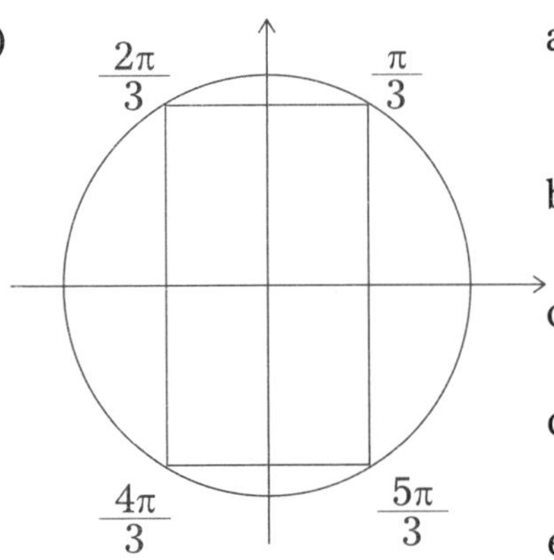

a) $\text{sen } \frac{\pi}{3} =$

b) $\text{sen } \frac{2\pi}{3} =$

c) $\cos \frac{\pi}{3} =$

d) $\cos \frac{2\pi}{3} =$

e) $\text{sen } \frac{4\pi}{3} =$

f) $\text{sen } \frac{5\pi}{3} =$

g) $\cos \frac{4\pi}{3} =$

h) $\cos \frac{5\pi}{3} =$

IV)

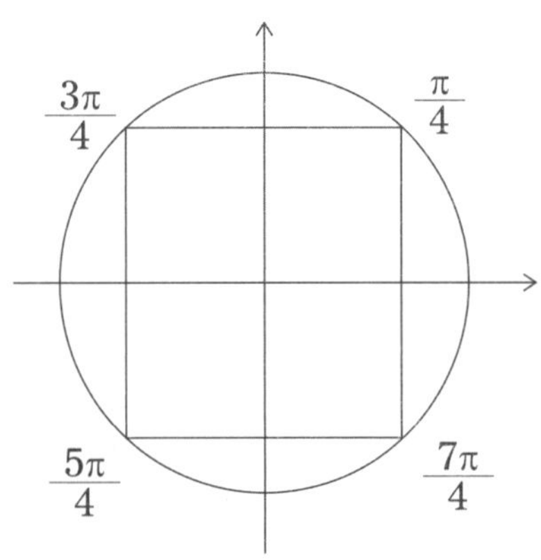

a) $\text{sen } \frac{\pi}{4} =$

b) $\text{sen } \frac{3\pi}{4} =$

c) $\cos \frac{\pi}{4} =$

d) $\cos \frac{3\pi}{4} =$

e) $\text{sen } \frac{5\pi}{4} =$

f) $\text{sen } \frac{7\pi}{4} =$

g) $\cos \frac{5\pi}{4} =$

h) $\cos \frac{7\pi}{4} =$

333 Classificar com V (verdadeira ou F (falso), as senteças:

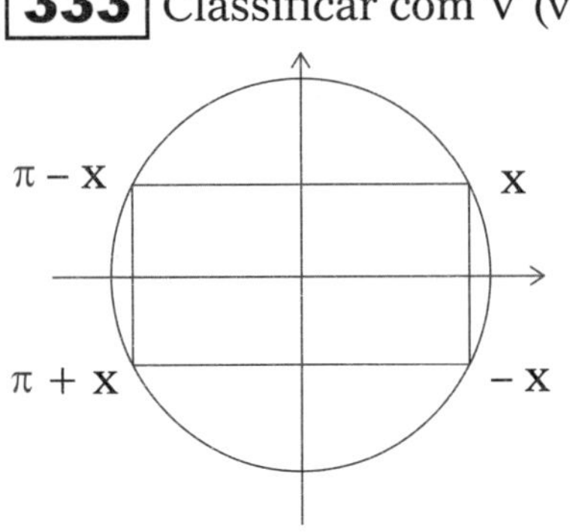

a) $\text{sen } (\pi - x) = \text{sen } x$

b) $\cos (\pi + x) = -\cos x$

c) $\cos (\pi - x) = -\cos x$

d) $\text{sen } (\pi + x) = -\text{sen } x$

e) $\cos (-x) = \cos x$

f) $\text{sen } (-x) = -\text{sen } x$

334 Classificar com V (verdadeira) ou F (falso), as sentenças:

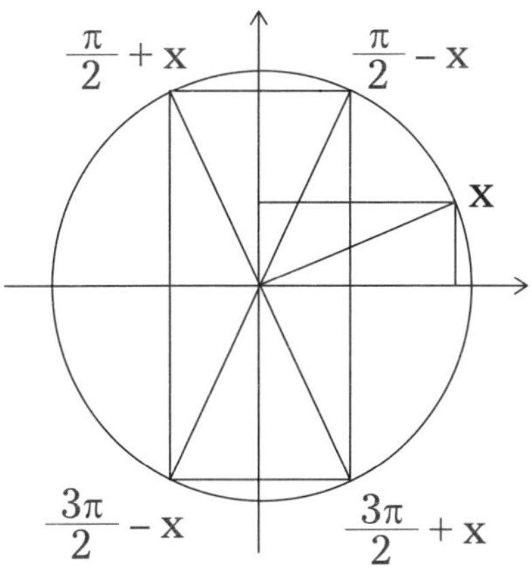

a) $\operatorname{sen}\left(\frac{\pi}{2} - x\right) = \cos x$

b) $\operatorname{sen}\left(\frac{\pi}{2} + x\right) = \cos x$

c) $\cos\left(\frac{\pi}{2} - x\right) = \operatorname{sen} x$

d) $\cos\left(\frac{\pi}{2} + x\right) = -\operatorname{sen} x$

e) $\operatorname{sen}\left(\frac{3\pi}{2} - x\right) = -\cos x$

f) $\operatorname{sen}\left(\frac{3\pi}{2} + x\right) = -\cos x$

g) $\cos\left(\frac{3\pi}{2} - x\right) = -\operatorname{sen} x$

h) $\cos\left(\frac{3\pi}{2} + x\right) = \operatorname{sen} x$

335 Indicar as medidas dos arcos da primeira volta, cujas extremidades são os vértices do retângulo, obtido do modo indicado.

a) Traçar, pelos pontos médios dos raios horizontais, retas paralelas ao eixo dos senos, que determinam no ciclo os vértices do retângulo.

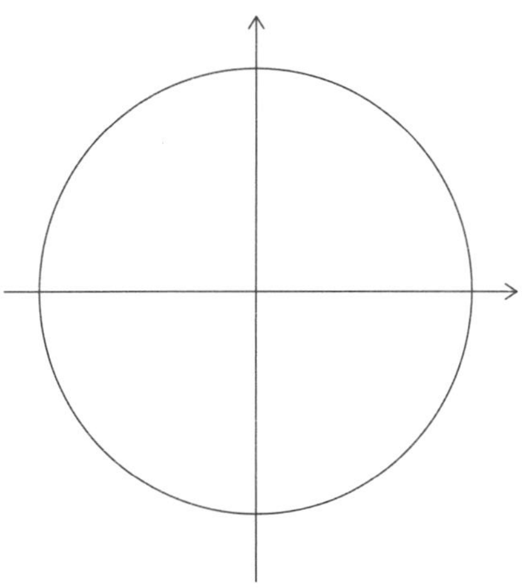

b) Traçar, pelos pontos médios dos raios verticais, retas paralelas ao eixo dos cossenos, que determinam no ciclo os vértices do retângulo.

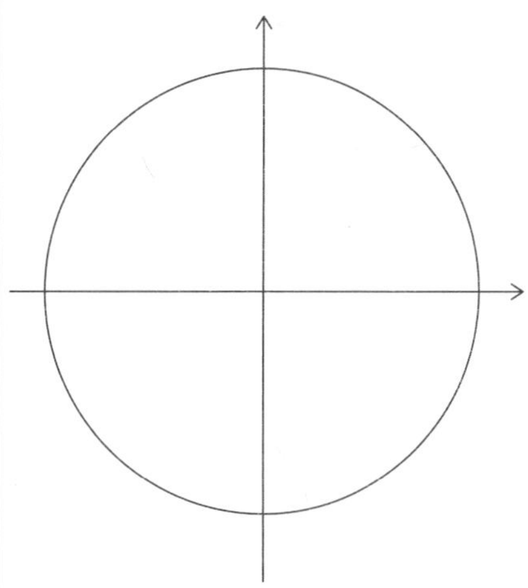

c) Os vértices são os pontos médios dos arcos dos quadrantes.

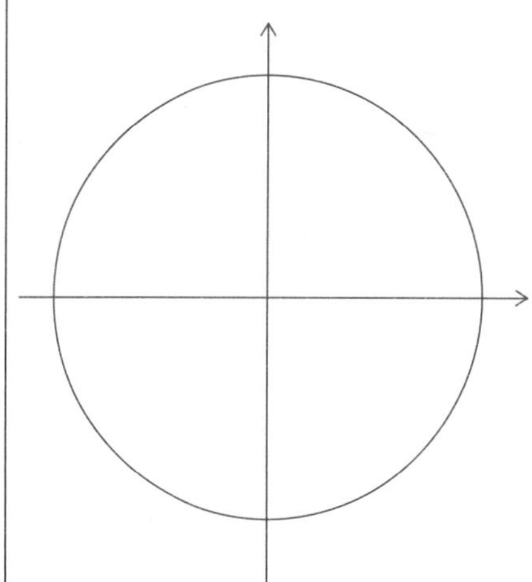

336 Em cada caso temos um retângulo com lados paralelos aos eixos dos senos e cossenos. Indicar as medidas dos arcos da primeira volta cujas extremidades são os vértices do retângulo. Uma medida está indicada

a)

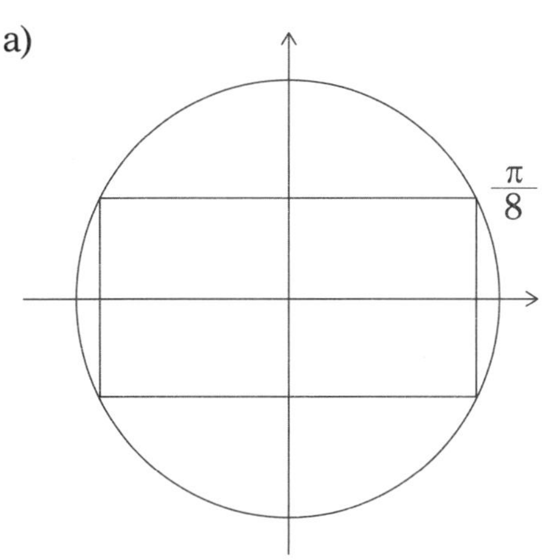

b)

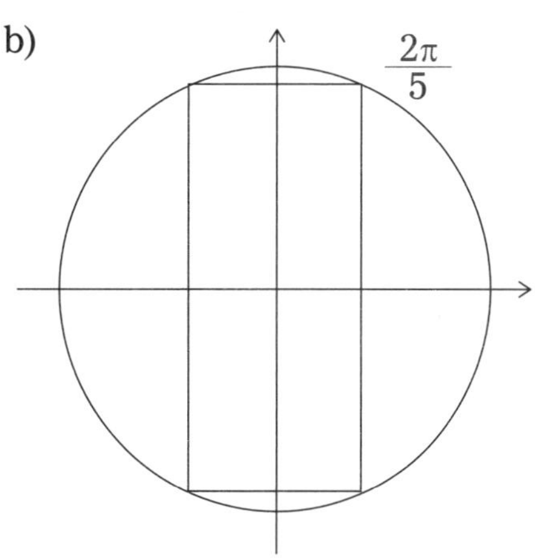

c)

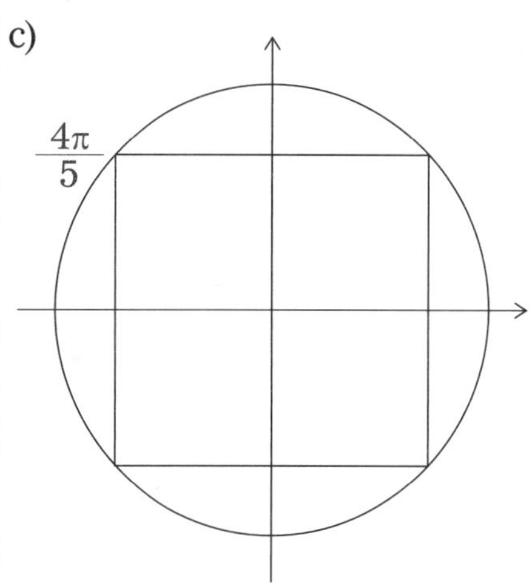

337 Simplificar

a) $\pi - \frac{\pi}{8} =$	b) $\pi + \frac{\pi}{8} =$	c) $2\pi - \frac{\pi}{8} =$	d) $\pi + \frac{2\pi}{7} =$
e) $\pi - \frac{2\pi}{7} =$	f) $2\pi - \frac{2\pi}{7} =$	g) $\pi - \frac{\pi}{11} =$	h) $\pi + \frac{\pi}{11} =$
i) $2\pi - \frac{\pi}{11} =$	j) $\pi + \frac{\pi}{6} =$	k) $\pi - \frac{\pi}{6} =$	l) $2\pi - \frac{\pi}{6} =$
m) $\pi - \frac{\pi}{4} =$	n) $\pi + \frac{\pi}{4} =$	o) $2\pi - \frac{\pi}{4} =$	p) $\pi - \frac{\pi}{3} =$
q) $\pi + \frac{\pi}{3} =$	r) $2\pi - \frac{\pi}{3} =$	s) $\pi + \frac{\pi}{9} =$	t) $\pi - \frac{\pi}{9} =$

338 Dada a medida x, indicada no ciclo trigonométrico, fazendo mentalmente $\pi + x$, $\pi - x$ e $2\pi - x$, determinar as medidas a, b e c, com a, b e c entre 0 e 2π, nos casos:

a)

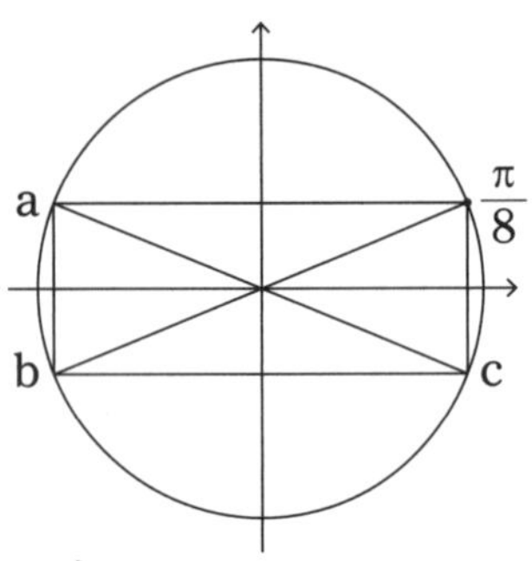

a = ,b = , c =

b)

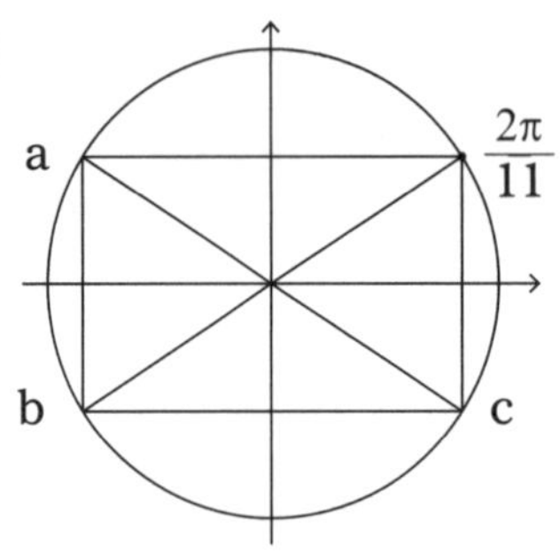

a = ,b = , c =

c)

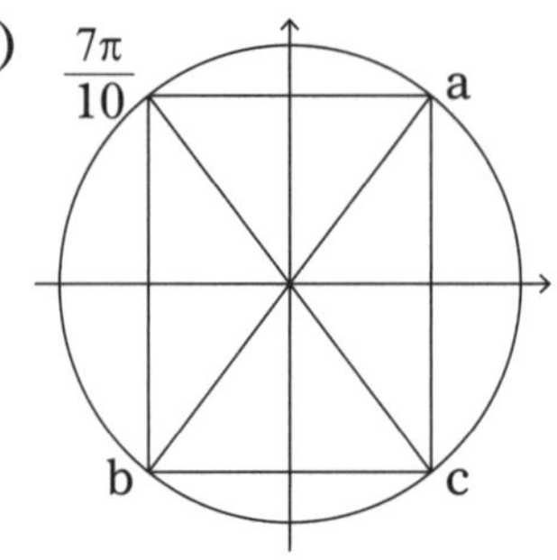

a = ,b = , c =

d)

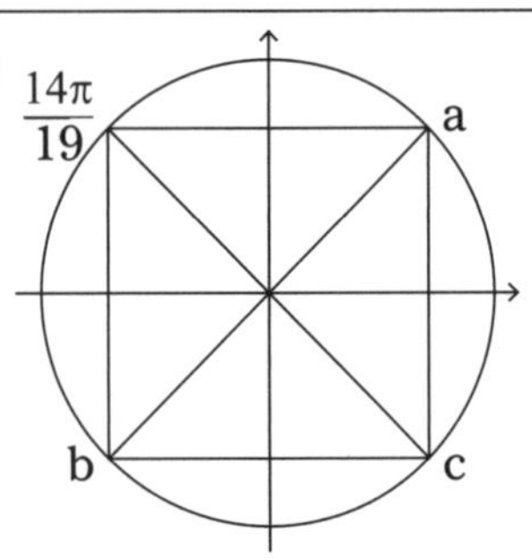

a = ,b = , c =

e)

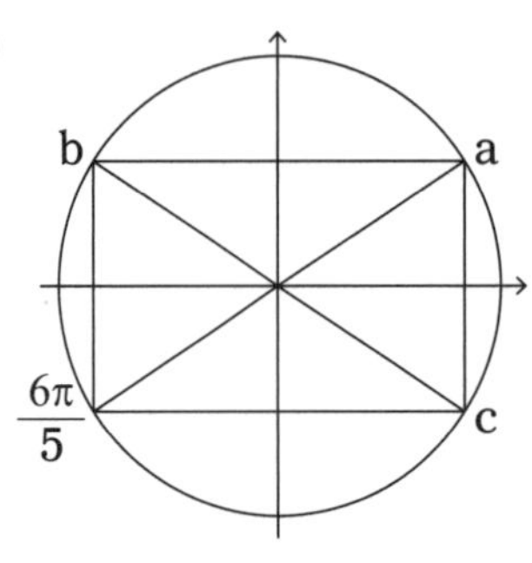

a = ,b = , c =

f)

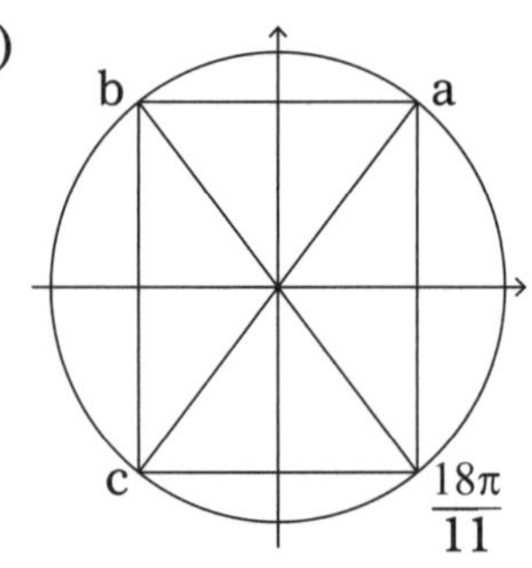

a = ,b = , c =

339 Determinar o subconjunto dos números reais x, com $0 \leqslant x \leqslant 2\pi$, destacado no ciclo trigonométrico, nos casos:

a)

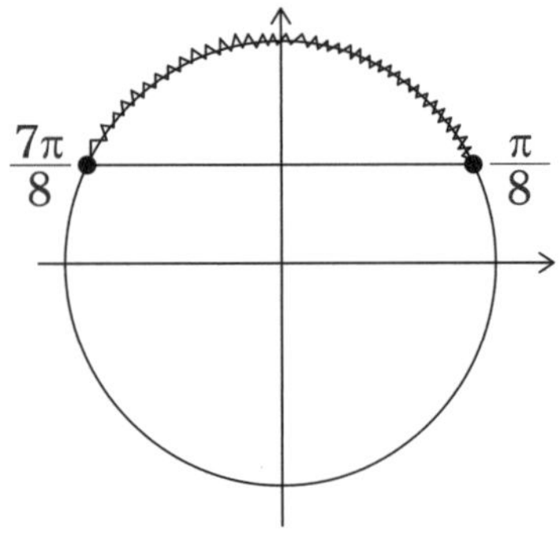

b)

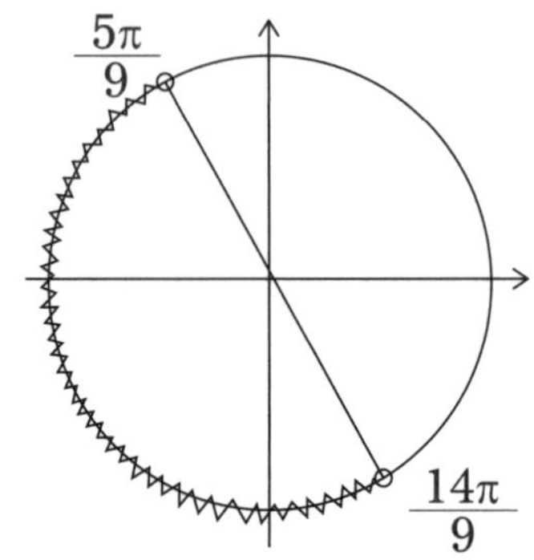

340 Determinar o subconjunto dos números reais x, com $0 \leq x < 2\pi$, destacado no ciclo trigonométrico, nos casos:

a)

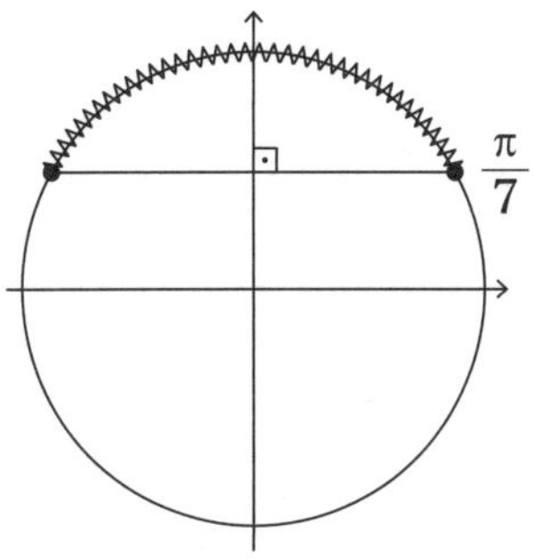

b)

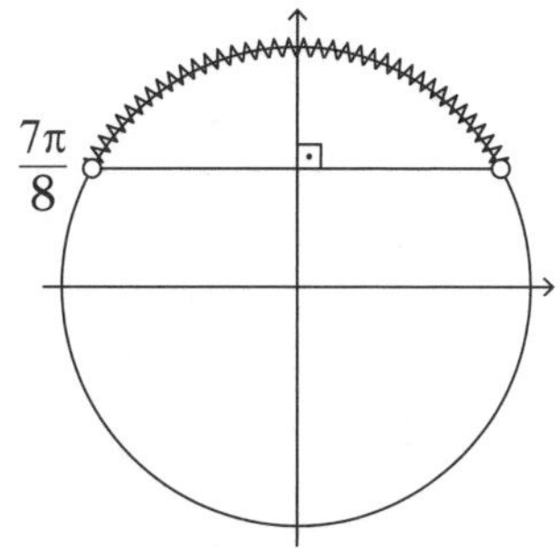

c)

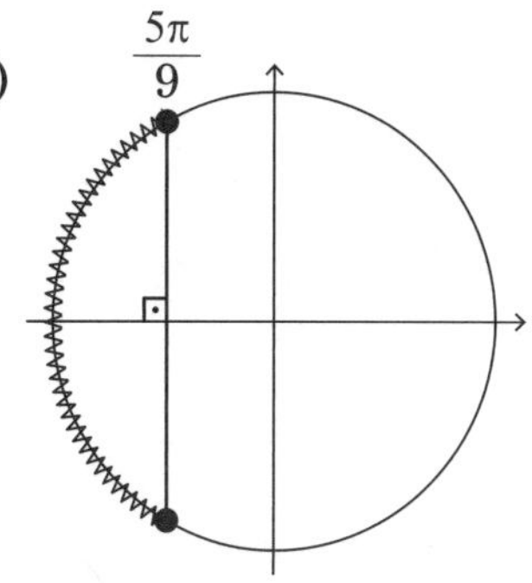

d)

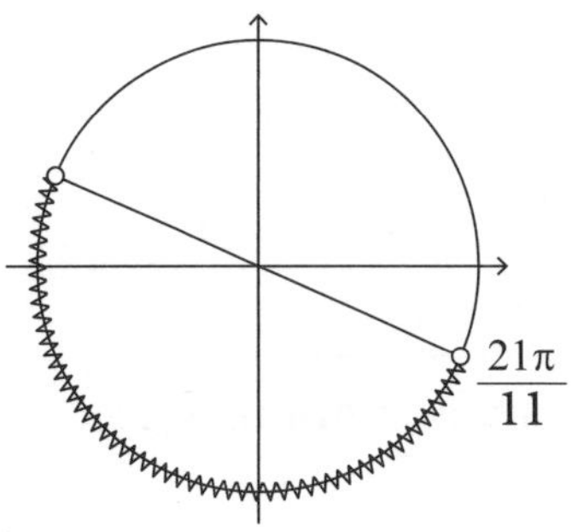

e)

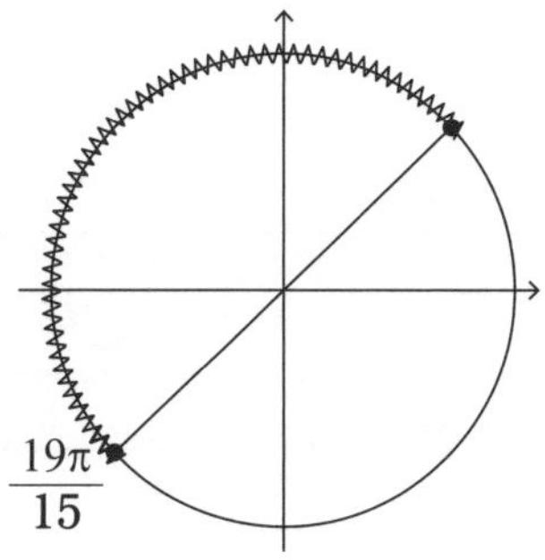

f)

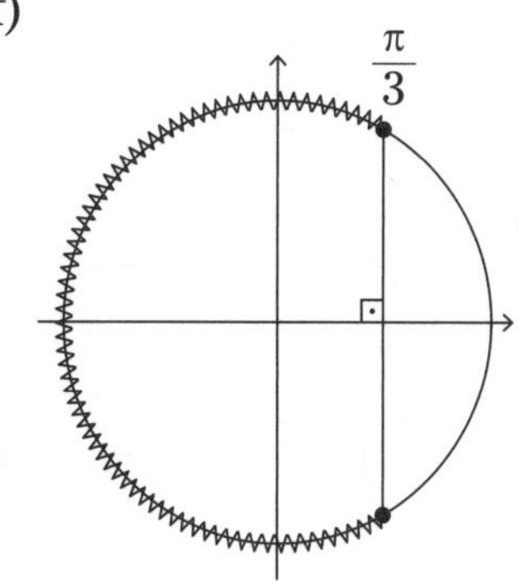

g)

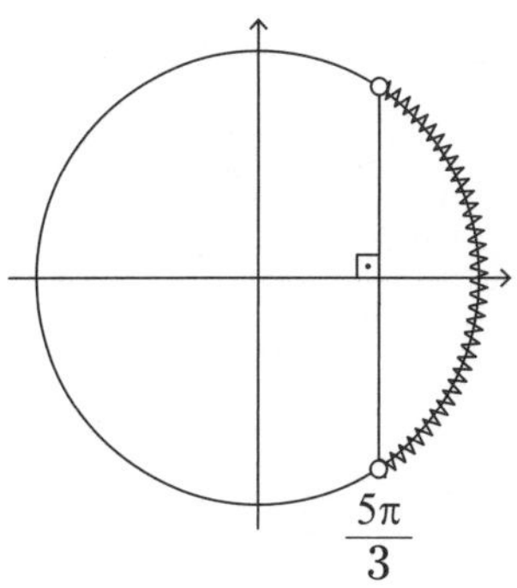

h)

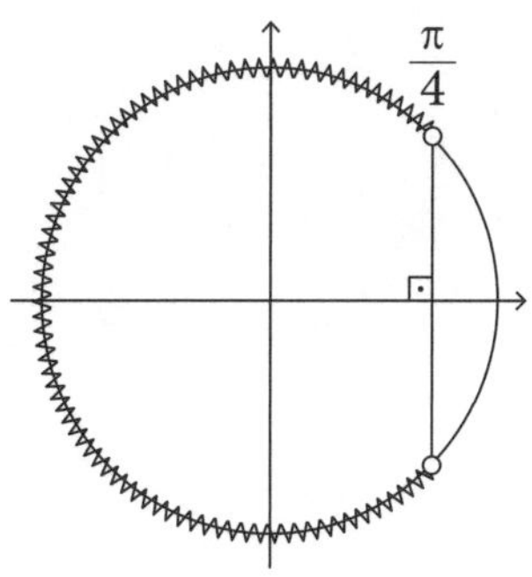

i)

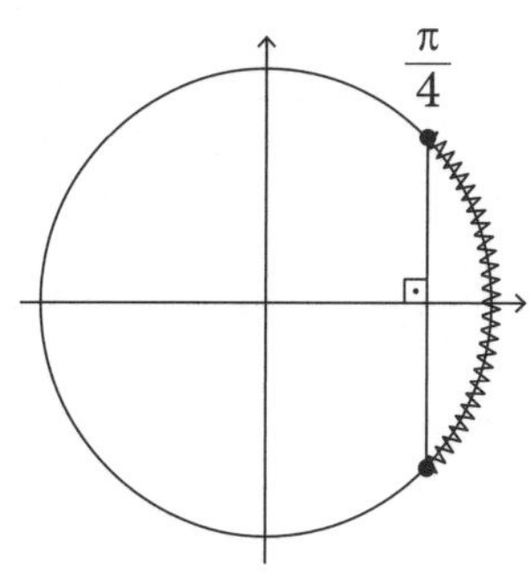

a) ______________________________

b) ______________________________

c) ______________________________

d) ______________________________

e) ______________________________

f) ______________________________

g) ______________________________

h) ______________________________

i) ______________________________

Resp: **331** a) $\frac{1}{2}$ b) $\frac{\sqrt{2}}{2}$ c) $\frac{\sqrt{3}}{2}$ d) $\frac{1}{2}$ e) $\frac{\sqrt{2}}{2}$ f) $\frac{\sqrt{3}}{2}$ g) $\frac{\sqrt{3}}{3}, 1, \sqrt{3}, \frac{\sqrt{3}}{3}, 1, \sqrt{3}$ **332** I) a) 1 b) 0, c) 1, d) 0 e) -1, f) 0 g) -1 h) 0 II) a) $\frac{1}{2}$ b) $\frac{1}{2}$ c) $\frac{\sqrt{3}}{2}$ d) $-\frac{\sqrt{3}}{2}$ e) $-\frac{1}{2}$ f) $-\frac{1}{2}$ g) $-\frac{\sqrt{3}}{2}$ h) $\frac{\sqrt{3}}{2}$ III) a) $\frac{\sqrt{3}}{2}$ b) $\frac{\sqrt{3}}{2}$ c) $\frac{1}{2}$ d) $-\frac{1}{2}$ e) $-\frac{\sqrt{3}}{2}$ f) $-\frac{\sqrt{3}}{2}$ g) $-\frac{1}{2}$ h) $\frac{1}{2}$ IV) a) $\frac{\sqrt{2}}{2}$ b) $\frac{\sqrt{2}}{2}$ c) $\frac{\sqrt{2}}{2}$ d) $-\frac{\sqrt{2}}{2}$ e) $-\frac{\sqrt{2}}{2}$ f) $-\frac{\sqrt{2}}{2}$ g) $-\frac{\sqrt{2}}{2}$ h) $\frac{\sqrt{2}}{2}$ **333** Todos os itens são V **334** Todos os itens são V

335 Não tem resposta **336** a) $\frac{7\pi}{8}, \frac{9\pi}{8}$ e $\frac{15\pi}{8}$ b) $\frac{3\pi}{5}, \frac{7\pi}{5}$ e $\frac{8\pi}{5}$ c) $\frac{\pi}{5}, \frac{6\pi}{5}$ e $\frac{9\pi}{5}$

341 Determinar o subconjunto dos números reais x, com $0 \leq x < 2\pi$, destacado no ciclo trigonométrico, os casos:

a)

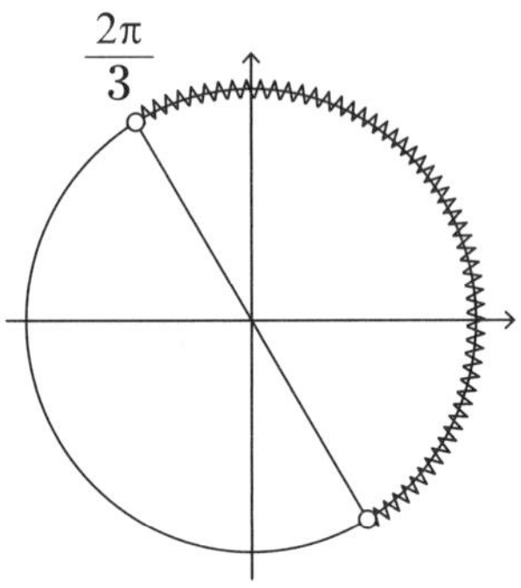

b)

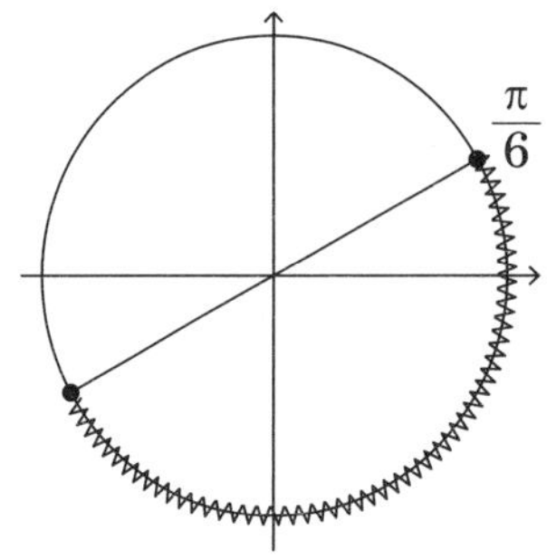

c)

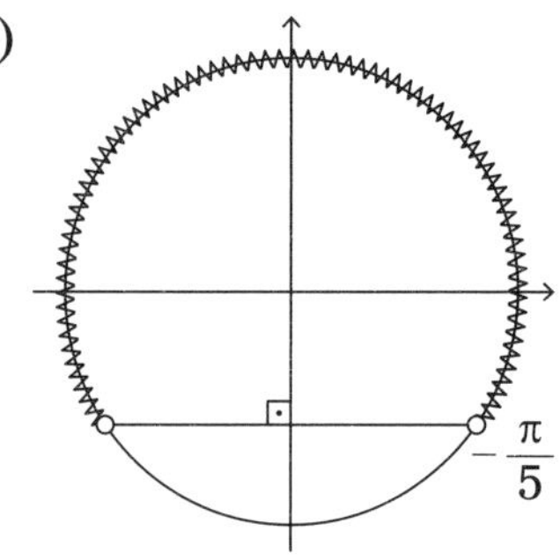

a)

b)

c)

342 Determinar os subconjuntos de números reais destacados nos ciclos trigonométricos:

a)

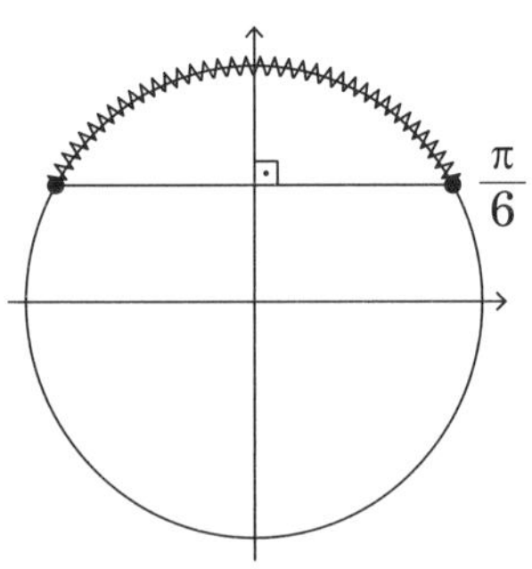

b)

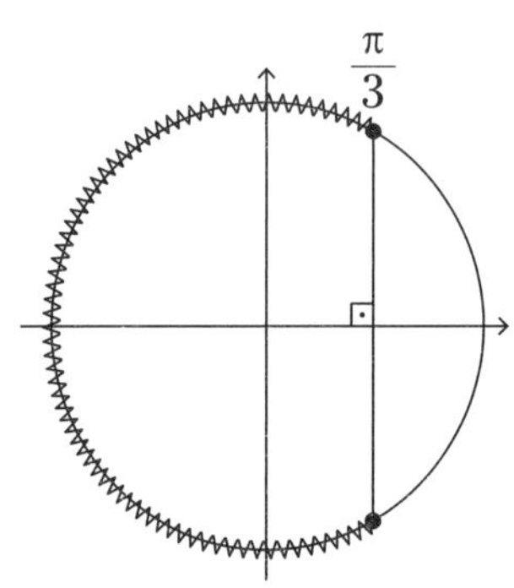

c)

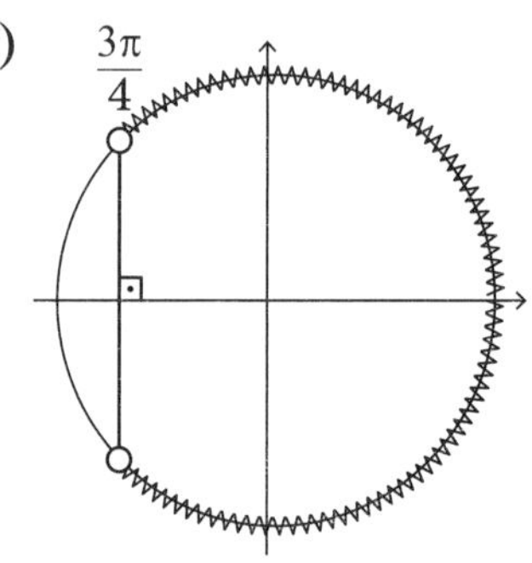

d)

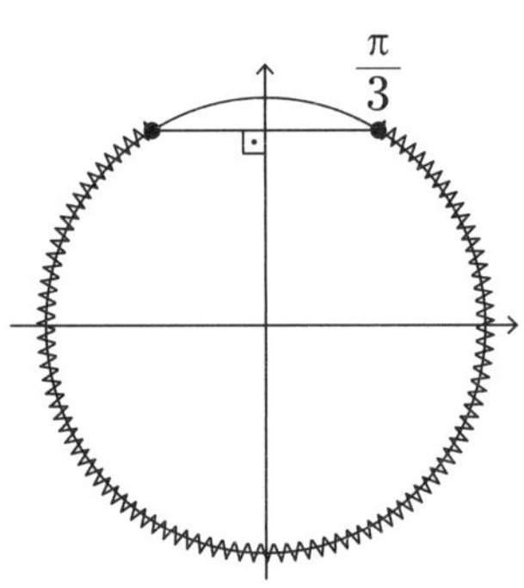

e)

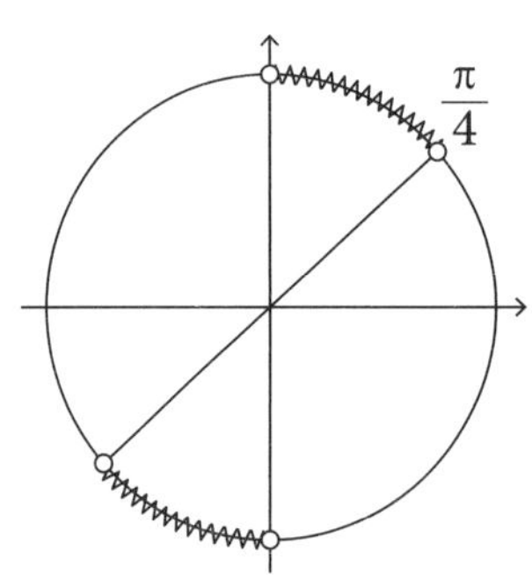

f)

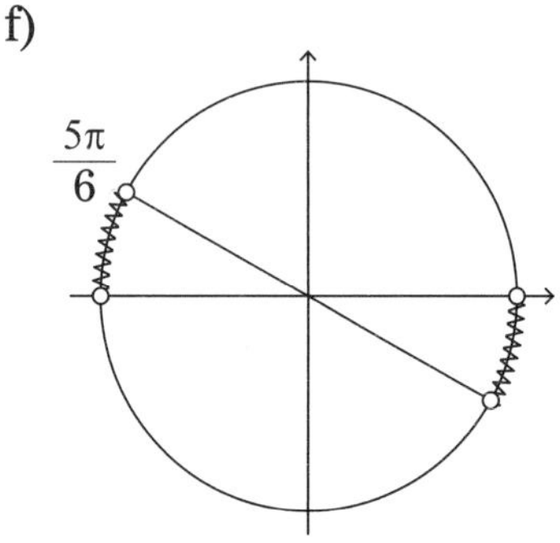

a)

b)

c)

d)

e)

f)

343 Determinar os subconjuntos de números reais destacados nos ciclos trigonométricos:

a)

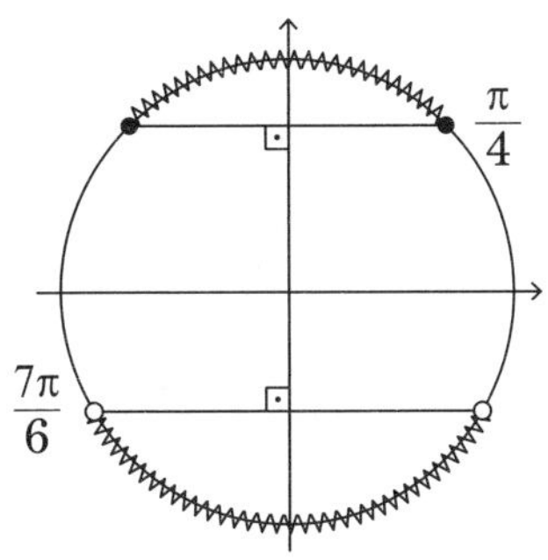

b)

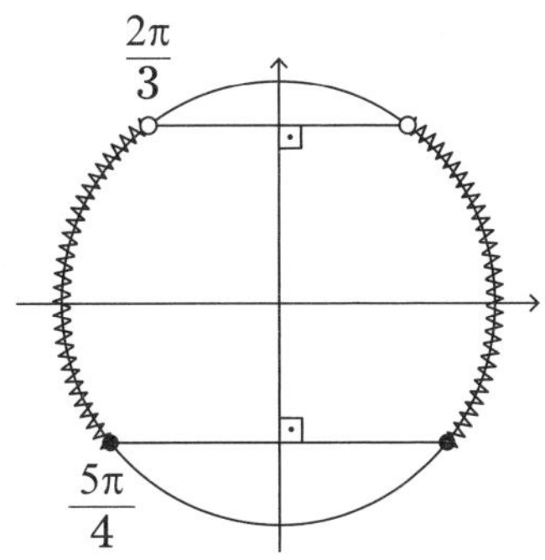

c)

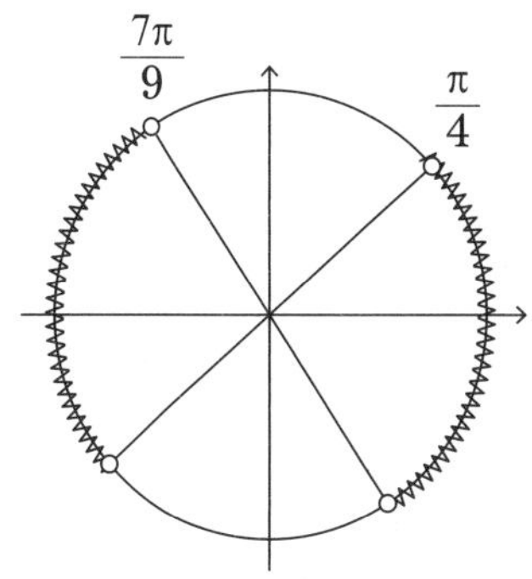

a)

b)

c)

344 Resolver as seguintes inequações:

a) $\text{sen } x \geq \frac{1}{2}$

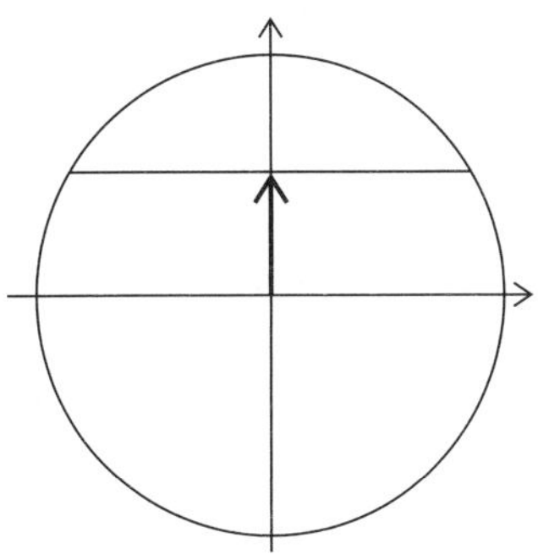

b) $\cos x < \frac{1}{2}$

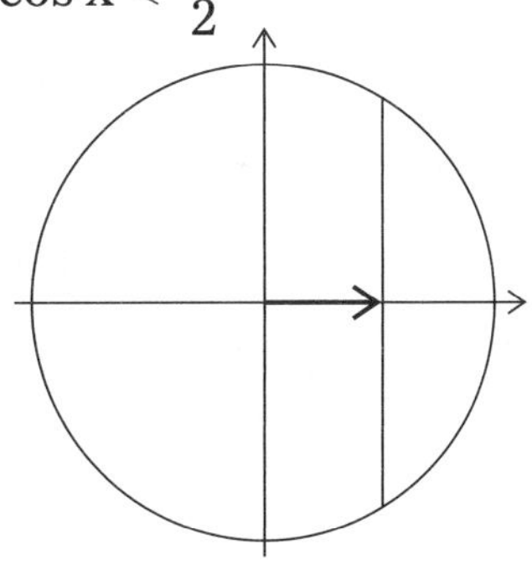

c) $\text{sen } x \geq -\frac{\sqrt{2}}{2}$

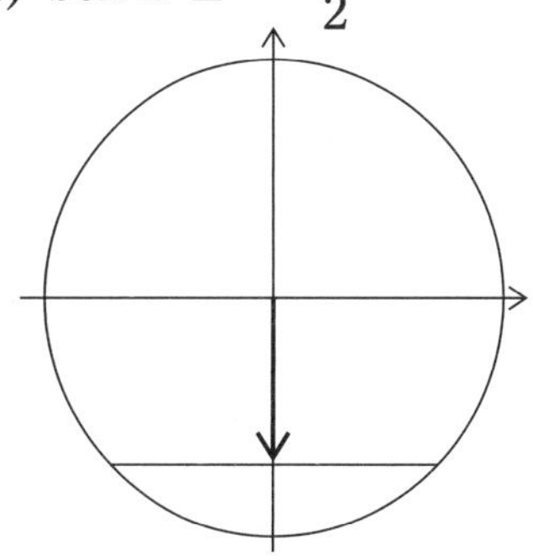

d) $\cos x \geq -\frac{\sqrt{3}}{2}$

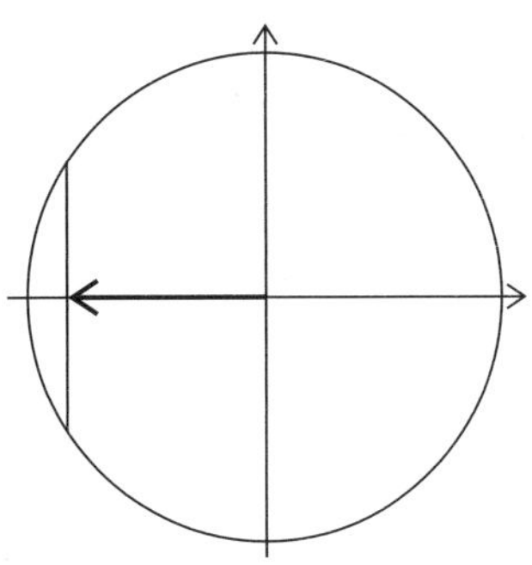

a)

b)

c)

d)

Resp: **337** a) $\frac{7\pi}{8}$ b) $\frac{9\pi}{8}$ c) $\frac{15\pi}{8}$ d) $\frac{9\pi}{7}$ e) $\frac{5\pi}{7}$ f) $\frac{12\pi}{7}$ g) $\frac{10\pi}{11}$ h) $\frac{12\pi}{7}$ i) $\frac{21\pi}{11}$ j) $\frac{7\pi}{6}$ k) $\frac{5\pi}{6}$ l) $\frac{11\pi}{6}$

m) $\frac{3\pi}{4}$ n) $\frac{5\pi}{4}$ o) $\frac{7\pi}{4}$ p) $\frac{2\pi}{3}$ q) $\frac{4\pi}{3}$ r) $\frac{5\pi}{3}$ s) $\frac{10\pi}{9}$ t) $\frac{8\pi}{9}$ **338** a) $a = \frac{7\pi}{8}, b = \frac{9\pi}{8}, c = \frac{15\pi}{8}$

b) $a = \frac{9\pi}{11}, b = \frac{13\pi}{11}, c = \frac{20\pi}{11}$ c) $a = \frac{3\pi}{10}, b = \frac{13\pi}{10}, c = \frac{17\pi}{10}$ d) $a = \frac{5\pi}{19}, b = \frac{24\pi}{19}, c = \frac{33\pi}{19}$ e) $a = \frac{\pi}{5}, b = \frac{4\pi}{5}, c = \frac{9\pi}{5}$

f) $a = \frac{4\pi}{11}, b = \frac{7\pi}{11}, c = \frac{15\pi}{11}$ **339** a) $\left\{x \in \mathbb{R} \mid \frac{\pi}{8} \leqslant x \leqslant \frac{7\pi}{8}\right\}$ b) $\left\{x \in \mathbb{R} \mid \frac{5\pi}{9} < x < \frac{14\pi}{9}\right\}$ **340** a) $\left\{x \in \mathbb{R} \mid \frac{\pi}{7} \leqslant x \leqslant \frac{6\pi}{7}\right\}$

b) $\frac{\pi}{8} < x < \frac{7\pi}{8}$ c) $\frac{5\pi}{9} \leqslant x \leqslant \frac{13\pi}{9}$ d) $\frac{10\pi}{11} < x < \frac{21\pi}{11}$ e) $\frac{4\pi}{15} < x < \frac{19\pi}{5}$

f) $\frac{\pi}{3} < x < \frac{5\pi}{3}$ g) $0 \leqslant x < \frac{\pi}{3} \vee \frac{5\pi}{3} < x < 2\pi$ h) $\frac{\pi}{4} < x < \frac{7\pi}{4}$ i) $0 \leqslant x \leqslant \frac{\pi}{4} \vee \frac{7\pi}{4} \leqslant x < 2\pi$

345 Resolver:

$$\operatorname{sen}\left(3x + \frac{\pi}{6}\right) \le \frac{\sqrt{2}}{2}$$

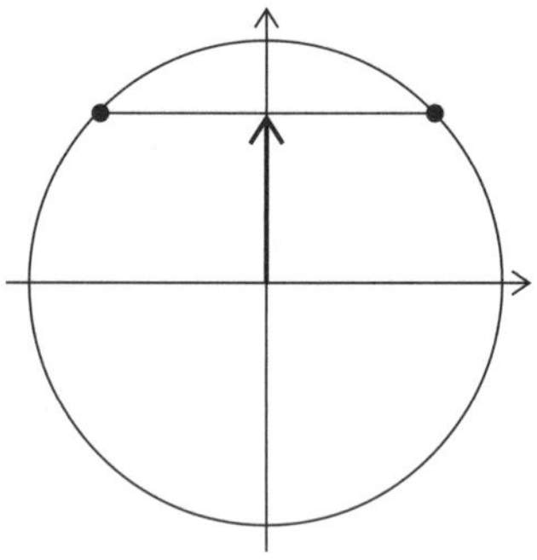

346 Resolver as inequações:

a) $\operatorname{sen}x > -2$	b) $\operatorname{sen}x \le 3$	c) $\cos x \le 2$	d) $\cos x \ge -1$	e) $\operatorname{sen}x < -2$
f) $\cos x > 3$	g) $\operatorname{sen}x \ge \frac{3}{2}$	h) $\cos x \le -\frac{3}{2}$	i) $\operatorname{sen}x \le 1$	j) $\cos x \le 1$

347 Resolver:

a) $\cos x \le -\frac{1}{2}$

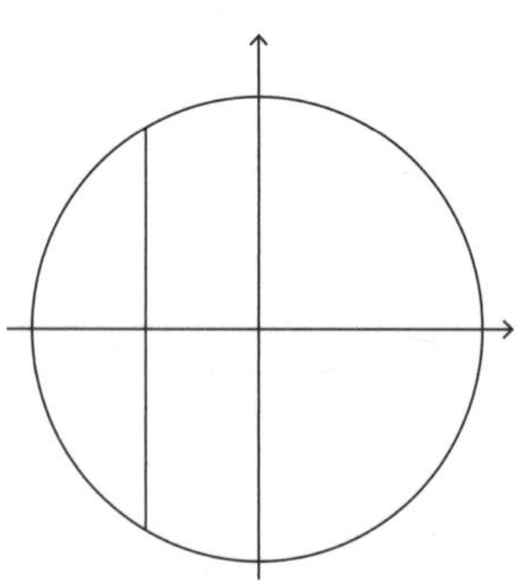

b) $\operatorname{sen}x \ge \frac{\sqrt{2}}{2}$

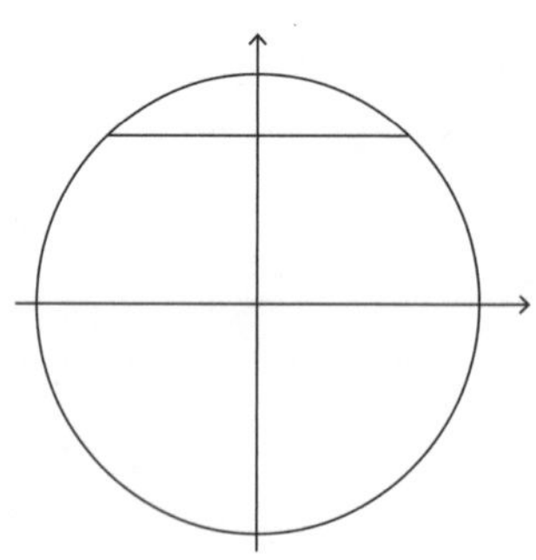

c) $\cos x \le \frac{\sqrt{3}}{2}$

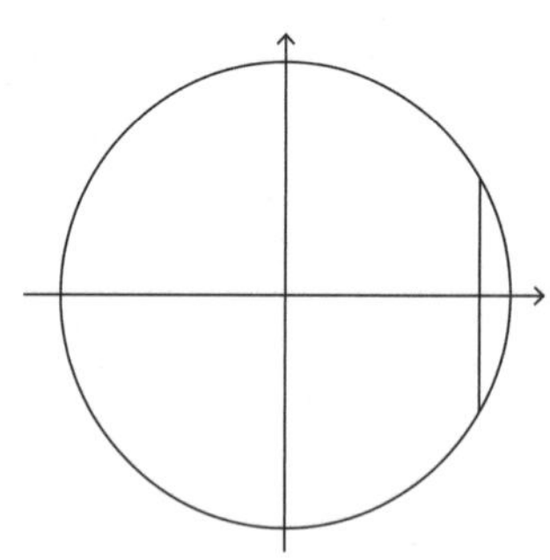

a)

b)

c)

348 Resolver as seguintes inequações:

a) $\cos x > \frac{1}{2}$

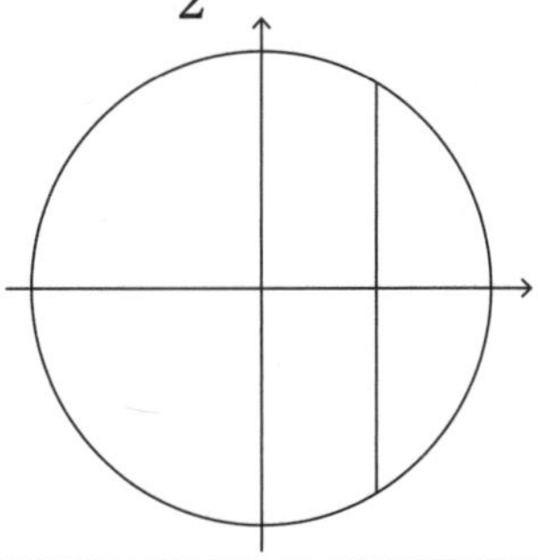

b) $\operatorname{sen} x \leq \frac{1}{2}$

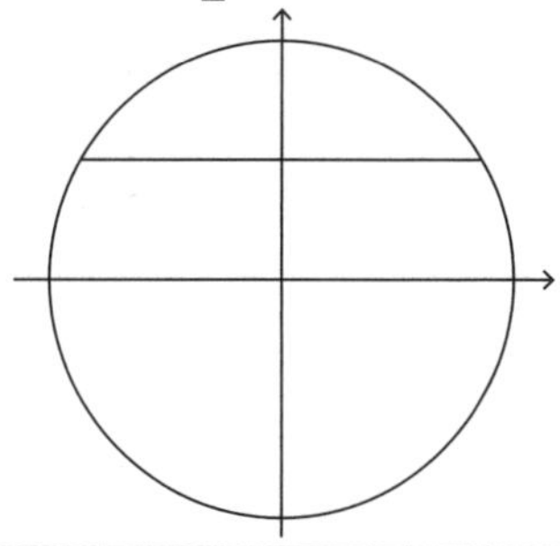

c) $\operatorname{sen} x \geq -\frac{\sqrt{2}}{2}$

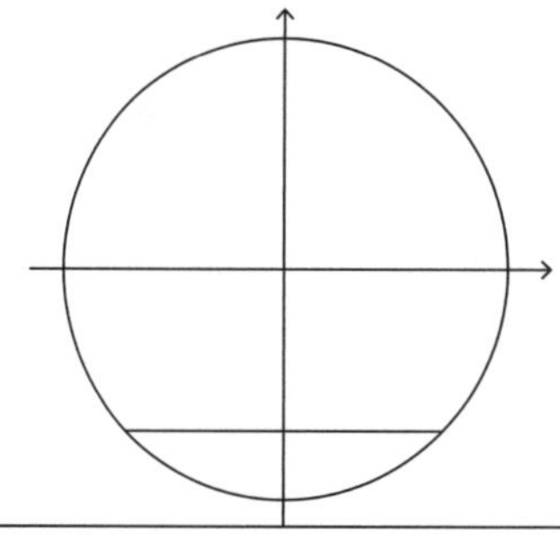

d) $\cos x \geq 0$

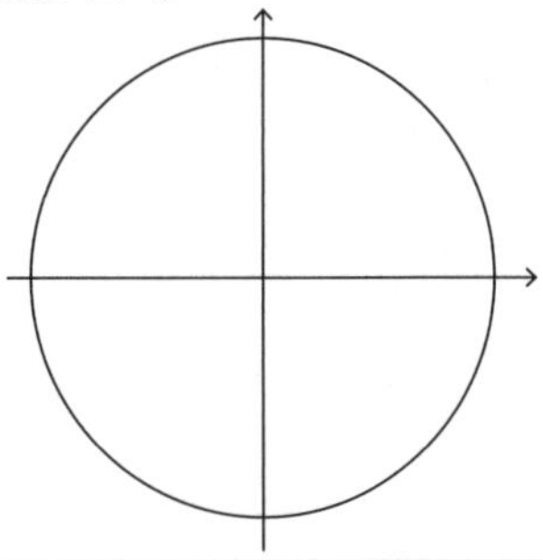

e) $\operatorname{sen} x \geq 0$

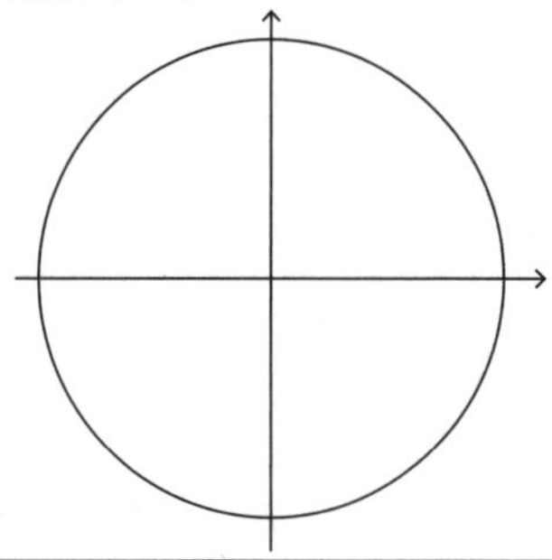

f) $\cos x \leq 0$

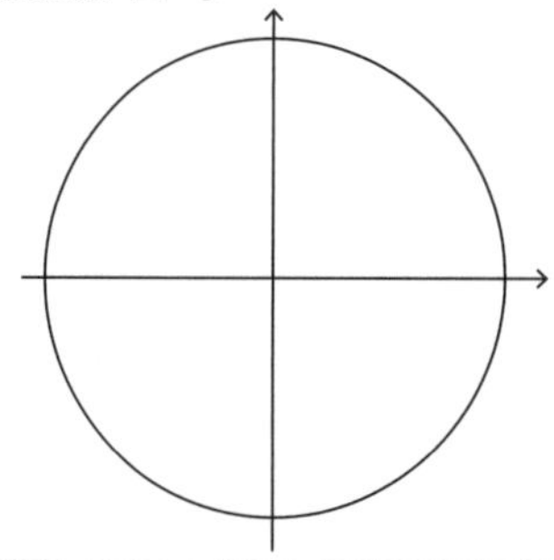

g) $\operatorname{sen} x \leq 0$

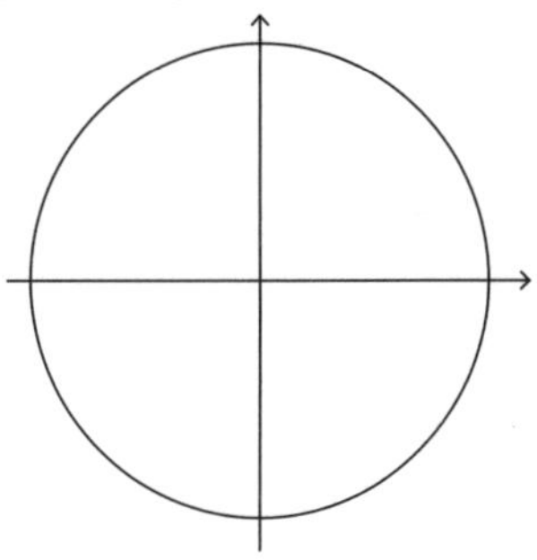

h) $0 \leq \cos x < 1$

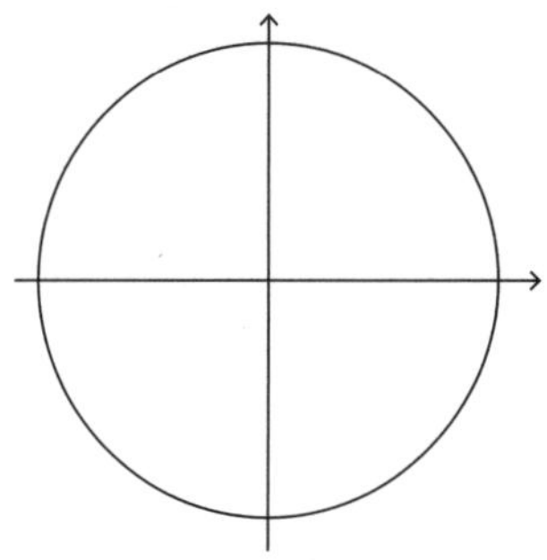

i) $-1 < \operatorname{sen} x \leq 0$

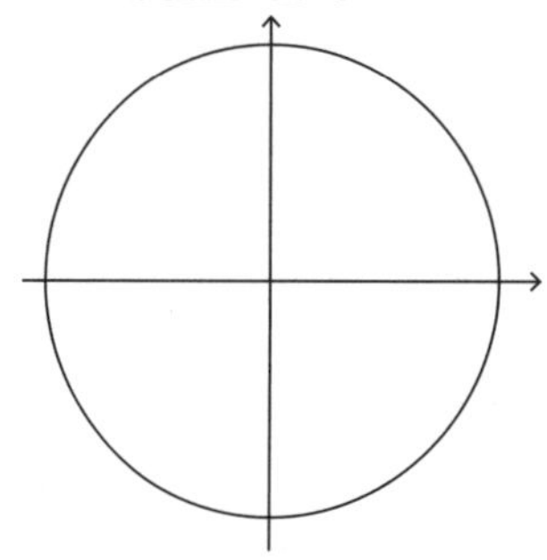

a)

b)

c)

d)

e)

f)

g)

h)

i)

Resp: **341** a) $\left[0, \frac{2\pi}{3}\right[\cup \left]\frac{5\pi}{3}, 2\pi\right[$ b) $\left[0, \frac{\pi}{6}\right] \cup \left[\frac{7\pi}{6}, 2\pi\right[$ c) $\left[0, \frac{6\pi}{5}\right[\cup \left]\frac{9\pi}{5}, 2\pi\right[$

342 a) $\left\{x \in \mathbb{R} \mid \frac{\pi}{6} + 2k\pi \leq x \leq \frac{5\pi}{6} + 2k\pi, k \in \mathbb{Z}\right\}$

b) $\left\{x \in \mathbb{R} \mid \frac{\pi}{3} + 2k\pi \leq x \leq \frac{5\pi}{3} + 2k\pi, k \in \mathbb{Z}\right\}$ c) $\left\{x \in \mathbb{R} \mid -\frac{3\pi}{4} + 2k\pi < x < \frac{3\pi}{4} + 2k\pi, k \in \mathbb{Z}\right\}$

d) $\left\{x \in \mathbb{R} \mid \frac{2\pi}{3} + 2k\pi \leq x \leq \frac{7\pi}{3} + 2k\pi, k \in \mathbb{Z}\right\}$ e) $\left\{x \in \mathbb{R} \mid \frac{\pi}{4} + k\pi < x < \frac{\pi}{2} + k\pi, k \in \mathbb{Z}\right\}$ f) $\left\{x \in \mathbb{R} \mid \frac{5\pi}{6} + k\pi < x < \pi + k\pi, k \in \mathbb{Z}\right\}$

343 a) $\left\{x \in \mathbb{R} \mid \frac{\pi}{4} + 2k\pi \leq x \leq \frac{3\pi}{4} + 2k\pi \text{ ou } \frac{7\pi}{6} + 2k\pi < x < \frac{11\pi}{6} + 2k\pi, k \in \mathbb{Z}\right\}$

b) $\left\{x \in \mathbb{R} \mid -\frac{\pi}{4} + 2k\pi \leq x < \frac{\pi}{3} + 2k\pi \text{ ou } \frac{2\pi}{3} + 2k\pi < x \leq \frac{5\pi}{4} + 2k\pi, k \in \mathbb{Z}\right\}$ c) $\left\{x \in \mathbb{R} \mid \frac{7\pi}{9} + k\pi < x < \frac{5\pi}{4} + 2k\pi, k \in \mathbb{Z}\right\}$

344 a) $\left\{x \in \mathbb{R} \mid \frac{\pi}{6} + 2k\pi \leq x \leq \frac{5\pi}{6} + 2k\pi, k \in \mathbb{Z}\right\}$ b) $\left\{x \in \mathbb{R} \mid \frac{\pi}{6} + 2k\pi \leq x \leq \frac{5\pi}{6} + 2k\pi, k \in \mathbb{Z}\right\}$

c) $\left\{x \in \mathbb{R} \mid -\frac{\pi}{4} + 2k\pi \leq x \leq \frac{5\pi}{4} + 2k\pi, k \in \mathbb{Z}\right\}$ d) $\left\{x \in \mathbb{R} \mid -\frac{2\pi}{3} + 2k\pi \leq x \leq \frac{2\pi}{3} + 2k\pi, k \in \mathbb{Z}\right\}$

349 Resolver:

a) $-\frac{\sqrt{2}}{2} \leq \cos x \leq \frac{1}{2}$

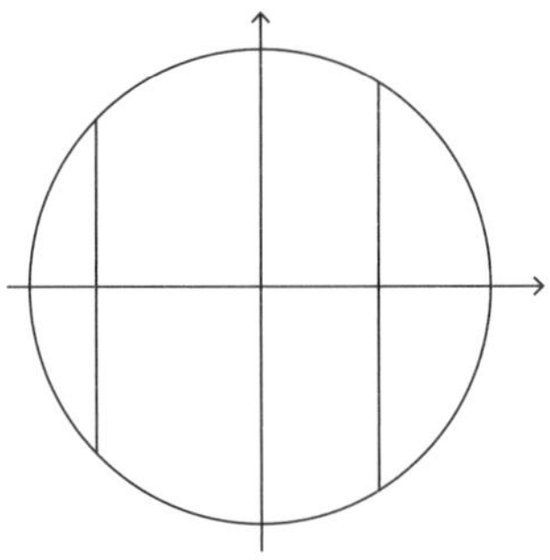

b) $\operatorname{sen} x \leq -\frac{\sqrt{2}}{2}$ ou $\operatorname{sen} x \geq \frac{\sqrt{2}}{2}$

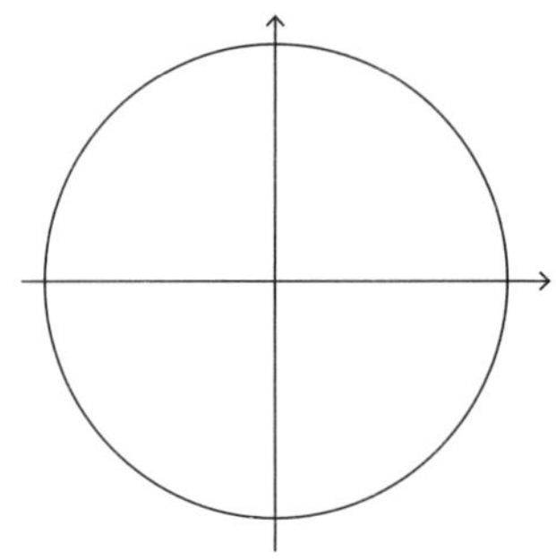

c) $\cos x \geq \frac{1}{2}$ e $\operatorname{sen} x \geq -\frac{1}{2}$

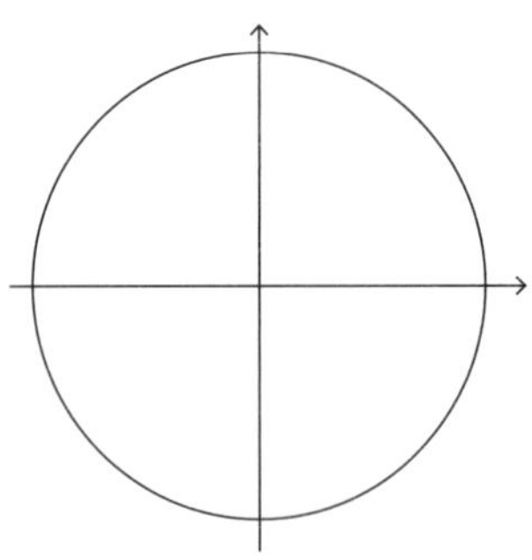

d) $-\frac{1}{2} \leq \operatorname{sen} x \leq \frac{\sqrt{3}}{2}$

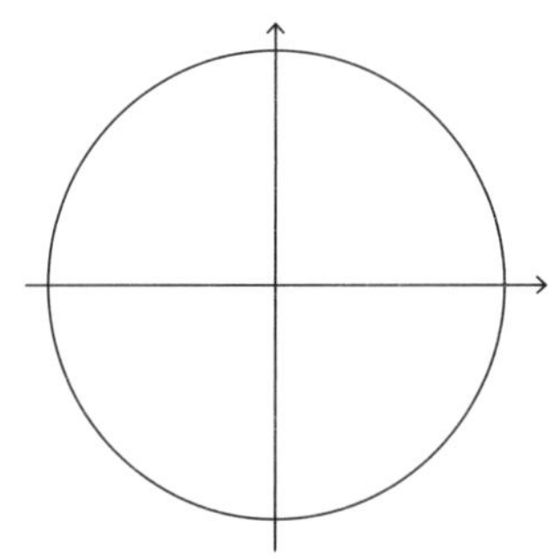

350 Completar:

a) $\text{tg}30^\circ =$	b) $\text{tg}45^\circ =$	c) $\text{tg}60^\circ =$	d) $\text{tg}\frac{\pi}{6} =$	e) $\text{tg}\frac{\pi}{4} =$	f) $\text{tg}\frac{\pi}{3} =$
g) $\text{cotg}30^\circ =$	h) $\text{cotg}45^\circ =$	i) $\text{cotg}60^\circ =$	j) $\text{cotg}\frac{\pi}{6} =$	l) $\text{cotg}\frac{\pi}{4} =$	m) $\text{cotg}\frac{\pi}{3} =$

351 Resolver:

a) $\text{tg}x \leq 1$

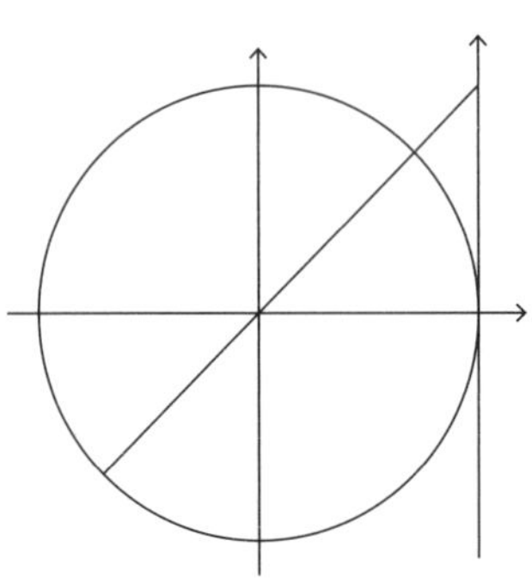

b) $\text{tg}x \geq -1$

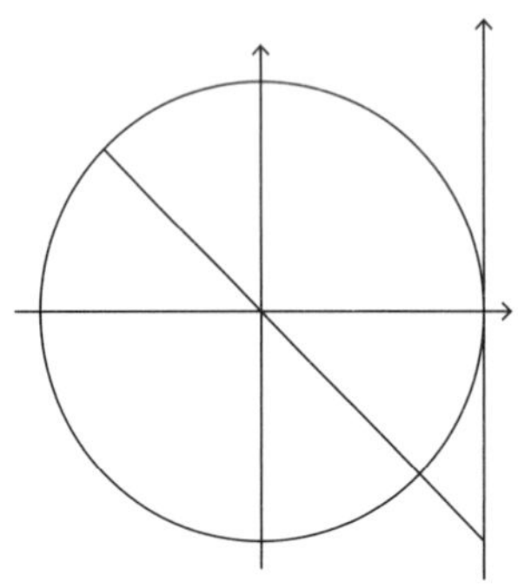

c) $\text{tg}x \geq -\frac{\sqrt{3}}{3}$

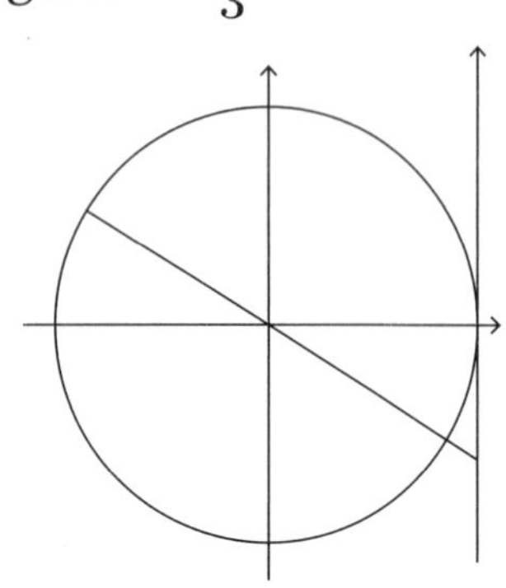

352 Resolver as inequações:

a) $\text{tg}x > 1$

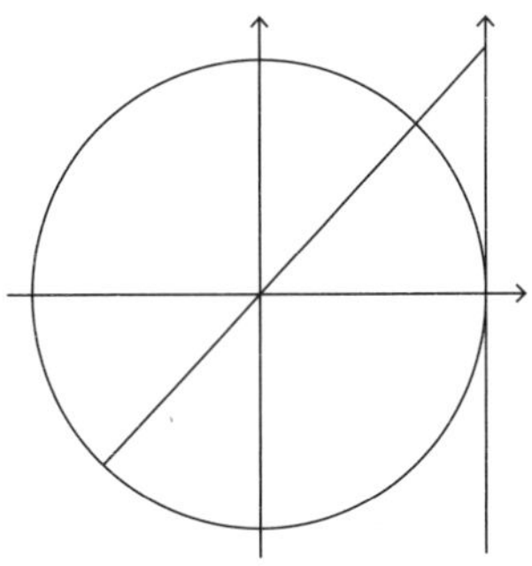

b) $\text{tg}x \leq \sqrt{3}$

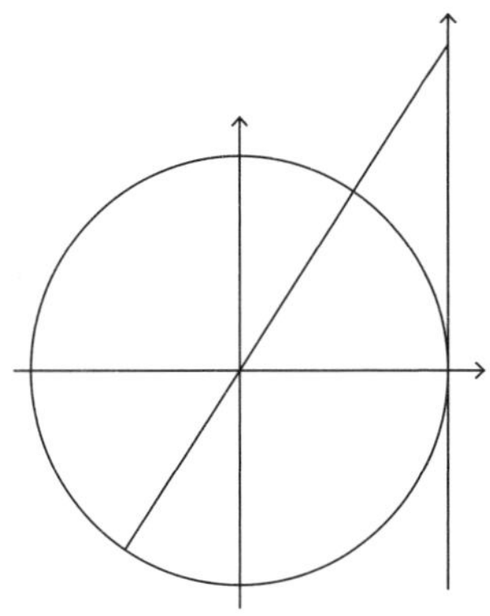

c) $\text{tg}x > \frac{\sqrt{3}}{3}$

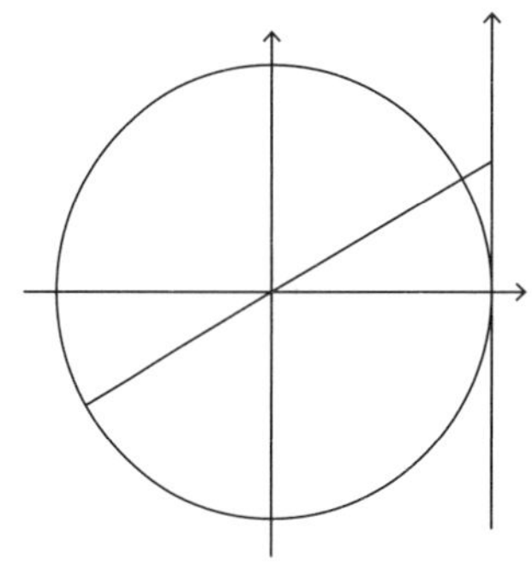

d) $\text{cotg}x \leq \sqrt{3}$

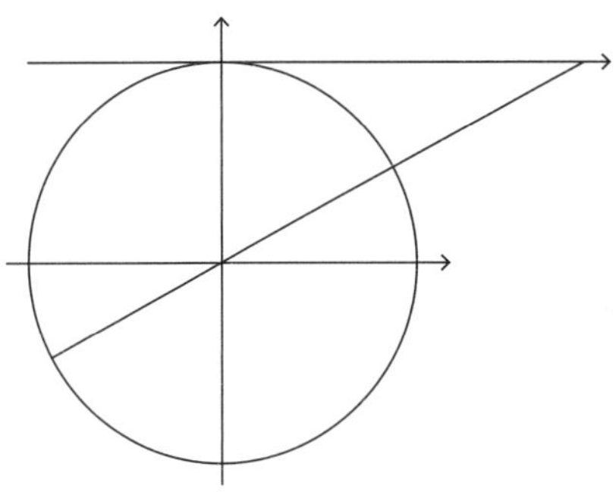

e) $\text{cotg}x \geq -1$

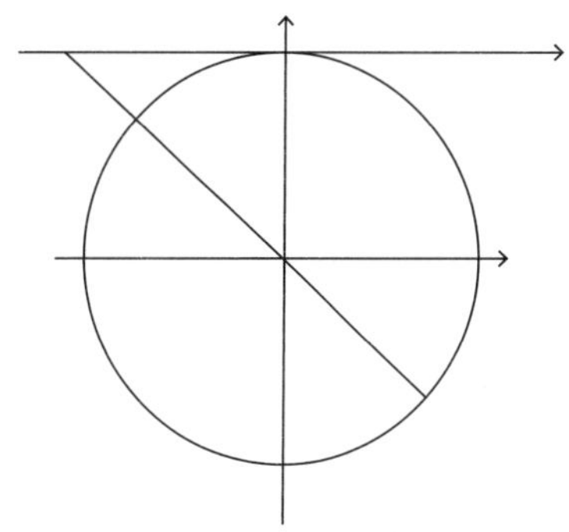

353 Resolver as inequações:

a) $(2\cos x + 3)(2\cos x - \sqrt{2}) < 0$

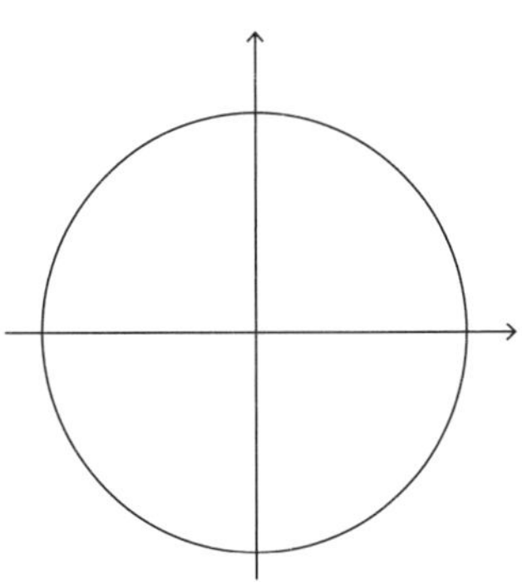

b) $(\text{sen}x + 1)(2\,\text{sen}x - 1) \geq 0$

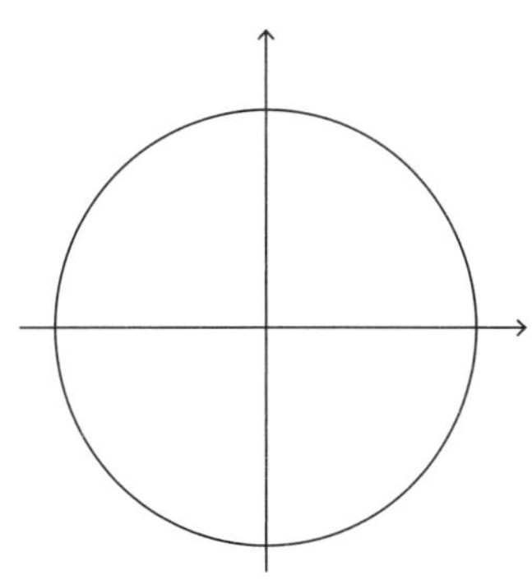

Resp: **345** $\left\{x \in \mathbb{R} \mid -\frac{17\pi}{36} + \frac{2k\pi}{3} \leqslant x \leqslant \frac{\pi}{36} + \frac{2k\pi}{3}, k \in \mathbb{Z}\right\}$ **346** a) $\mathbb{R}$ b) $\mathbb{R}$ c) $\mathbb{R}$ d) $\mathbb{R}$ e) $\varnothing$ f) $\varnothing$ g) $\varnothing$ h) $\varnothing$ i) $\mathbb{R}$ j) $\mathbb{R}$

347 a) $\left\{x \in \mathbb{R} \mid \frac{2\pi}{3} + 2k\pi \leqslant x \leqslant \frac{4\pi}{3} + 2k\pi, k \in \mathbb{Z}\right\}$ b) $\left\{x \in \mathbb{R} \mid \frac{\pi}{4} + 2k\pi \leqslant x \leqslant \frac{3\pi}{4} + 2k\pi, k \in \mathbb{Z}\right\}$

c) $\left\{x \in \mathbb{R} \mid \frac{\pi}{6} + 2k\pi \leqslant x \leqslant \frac{11\pi}{6} + 2k\pi, k \in \mathbb{Z}\right\}$ **348** a) $\left\{x \in \mathbb{R} \mid -\frac{\pi}{3} + 2k\pi < x < \frac{\pi}{3} + 2k\pi, k \in \mathbb{Z}\right\}$

b) $\left\{x \in \mathbb{R} \mid -\frac{7\pi}{6} + 2k\pi \leqslant x \leqslant \frac{\pi}{6} + 2k\pi, k \in \mathbb{Z}\right\}$ c) $\left\{x \in \mathbb{R} \mid -\frac{\pi}{4} + 2k\pi \leqslant x \leqslant \frac{5\pi}{4} + 2k\pi, k \in \mathbb{Z}\right\}$

d) $\left\{x \in \mathbb{R} \mid -\frac{\pi}{2} + 2k\pi \leqslant x \leqslant \frac{\pi}{2} + 2k\pi, k \in \mathbb{Z}\right\}$ e) $\{x \in \mathbb{R} \mid 2k\pi \leqslant x \leqslant \pi + 2k\pi, k \in \mathbb{Z}\}$

f) $\left\{x \in \mathbb{R} \mid \frac{\pi}{2} + 2k\pi \leqslant x \leqslant \frac{3\pi}{2} + 2k\pi, k \in \mathbb{Z}\right\}$ g) $\{x \in \mathbb{R} \mid \pi + 2k\pi \leqslant x \leqslant 2\pi + 2k\pi, k \in \mathbb{Z}\}$

h) $\left\{x \in \mathbb{R} \mid \frac{-\pi}{2} + 2k\pi \leqslant x \leqslant \frac{\pi}{2} + 2k\pi, k \in \mathbb{Z}\right\}$ i) $\left\{x \in \mathbb{R} \mid \pi + 2k\pi \leqslant x \leqslant 2\pi + 2k\pi, x \neq \frac{3\pi}{2} + 2k\pi, k \in \mathbb{Z}\right\}$

354 Resolver as seguintes inequações:

a) $2\cos^2 x - 3\cos x - 2 \leq 0$

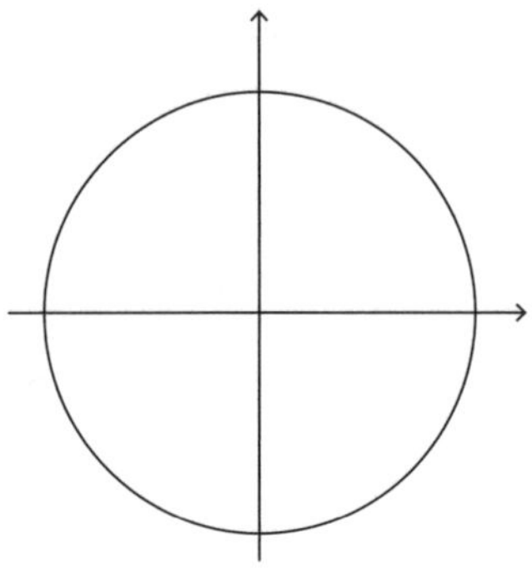

b) $6\,\text{sen}^2 x + 5\,\text{sen}\,x - 4 \leq 0$

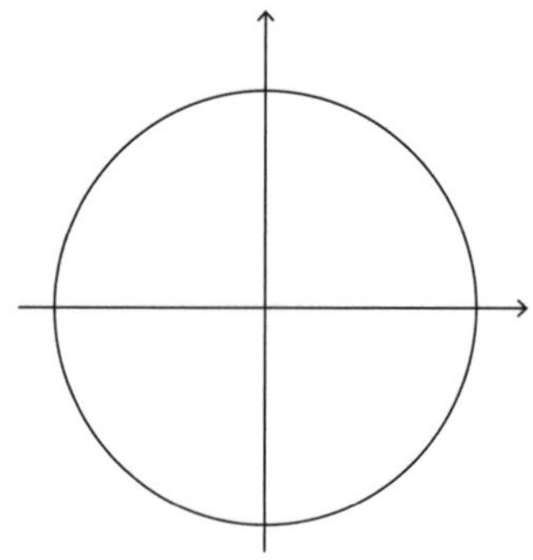

c) $4\cos^2 x - 2\sqrt{2}\cos x + 2\cos x - \sqrt{2} > 0$

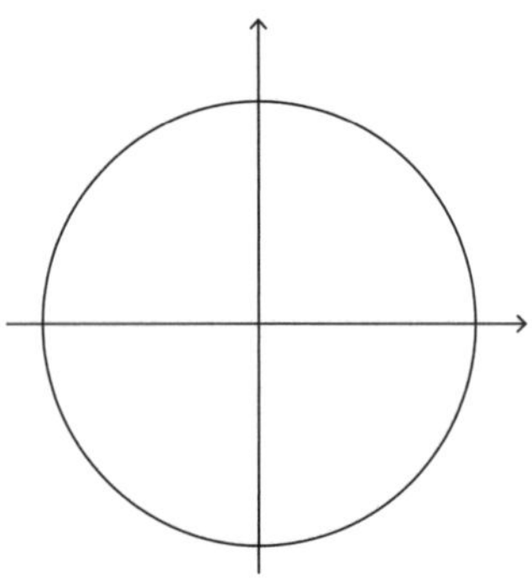

d) $4\,\text{sen}^2 x + 2\sqrt{3}\,\text{sen}\,x - 2\,\text{sen}\,x - \sqrt{3} \leq 0$

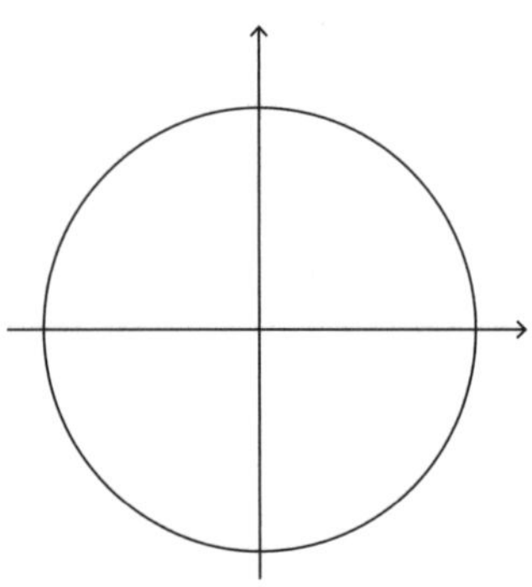

e) $2\cos^2 x - \text{sen}\,x \geqslant 2\cos(2x)$

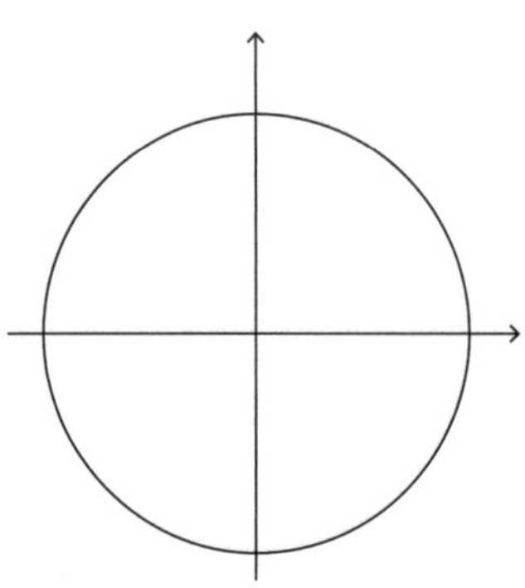

355 Resolver as seguintes inequações trigonométricas:

a) $\cos^2 x - \text{sen}^2 x - \text{sen}x < 2\cos 2x$

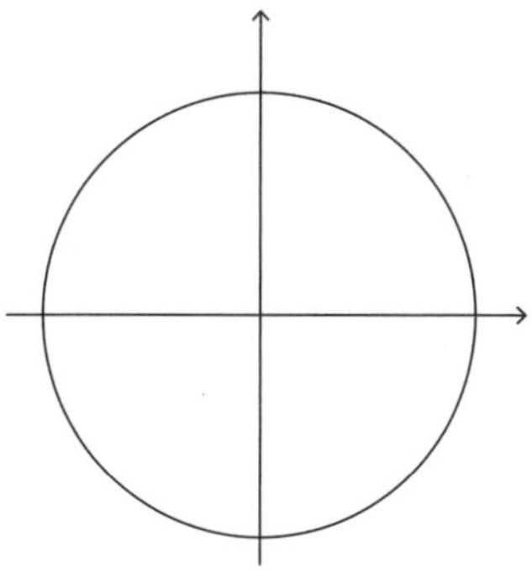

---

b) $4\sqrt{2}\,\text{sen}x \cos x - 2 < \cos 4x$

---

c) $-\sqrt{2} < 2\cos x - 2\,\text{sen}x < \sqrt{6}$

Sugestão: Dividir por $2\sqrt{2}$ e usar $\cos(a + b)$.

Resp: **349** a) $\left\{x \in \mathbb{R} \mid \frac{\pi}{3} + 2k\pi \leqslant x \leqslant \frac{3\pi}{4} + 2k\pi, k \in \mathbb{Z} \text{ ou } \frac{5\pi}{4} + 2k\pi \leqslant x \leqslant \frac{5\pi}{3} + 2k\pi, k \in \mathbb{Z}\right\}$ b) $\left\{x \in \mathbb{R} \mid \frac{\pi}{4} + k\pi \leqslant x < \frac{3\pi}{4} + k\pi, k \in \mathbb{Z}\right\}$

c) $\left\{x \in \mathbb{R} \mid -\frac{\pi}{6} + 2k\pi \leqslant x \leqslant \frac{\pi}{3} + 2k\pi, k \in \mathbb{Z}\right\}$ d) $\left\{x \in \mathbb{R} \mid -\frac{\pi}{6} + 2k\pi \leqslant x \leqslant \frac{\pi}{3} + 2k\pi \text{ ou } \frac{2\pi}{3} + 2k\pi \leqslant x \leqslant \frac{7\pi}{6} + 2k\pi, k \in \mathbb{Z}\right\}$

350 a) $\frac{\sqrt{3}}{3}$ b) 1 c) $\sqrt{3}$ d) $\frac{\sqrt{3}}{3}$ e) 1 f) $\sqrt{3}$ g) $\sqrt{3}$ h) 1 i) $\frac{\sqrt{3}}{3}$ j) $\sqrt{3}$ k) 1 l) $\frac{\sqrt{3}}{3}$

351 a) $\left\{x \in \mathbb{R} \mid \frac{\pi}{2} + k\pi < x \leqslant \frac{5\pi}{4} + k\pi, k \in \mathbb{Z}\right\}$ b) $\left\{x \in \mathbb{R} \mid \frac{\pi}{4} + k\pi \leqslant x < \frac{3\pi}{2} + k\pi, k \in \mathbb{Z}\right\}$

c) $\left\{x \in \mathbb{R} \mid \frac{5\pi}{6} + k\pi \leqslant x < \frac{3\pi}{2} + k\pi, k \in \mathbb{Z}\right\}$ **352** a) $\left\{x \in \mathbb{R} \mid \frac{\pi}{4} + k\pi \leqslant x < \frac{\pi}{2} + k\pi, k \in \mathbb{Z}\right\}$

b) $\left\{x \in \mathbb{R} \mid \frac{\pi}{2} + k\pi < x \leqslant \frac{4\pi}{3} + k\pi, k \in \mathbb{Z}\right\}$ c) $\left\{x \in \mathbb{R} \mid \frac{\pi}{6} + k\pi \leqslant x < \frac{\pi}{2} + k\pi, k \in \mathbb{Z}\right\}$ d) $\left\{x \in \mathbb{R} \mid \frac{\pi}{6} + k\pi \leqslant x < \pi + k\pi, k \in \mathbb{Z}\right\}$

e) $\left\{x \in \mathbb{R} \mid k\pi < x \leqslant \frac{3\pi}{4} + k\pi, k \in \mathbb{Z}\right\}$ **353** a) $\left\{x \in \mathbb{R} \mid \frac{\pi}{4} + 2k\pi < x < \frac{7\pi}{4} + 2k\pi, k \in \mathbb{Z}\right\}$

b) $\left\{x \in \mathbb{R} \mid \frac{\pi}{6} + 2k\pi \leqslant x \leqslant \frac{5\pi}{6} + 2k\pi \text{ ou } x = \frac{3\pi}{2} + 2k\pi, k \in \mathbb{Z}\right\}$

356 Resolver a inequação $2 - 2\,\text{sen}^2\,x > 3\cos(2x)$

a) Transformando em senx

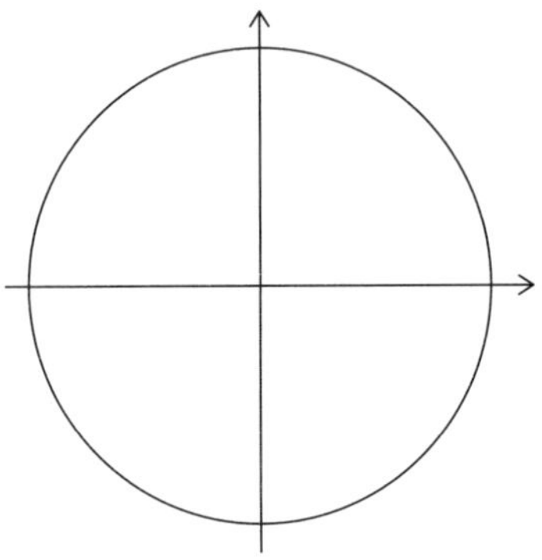

b) Transformando em cosx

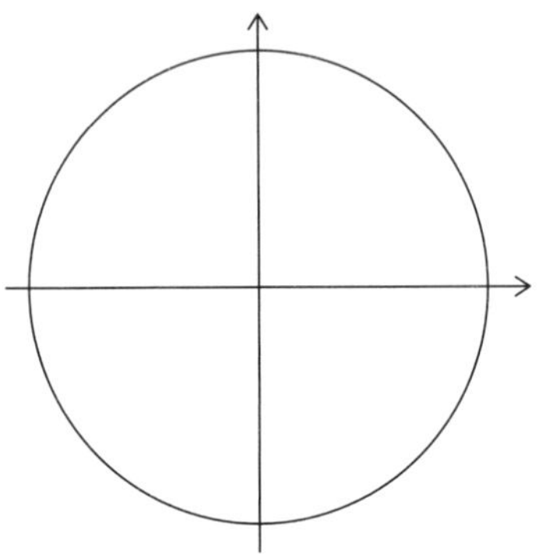

357 Resolver a inequação $2\,\text{sen}^2\,x + 3\cos(2x) > 1$

a) Transformando em senx

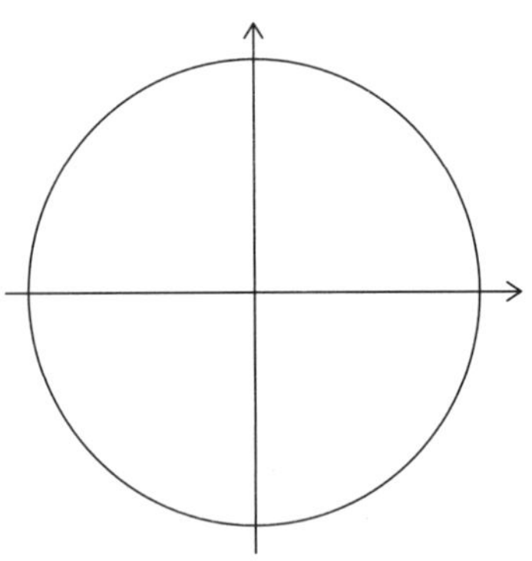

b) Transformando em cosx

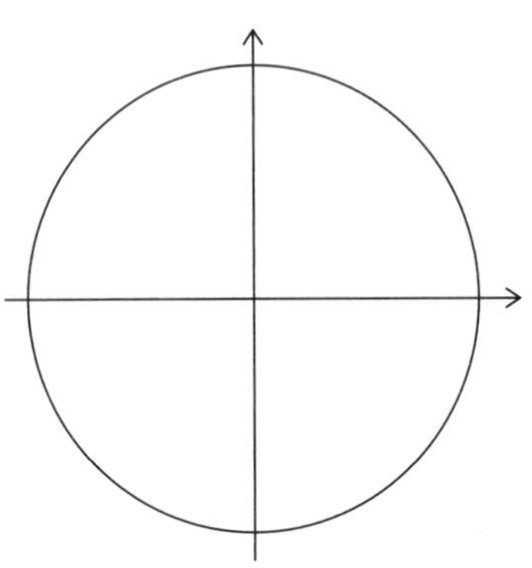

358 Resolver as seguintes inequações trigonométricas:

a) $\text{sen}^2 x + 2\cos(2x) \leqslant \cos x + \cos^2 x - 1$

---

b) $\sqrt{2}\cos(2x) + \sqrt{2}\,\text{sen}^2 x - \cos \geqslant 0$

---

c) $4\,\text{sen}^2 x - 2\sqrt{3}\,\text{sen}x + 2\,\text{sen}x - \sqrt{3} \geqslant 0$

Resp: **354** a) $\left\{x \in \mathbb{R} \mid -\frac{2\pi}{3} + 2k\pi \leqslant x \leqslant \frac{2\pi}{3} + 2k\pi,\ k \in \mathbb{Z}\right\}$ b) $\left\{x \in \mathbb{R} \mid -\frac{7\pi}{6} + 2k\pi \leqslant x \leqslant \frac{\pi}{6} + 2k\pi,\ k \in \mathbb{Z}\right\}$

c) $\left\{x \in \mathbb{R} \mid -\frac{\pi}{4} + 2k\pi < x < \frac{\pi}{4} + 2k\pi \text{ ou } \frac{2\pi}{3} + 2k\pi < x < \frac{4\pi}{3} + 2k\pi,\ k \in \mathbb{Z}\right\}$

d) $\left\{x \in \mathbb{R} \mid -\frac{\pi}{3} + 2k\pi \leqslant x \leqslant \frac{\pi}{6} + 2k\pi \text{ ou } \frac{5\pi}{6} + 2k\pi \leqslant x \leqslant \frac{4\pi}{3} + 2k\pi,\ k \in \mathbb{Z}\right\}$

e) $\left\{x \in \mathbb{R} \mid \frac{\pi}{6} + 2k\pi \leqslant x \leqslant \frac{5\pi}{6} + 2k\pi \ \vee\ \pi \leqslant x \leqslant 2\pi + 2k\pi,\ k \in \mathbb{Z}\right\}$

355 a) $\left\{x \in \mathbb{R} \mid -\frac{\pi}{6} + 2k\pi < x < \frac{7\pi}{6} + 2k\pi,\ x \neq \frac{\pi}{2} + 2k\pi,\ k \in \mathbb{Z}\right\}$ b) $\left\{x \in \mathbb{R} \mid -\frac{\pi}{4} + 2k\pi < x < \frac{5\pi}{4} + 2k\pi,\ k \in \mathbb{Z}\right\}$

c) $\left\{x \in \mathbb{R} \mid -\frac{\pi}{12} + 2k\pi < x < \frac{5\pi}{12} + 2k\pi \text{ ou } \frac{13\pi}{12} + 2k\pi < x < \frac{19\pi}{12} + 2k\pi,\ k \in \mathbb{Z}\right\}$

359 Resolver as inequações trigonométricas:

a) $\cos(2x) - 10\cos x - 3 \leqslant 2\,\text{sen}^2 x$

---

b) $3\,\text{sen}^2 x + \cos(2x) + 3\sqrt{2}\,\text{sen}\,x \leqslant \cos^2 x + 4$

---

c) $2\cos(2x) - 12 \geqslant 7\sqrt{3}\cos x - 2\,\text{sen}^2 x$

360 Resolver as seguintes inequações trigonométricas:

a) $\operatorname{sen} x > \operatorname{sen} \frac{\pi}{8}$

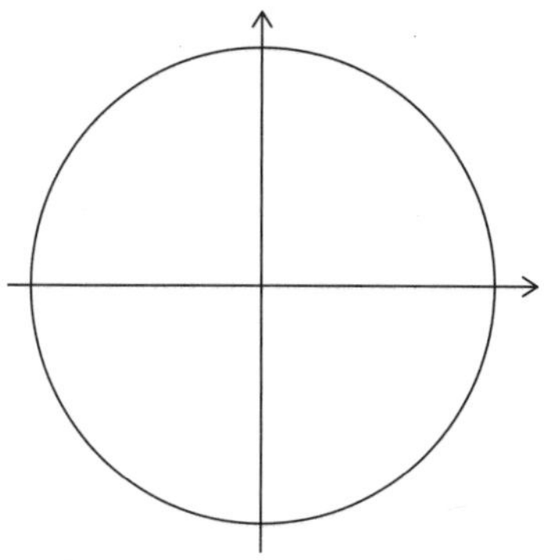

b) $\cos x \leqslant \cos \frac{5\pi}{11}$

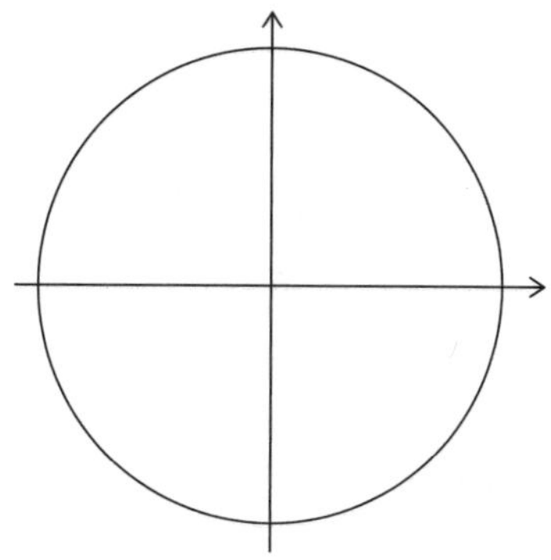

c) $\operatorname{tg} > \operatorname{tg} \frac{3\pi}{14}$

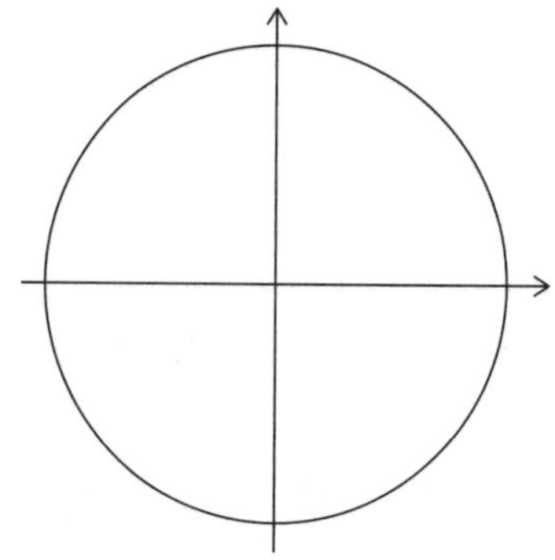

d) $\operatorname{cotg} x \geqslant \operatorname{cotg} \frac{3\pi}{8}$

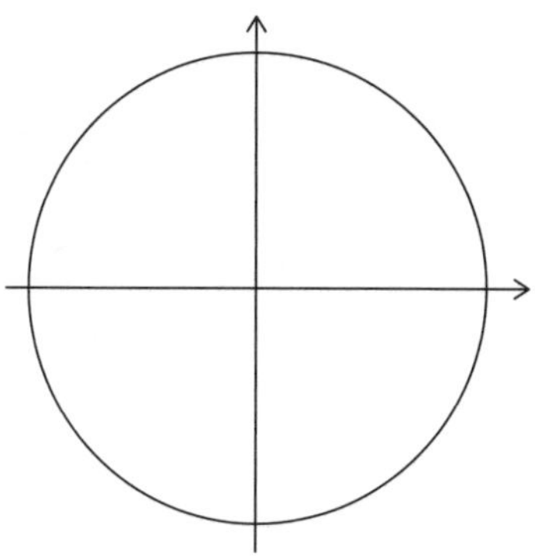

e) $\sec x > \sec \frac{4\pi}{9}$

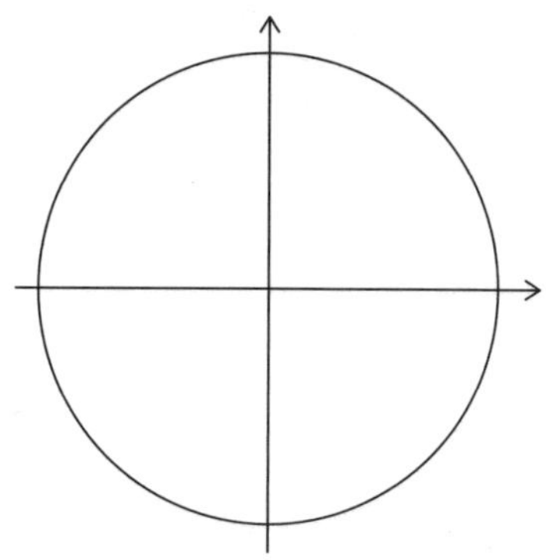

f) $\operatorname{cossec} x > \operatorname{cossec} \frac{5\pi}{12}$

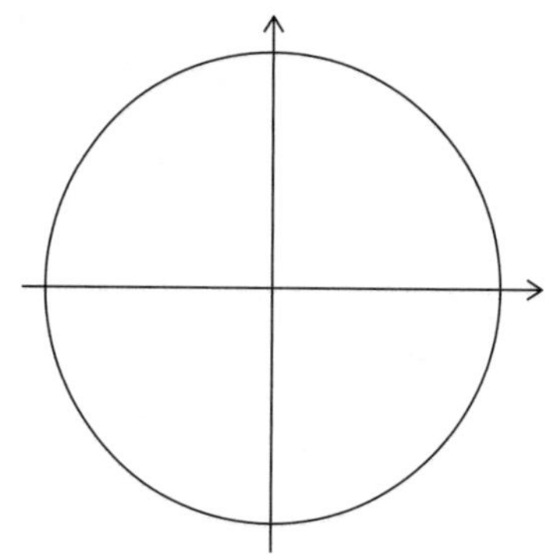

a)

b)

c)

d)

e)

f)

361 Resolver a inequação $\operatorname{sen}\left(3x - \frac{\pi}{4}\right) \leqslant -\frac{1}{2}$

Resp: **356** a) $\left\{x \in \mathbb{R} \mid \frac{\pi}{6} + k\pi < x < \frac{5\pi}{6} + k\pi, k \in \mathbb{Z}\right\}$ b) $\left\{x \in \mathbb{R} \mid \frac{\pi}{6} + k\pi < x < \frac{5\pi}{6} + k\pi, k \in \mathbb{Z}\right\}$

357 a) $\left\{x \in \mathbb{R} \mid \frac{3\pi}{4} + k\pi < x < \frac{5\pi}{4} + k\pi, k \in \mathbb{Z}\right\}$ b) $\left\{x \in \mathbb{R} \mid \frac{3\pi}{4} + k\pi < x < \frac{5\pi}{4} + k\pi, k \in \mathbb{Z}\right\}$

358 a) $\left\{x \in \mathbb{R} \mid \frac{\pi}{3} + 2k\pi \leqslant x \leqslant \frac{\pi}{2} + 2k\pi \vee \frac{3\pi}{2} + 2k\pi \leqslant x \leqslant \frac{5\pi}{3} + 2k\pi, k \in \mathbb{Z}\right\}$

b) $\left\{x \in \mathbb{R} \mid -\frac{\pi}{4} + 2k\pi \leqslant x \leqslant \frac{\pi}{4} + 2k\pi \vee \frac{\pi}{2} + 2k\pi \leqslant x \leqslant \frac{3\pi}{2} + 2k\pi, k \in \mathbb{Z}\right\}$

c) $\left\{x \in \mathbb{R} \mid \frac{\pi}{3} + 2k\pi \leqslant x \leqslant \frac{2\pi}{3} + 2k\pi \vee \frac{7\pi}{6} + 2k\pi \leqslant x \leqslant \frac{11\pi}{6} + 2k\pi, k \in \mathbb{Z}\right\}$

362 Resolver a inequação $\cos\left(2x + \frac{\pi}{6}\right) \geqslant \frac{\sqrt{2}}{2}$

---

363 Resolver as seguintes inequações:

a) 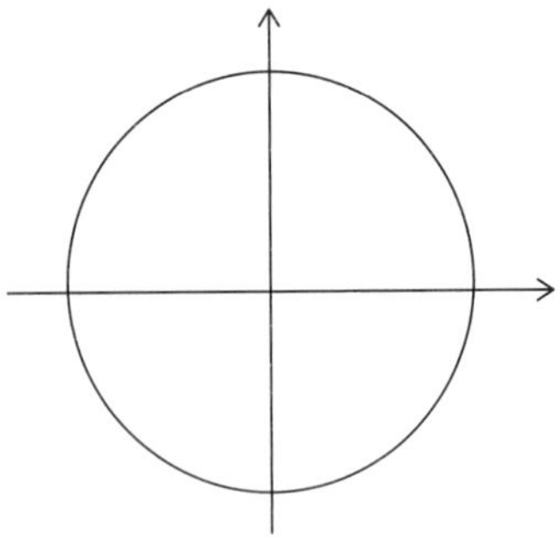 $|\text{sen}\, x| \leqslant \frac{\sqrt{3}}{2}$

---

b) 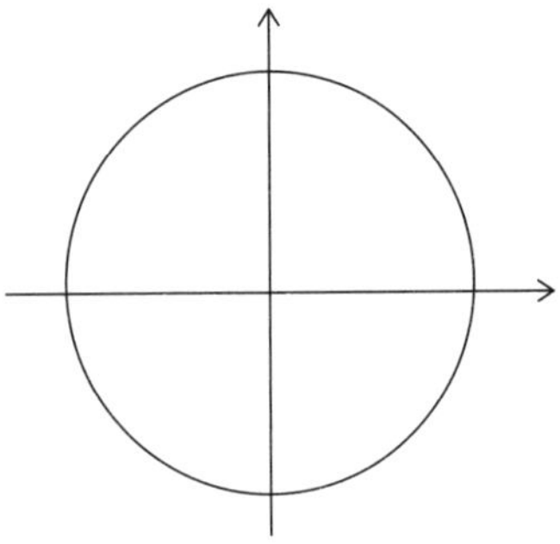 $|\cos x| \leqslant \frac{1}{2}$

---

c) 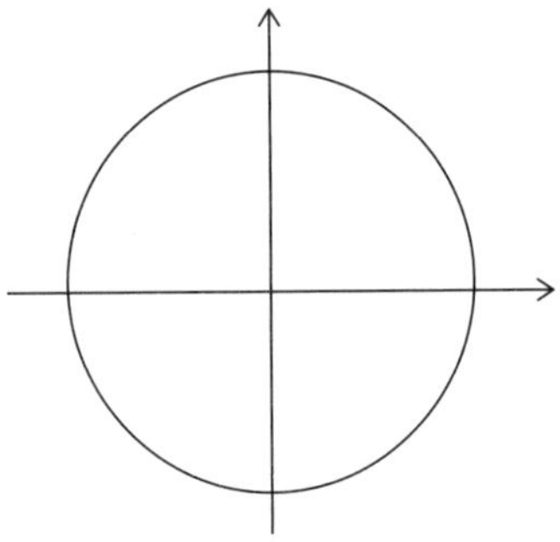 $|\text{tg}\, x| \leqslant \frac{\sqrt{3}}{3}$

---

d) 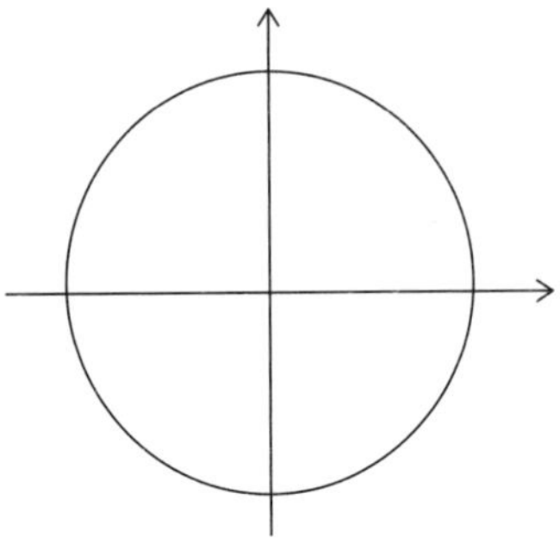 $|\text{tg}\, x| > \sqrt{3}$

364 Resolver as seguintes sistemas:

a)

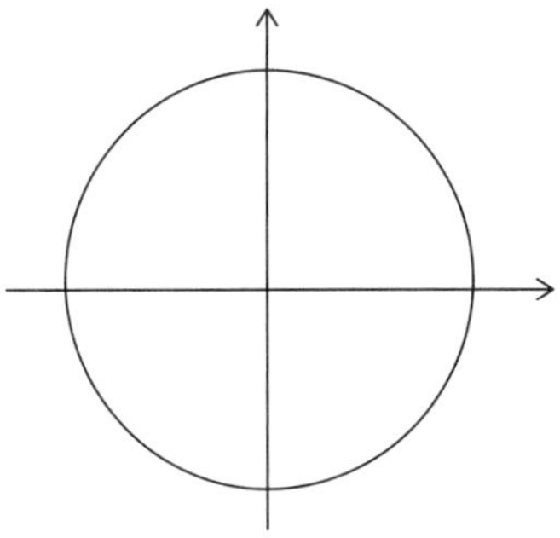

$$\begin{cases} \cos x \leqslant \dfrac{\sqrt{3}}{2} \\ \cos x > -\dfrac{1}{2} \end{cases}$$

---

b)

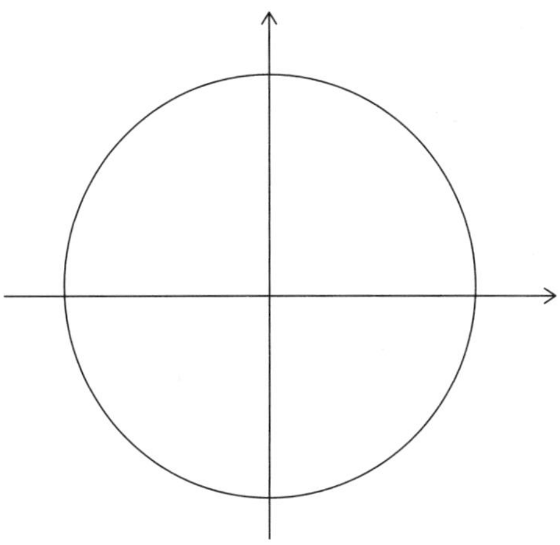

$$\begin{cases} |\text{sen } x| \geqslant \dfrac{\sqrt{2}}{2} \\ \cos x < \dfrac{1}{2} \end{cases}$$

---

c)

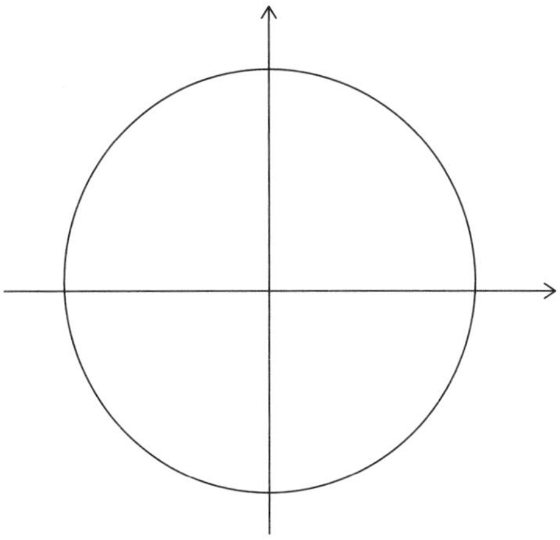

$$\begin{cases} \text{tg } x > 1 \\ |\text{sen } x| \leqslant \dfrac{\sqrt{3}}{2} \end{cases}$$

Resp: **359** a) $\left\{x \in \mathbb{R} \mid -\frac{2\pi}{3} + 2k\pi \leqslant x \leqslant \frac{2\pi}{3} + 2k\pi, k \in \mathbb{Z}\right\}$ b) $\left\{x \in \mathbb{R} \mid -\frac{5\pi}{4} + 2k\pi \leqslant x \leqslant \frac{\pi}{4} + 2k\pi, k \in \mathbb{Z}\right\}$

c) $\left\{x \in \mathbb{R} \mid \frac{5\pi}{6} + 2k\pi \leqslant x \leqslant \frac{7\pi}{6} + 2k\pi, k \in \mathbb{Z}\right\}$ **360** a) $S = \left\{x \in \mathbb{R} \mid \frac{\pi}{8} + 2k\pi < x < \frac{7\pi}{8} + 2k\pi, k \in \mathbb{Z}\right\}$

b) $\frac{5\pi}{11} + 2k\pi \leqslant x \leqslant \frac{17\pi}{11} + 2k\pi$ c) $\frac{3\pi}{14} + k\pi < x < \frac{\pi}{2} + k\pi$ d) $k\pi < x \leqslant \frac{3\pi}{8} + k\pi$

e) $\frac{4\pi}{9} + 2k\pi < x < \frac{\pi}{2} + 2k\pi \lor \frac{3\pi}{2} + 2k\pi < x < \frac{14\pi}{9} + 2k\pi$ f) $2k\pi < x < \frac{5\pi}{12} + 2k\pi \lor \frac{7\pi}{12} + 2k\pi < x < \pi + 2k\pi$

361 $\left\{x \in \mathbb{R} \mid \frac{17\pi}{36} + \frac{2k\pi}{3} \leqslant x \leqslant \frac{25\pi}{36} + \frac{2k\pi}{3}, k \in \mathbb{Z}\right\}$

365 Resolver os seguintes sistemas:

a) $\begin{cases} |\cot g\, x| \leqslant \sqrt{3} \\ |\cos x| > \dfrac{1}{2} \end{cases}$

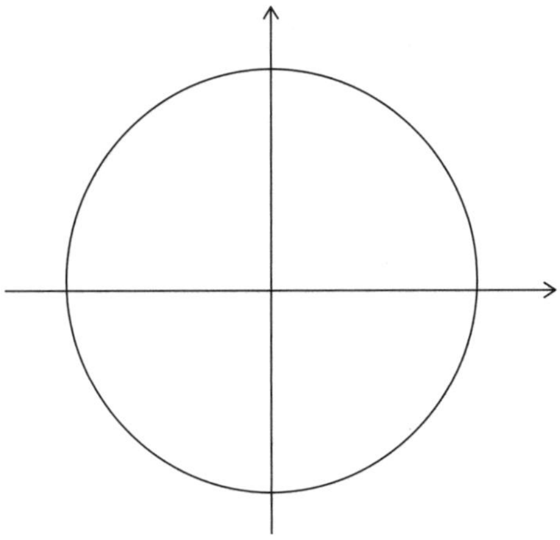

b) $\operatorname{sen} x < \dfrac{\sqrt{3}}{2}$ e $|\cos x| > \dfrac{\sqrt{3}}{2}$

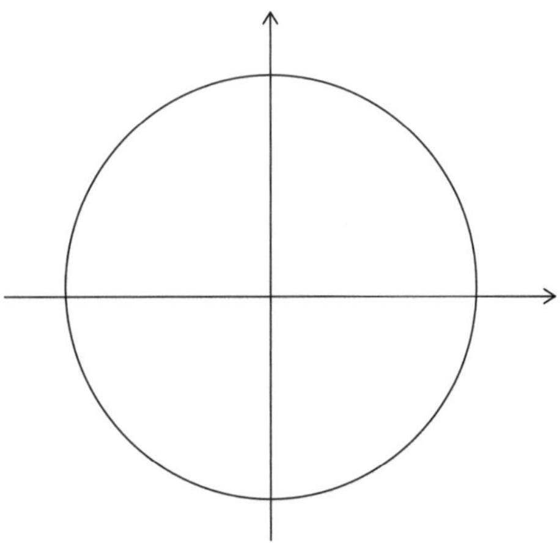

366 Resolver a inequação $\cos(2x) - \operatorname{sen}\left(\dfrac{\pi}{2} - x\right) - 4\cos x + 3 \geqslant 0$

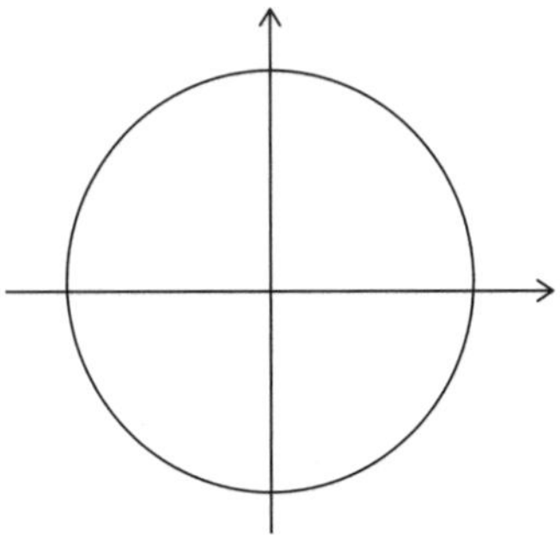

367 Resolver as inequações

a) $4\,\text{sen}^2 x + 2\text{sen}\,x - 2\sqrt{2}\,\text{sen}\,x - \sqrt{2} < 0$

---

b) $3\text{tg}^2 x - 3\text{tg}\,x - \sqrt{3}\,\text{tg}\,x + \sqrt{3} \geqslant 0$

Resp: **362** $\left\{x \in \mathbb{R} \mid -\frac{5\pi}{24} + k\pi \leqslant x \leqslant \frac{\pi}{24} + k\pi, k \in \mathbb{Z}\right\}$ **363** a) $\frac{2\pi}{3} + k\pi \leqslant x \leqslant \frac{4\pi}{3} + k\pi$ b) $\frac{\pi}{3} + k\pi < x < \frac{2\pi}{3} + k\pi$

c) $\frac{5\pi}{6} + k\pi \leqslant x \leqslant \frac{7\pi}{6} + k\pi$ d) $\frac{\pi}{3} + k\pi < x < \frac{\pi}{2} + k\pi \vee \frac{\pi}{2} + k\pi < x < \frac{2\pi}{3} + k\pi$

364 a) $\frac{\pi}{6} + 2k\pi \leqslant x < \frac{2\pi}{3} + 2k\pi \vee \frac{4\pi}{3} + 2k\pi < x \leqslant \frac{11\pi}{6} + 2k\pi$

b) $\frac{\pi}{3} + 2k\pi < x \leqslant \frac{3\pi}{4} + 2k\pi \vee \frac{5\pi}{4} + 2k\pi \leqslant x < \frac{5\pi}{3} + 2k\pi$ c) $\frac{\pi}{4} + k\pi < x \leqslant \frac{\pi}{3} + k\pi$

368 Resolver as seguintes inequações:

a) $\cos 2x - 6\cos^2 x + 4 \geqslant 0$

---

b) $2\cos 2x + 6\,\text{sen}^2 x - 3\,\text{sen}\,x - 4 < 0$

---

c) $\cos x \cdot \text{sen}\,2x - \cos^2 x > 0$

369 Resolver as seguintes inequações:

a) $2\,\text{sen}\left(\frac{\pi}{4} - x\right)\cos\left(x - \frac{\pi}{4}\right) + 1 + \cos x > 0$

---

b) $\text{sen}\left(\frac{\pi}{4} + 2x\right)\cos\left(\frac{\pi}{4} + 2x\right) \geqslant \text{sen}x \cos x$

Resp: **365** a) $\frac{\pi}{6} + k\pi \leqslant x < \frac{\pi}{3} + k\pi \;\vee\; \frac{2\pi}{3} + k\pi < x \leqslant \frac{5\pi}{6} + k\pi$

b) $\frac{\pi}{6} + 2k\pi < x < \frac{\pi}{3} + 2k\pi \;\vee\; \frac{2\pi}{3} + 2k\pi < x < \frac{5\pi}{6} + 2k\pi \;\vee\; \frac{7\pi}{6} + 2k\pi < x < \frac{11\pi}{6} + 2k\pi$

366 $\frac{\pi}{3} + 2k\pi \leqslant x \leqslant \frac{5\pi}{3} + 2k\pi$

367 a) $-\frac{\pi}{6} + 2k\pi < x < \frac{\pi}{4} + 2k\pi \vee \frac{3\pi}{4} + 2k\pi < x < \frac{7\pi}{6} + 2k\pi$

b) $\frac{\pi}{4} + k\pi \leqslant x < \frac{\pi}{2} + k\pi \;\vee\; \frac{\pi}{2} + k\pi < x \leqslant \frac{7\pi}{6} + k\pi$

370 Resolver as inequações:

a) $\cos 4x + 5\cos 2x + 3 > 0$

---

b) $\cos 4x - \sqrt{3}\ \text{sen}\ 2x + 2\text{sen}\ 2x + \sqrt{3} - 1 > 0$

371 Resolver as inequações:

a) $\sqrt{3}\,\text{sen}\,x + \cos x \leqslant \sqrt{2}$

---

b) $\cos 2x + 3\text{sen}^2 x + \text{sen}\,x \cos x < \sqrt{3}\,\text{sen}\,x \cos x + \sqrt{3}\,\cos^2 x + 1.$

Resp: 368 a) $\frac{\pi}{6} + k\pi \leqslant x \leqslant \frac{5\pi}{6} + k\pi$ b) $-\frac{\pi}{6} + 2k\pi < x < \frac{7\pi}{6} + 2k\pi$ c) $\frac{\pi}{6} + 2k\pi < x < \frac{5\pi}{6} + 2k\pi,\ x \neq \frac{\pi}{2} + 2k\pi$

369 a) $-\frac{\pi}{2} + 2k\pi < x < \frac{\pi}{2} + 2k\pi \vee \frac{2\pi}{3} + 2k\pi < x < \frac{4\pi}{3} + 2k\pi$ b) $\frac{5\pi}{12} + k\pi \leqslant x \leqslant \frac{13\pi}{12} + k\pi$

372 Resolver a inequação $2\cos^2\left(x + \frac{\pi}{4}\right) + \sqrt{3}\cos 2x > 0$

---

373 Resolver a inequação $\operatorname{sen} x + \cos x > \frac{\sqrt{2}}{2}$

374 Mostrar que $\cos 2x = \dfrac{1 - tg^2 x}{1 + tg^2 x}$ para $x \neq \dfrac{\pi}{2} + k\pi,\ k \in \mathbb{Z}$ e resolver a inequação $\cos 2x + 2tg\, x \geqslant -2$.

---

375 Resolver $\operatorname{sen} x + \cos x < \dfrac{1}{\operatorname{sen} x}$

Resp: **370** a) $\left\{-\dfrac{\pi}{3} + k\pi < x < \dfrac{\pi}{3} + k\pi\right\}$ b) $\left\{-\dfrac{\pi}{6} + k\pi < x < \dfrac{\pi}{4} + k\pi \ \vee\ \dfrac{\pi}{4} + k\pi < x < \dfrac{2\pi}{3} + k\pi\right\}$

371 a) $\dfrac{7\pi}{12} + 2k\pi \leqslant x \leqslant \dfrac{25\pi}{12} + 2k\pi$ b) $\dfrac{3\pi}{4} + k\pi < x < \dfrac{4\pi}{3} + k\pi$

376 Resolver as seguintes inequações trigonométricas:

a) $\text{sen } x \geqslant -\frac{1}{2}$ b) $\cos x > -\frac{\sqrt{2}}{2}$ c) $\text{tg } x \leqslant \frac{\sqrt{3}}{3}$

d) $\cos 2x < \frac{1}{2}$ e) $\text{sen } 3x \geqslant -\frac{\sqrt{3}}{2}$ f) $\text{tg } 3x \geqslant -1$

---

377 Resolver os seguintes sistemas

a) $\begin{cases} \cos x < \frac{\sqrt{3}}{2} \\ \text{sen } x \leqslant \frac{\sqrt{3}}{2} \end{cases}$ b) $\begin{cases} \cos x \geqslant -\frac{\sqrt{2}}{2} \\ \text{tg } x \geqslant \frac{\sqrt{3}}{3} \end{cases}$ c) $\begin{cases} \cos x \geqslant -\frac{1}{2} \\ \cos x < \frac{1}{2} \end{cases}$

---

378 Resolver

a) $\sqrt{3}\ \text{sen } 2x + \cos 2x < 1$ b) $\cos 3x + \sqrt{3}\ \text{sen } 3x < -\sqrt{2}$ c) $\cos 2x + \cos x > 0$

d) $\frac{\cos x}{1 + \cos 2x} < 0$ e) $\text{sen } 3x > \cos 3x$ f) $\tan x + 3 \cot x - 4 > 0$

g) $\text{sen}^2 x - \cos^2 x - 3\text{sen } x + 2 < 0$ h) $2\text{sen}^2 \frac{x}{2} + \cos 2x < 0$

---

379 Resolver

a) $\tan^3 x + 3 > 3 \tan x + \tan^2 x$ b) $\frac{\text{sen } 3x - \cos 3x}{\text{sen } 3x + \cos 3x} < 0$

c) $5\ \text{sen}^2 x - 3\text{sen } x \cdot \cos x - 36 \cos^2 x > 0$ d) $2\ \text{sen}^2 x - 4\ \text{sen } x \cdot \cos x + 9 \cos^2 x > 0$

e) $\cos^2 x + 3\text{sen}^2 x + 2\sqrt{3}\ \text{sen } x \cdot \cos x < 1$ f) $3\ \text{sen}^2 x + \text{sen } 2x - \cos^2 x \geqslant 2$

g) $\sqrt{3}\ \cos^{-2} x < 4 \tan x$ h) $\text{sen } 4x + \cos 4x \cdot \cot 2x > 1$

i) $2 + \tan 2x + \cot 2x < 0$

---

380 Resolver

a) $\text{sen}^6 x + \cos^6 x < \frac{7}{16}$ b) $\cot x + \frac{\text{sen } x}{\cos x - 2} \geqslant 0$ c) $\cos^2 2x + \cos^2 x \leqslant 1$

d) $8\ \text{sen}^2 \frac{x}{2} + 3\text{sen } x - 4 > 0$ e) $\text{sen } x + \cos x > \sqrt{2}\ \cos 2x$ f) $\frac{\cos^2 2x}{\cos^2 x} > 3 \tan x$

g) $3 \cos^2 x \cdot \text{sen} x - \text{sen}^2 x < \frac{1}{2}$ h) $\frac{\cos x + 2\cos^2 x + \cos 3x}{\cos x + 2\cos^2 x - 1} > 1$

---

381 Resolver

a) $|\text{sen } x| < |\cos x|$ b) $|\text{sen } x| > |\cos x|$ c) $|\text{sen } x| \cos x > \frac{1}{4}$

d) $4(\text{sen}^2 x - |\cos x|) < 1$ e) $\frac{\text{sen } x + \cos x}{\text{sen } x - \cos x} > \sqrt{3}$ f) $\left|\frac{\text{sen } x - \cos x}{\text{sen } x + \cos x}\right| \leqslant 1$

Resp: **372** $-\frac{5\pi}{12}+k\pi < x < \frac{\pi}{4}+k\pi$ **373** $\frac{23\pi}{12}+2k\pi < x < \frac{31\pi}{12}+2k\pi$ **374** $-\frac{\pi}{4}+k\pi \leqslant x < \frac{\pi}{2}+k\pi$

375 $2k\pi < x < \frac{\pi}{4}+2k\pi \lor \frac{\pi}{2}+2k\pi < x < \pi + 2k\pi \lor \frac{5\pi}{4} + 2k\pi < x < \frac{3\pi}{2} + 2k\pi$

376 a) $-\frac{\pi}{6}+2k\pi \leqslant x \leqslant \frac{7\pi}{6}+2k\pi$ b) $-\frac{3\pi}{4}+2k\pi < x < \frac{3\pi}{4}+2k\pi$ c) $\frac{\pi}{2}+k\pi < x \leqslant \frac{7\pi}{6}+k\pi$

d) $\frac{\pi}{6}+k\pi < x < \frac{5\pi}{6}+k\pi$ e) $-\frac{\pi}{9}+\frac{2k\pi}{3} \leqslant x \leqslant \frac{4\pi}{9}+\frac{2k\pi}{3}$ f) $\frac{\pi}{4}+\frac{k\pi}{3} \leqslant x < \frac{\pi}{2}+k\pi$

377 a) $\frac{\pi}{6}+2k\pi < x \leqslant \frac{\pi}{3}+2k\pi \lor \frac{2\pi}{3}+2k\pi \leqslant x < \frac{11\pi}{6}+2k\pi$ b) $\frac{\pi}{6}+2k\pi \leqslant x < \frac{\pi}{2}+2k\pi \lor \frac{5\pi}{4}+2k\pi \leqslant x < \frac{3\pi}{2}+2k\pi$

c) $\frac{\pi}{3}+2k\pi < x \leqslant \frac{2\pi}{3}+2k\pi \lor \frac{4\pi}{3}+2k\pi \leqslant x < \frac{5\pi}{3}+2k\pi$ **378** a) $\frac{\pi}{3}+k\pi < x < \pi+\pi k$

b) $\frac{13\pi}{36}+\frac{2\pi}{3}k < x < \frac{19\pi}{36}+\frac{2\pi}{3}k$ c) $-\frac{\pi}{3}+2\pi k < x < \frac{\pi}{3}+2\pi k$ d) $\frac{\pi}{2}+2\pi k < x < \frac{3\pi}{2}+2\pi k$

e) $\frac{\pi}{12}+\frac{2\pi}{3}k < x < \frac{5\pi}{12}+\frac{2\pi}{3}k$ f) $\pi k < x < \frac{\pi}{4}+\pi k \lor \arctan 3+\pi k < x < \frac{\pi}{2}+\pi k$

g) $\frac{\pi}{6}+2\pi k < x < \frac{\pi}{2}+2\pi k \lor \frac{\pi}{2}+2\pi k < x < \frac{5\pi}{6}+2\pi k$ h) $-\frac{\pi}{2}+2\pi k < x < -\frac{\pi}{3}+2\pi k \lor \frac{\pi}{3}+2\pi k < x < \frac{\pi}{2}+2\pi k$

379 a) $-\frac{\pi}{3}+\pi k < x < \frac{\pi}{4}+\pi k \lor \frac{\pi}{3}+\pi k < x < \frac{\pi}{2}+\pi k$ b) $-\frac{\pi}{12}+\frac{\pi}{3}k < x < \frac{\pi}{12}+\frac{\pi}{3}k$

c) $\operatorname{arc\,cotg}\frac{1}{3}+\pi k < x < \operatorname{arc\,cotg}\left(-\frac{5}{12}\right)+\pi k$ d) $\mathbb{R}$ e) $-\frac{\pi}{3}+\pi k < x < \pi k$ f) $\frac{\pi}{4}+\pi k < x < \operatorname{arc\,cotg}\left(-\frac{1}{3}\right)+\pi k$

g) $\frac{\pi}{6}+\pi k < x < \frac{\pi}{3}+\pi k$ h) $\frac{\pi}{2}k < x < \frac{\pi}{8}+\frac{\pi}{2}k$ i) $-\frac{\pi}{4}+\frac{\pi}{2}k < x < -\frac{\pi}{8}+\frac{\pi}{2}k$

380 a) $\frac{\pi}{6}+\frac{\pi}{2}k < x < \frac{\pi}{3}+\frac{\pi}{2}k$ b) $-\frac{\pi}{3}+2\pi k \leqslant x < +2\pi k \lor \frac{\pi}{3}+2\pi k \leqslant x < \pi + 2\pi k$

c) $\frac{\pi}{6}+\pi k \leqslant x \leqslant \frac{5\pi}{6}+\pi k$ d) $2\operatorname{arc\,cot} 2 + 2\pi k < x < 2\operatorname{arc\,cot}\left(-\frac{1}{2}\right)+ 2\pi k$

e) $\frac{\pi}{12}+2\pi k < x < \frac{3\pi}{4}+2\pi k \lor \frac{17\pi}{12}+2\pi k < x < \frac{7\pi}{4}+2\pi k$

f) $-\frac{7\pi}{12}+\pi k \leqslant x < -\frac{\pi}{2}+\pi k \lor -\frac{\pi}{2}+\pi k < x \leqslant \frac{\pi}{12}+\pi k$ g) $-\frac{7\pi}{18}+\frac{2\pi}{3}k < x < \frac{\pi}{18}+\frac{2\pi}{3}k$

h) $-\frac{\pi}{3}+2\pi k < x < \frac{\pi}{3}+2\pi k$ **381** a) $-\frac{\pi}{4}+k\pi < x < \frac{\pi}{4}+k\pi$ b) $\frac{\pi}{4}+k\pi < x < \frac{3\pi}{4}+k\pi$

c) $\frac{\pi}{12}+2k\pi < x < \frac{5\pi}{12}+2k\pi \lor -\frac{5\pi}{12}+2k\pi < x < -\frac{\pi}{12}+2k\pi$ d) $-\frac{\pi}{3}+k\pi < x < \frac{\pi}{3}+k\pi$

e) $\frac{\pi}{4}+k\pi < x < \frac{5\pi}{12}+k\pi$ f) $k\pi \leqslant x \leqslant \frac{\pi}{2}+k\pi$

ANOTAÇÕES DE AULA

ANOTAÇÕES DE AULA

ANOTAÇÕES DE AULA

ANOTAÇÕES DE AULA

Impressão e Acabamento
Bartiragráfica
(011) 4393-2911